朱自清的踪迹

# 清华园里尽朝晖

陈武 著

中国文史出版社

图书在版编目（ＣＩＰ）数据

清华园里尽朝晖 / 陈武著 . –– 北京：中国文史出
版社 , 2022.9
　（朱自清的踪迹）
　ISBN 978–7–5205–3865–7

　Ⅰ . ①清… Ⅱ . ①陈… Ⅲ . ①朱自清（1898–1948）
－生平事迹 Ⅳ . ① K825.6

中国版本图书馆 CIP 数据核字 (2022) 第 197040 号

**责任编辑：金　硕　刘华夏**

**出版发行**　中国文史出版社
**社　　址**　北京市海淀区西八里庄路 69 号院　邮编 :100142
**电　　话**　010–81136606 81136602　81136603 81136642（发行部）
**传　　真**　010–81136655
**印　　装**　阳谷毕升印务有限公司
**经　　销**　全国新华书店
**开　　本**　880×1230　1/32
**印　　张**　11
**字　　数**　256 千字
**版　　次**　2023 年 3 月北京第 1 版
**印　　次**　2023 年 3 月第 1 次印刷
**定　　价**　58.00 元

# 前　言

朱自清在《我是扬州人》一文里说："我家是从先祖才到江苏东海做小官。东海就是海州，现在是陇海路的终点。我就生在海州。四岁的时候先父又到邵伯镇做小官，将我们接到那里。海州的情形我全不记得了，只对海州话还有亲热感，因为父亲的扬州话里夹着不少海州口音。"

朱自清出生于 1898 年 11 月 22 日。曾祖父朱子擎原姓余，少年时因家庭发生变故而被绍兴同乡朱姓领养，遂由余子擎改名朱子擎。朱子擎成年后，和江苏涟水花园庄富户乔姓人家的女儿成婚，并定居于花园庄，儿子出生时，为纪念祖先而起名朱则余。朱则余就是朱自清的祖父，娶当地吴氏女生子朱鸿钧。朱则余在海州做承审官时，朱鸿钧一家随父亲在海州定居生活。在朱自清出生的第四年，即 1901 年，朱鸿钧到高邮邵伯镇（后归江都）做一名负责收盐税的小官，朱自清和母亲一起到邵伯生活。1903 年，朱则余从海州任上退休，朱鸿钧在扬州赁屋迎养，从此便定居扬州。1916 年秋，朱自清考入北京大学预科，一年后转读本科哲学系，并于 1920 年 5 月毕业。大学读书期间，朱自清受新思潮的启发和鼓舞，积极参加文学社团，从事文学创作，并全程参与以北京大学为中心的五四学生爱国运动。大学毕业后的五年时间里，他一直在江南各地从事中学教学和文学创作，结交了叶圣陶、俞平伯、郑振铎、丰子恺、朱光潜等好友，创作了大量的白话诗、散文和教学随笔，为开辟、发展新文学创作的道路，做出了可喜的成绩和贡献。1925 年暑假后，朱自清任清华大学教授，从此开始了一生服务于清华的道路。朱自清的学生季镇淮在纪念朱自清逝世三十周年座谈会上说："清华园确实是先生喜爱的胜地。新的环境安排了新的生活和工作。由于教学的需要，先生开展古代历史文化的研究，自汉字、汉语语法、经史子集、诗文评、小说、歌谣之类，以及外国历史文学，无所不读，无不涉猎研究，'注重新旧文学与中外文学的融合'，而比较集中于中国文学史、中国文学批评史的研究和当代文学评论。"

1937 年七七事变，是中国近代史上的一个转折点，也是朱自清生活的一个节点，随着清华大学的南迁，朱自清也一路迁徙，从长沙，到南岳，再到蒙自，再到昆明，一家人分居几处，生活的艰难可想而知。随着抗日战争的不断深入，国民党统治区的物价不断飞涨，朱自清家的生活也陷入了贫困，朱自清的身体健康日益恶化。但朱自清在写作、教学和研究中，依然一丝不苟，奋力拼搏，一篇篇散文和研究文章不断见诸报刊，一本本新书不断出版，表现了一个中国作家、学者的韧劲和自觉。

抗日战争胜利后，朱自清于 1946 年随着清华大学复员而回到北平，朱自清自觉地加入民主运动，在研究和写作中体现了正直的知识分子的立场，在贫病交加中，由一个坚定的爱国主义者，成为一个革命民主主义者，签名拒绝领取美国救济粮，朱自清在"美帝国主义和国民党反动派面前站了起来"，表现了有骨气的中国人的传统美德和英雄气概。

朱自清一生所处的时代，是近代中国人民觉醒的时代，也是中国社会发生巨大转折的时代，朱自清没有迷失自我，坚定自己的创作、研究和教学，培养了一大批正直的知识分子和社会建设人才，留下了数百万字的作品，成为中国文化的巨大财富。

作为同乡前辈，朱自清一直是我崇敬的偶像，同时我也很早就关注了他的作品。早在 1996 年，《朱自清全集》在江苏教育出版社出版的时候，我就买了一套，放在书橱最显眼又顺手的位置，随时可以取出来翻一翻、读一读，读他的文学作品、学术专著、语文随笔、旧体诗词，每一次都会有不一样的感受。记得在读叶圣陶的文章《朱佩弦先生》时，说到朱自清的作品，有这样的评论："他早期的散文如《匆匆》《荷塘月色》《桨声灯影里的秦淮河》都有点儿做作，太过于注重修辞，见得不怎么自然。到了写《欧游杂记》《伦敦杂记》的时候就不然了，全写口语，从口语中提取有效的表现方式，虽然有时候还带一点文言成分，但是念起来上口，有现代口语的韵味，叫人觉得那是现代人口里的话，不是不尴不尬的'白话文'。"读了这段话，我还特地把《匆匆》等三篇文章重读一遍，再对照着读《欧游杂记》《伦敦杂记》，认真领会了叶老的评论，真是受益匪浅。当我写作累了的时候，或偷懒、懈怠的时候，《朱自清全集》也仿佛会开口说话一样，用严肃的语言督促我，叫我偷懒不得。真正想对朱自清做点研究，是在 2000 年，当时我在一家报纸的文学副刊做编辑，对于副刊知识也了解了一些，知道许多文学大师当年的文章都是发表在各种文学副刊上的。于是便下功夫，搞了几个专栏，有特色的是"苍梧片影"等，也有整版的关于连云港名人或地方文化的专刊，几年之中，渐成规模，受到当地文坛的注意。在多年的文学编辑中，总是想着要写一写关于朱自清的文章，恰好文友刘成文先生也有这个意向，我们便合作了一篇，正是关于朱自清的。这篇文章的题目已经忘了，当时发了一个整版，还配了几幅图片。文章发表后，受到不少朋友的鼓励和好评，想再接再厉，多写几篇。于是更加留意朱自清的相关评论和回忆史料，和朱自清同时代作家的作品和年谱、评传也买了不少，揣摩那一代作家的人格魅力和作品风格。虽然后来没有继续研究，文章也没写几篇，但通过这样的工作，对朱自清又有了更多的了解，崇敬之情也加深了一层。

真正坐下来专心研究朱自清，写作关于朱自清的文章，还是在2013年下半年。我的所谓"研究"，实际上就是更多、更广泛的阅读，包括朱自清的原著，亲属的回忆文章，早年的自编文集和后来出版的各种版本的作品集，各种纪念集和他师友、学生写的种种纪念文章，同时也着手写点心得体会。由于我是半路出家，也摸不到研究的门径，所写的文章都是随笔性质的。断断续续近十年下来，所得文字已经不少。2018年还把其中的一部分出版了两三本小书。2022年春，中国文史出版社想把朱自清一生的人生经历和创作、研究经历全部呈现给广大读者，我又利用半年时间，把这些文字进行修订和补充，以"朱自清的踪迹"为线索，分为六个部分，即《从海州到北大》《奔波在江南》《清华园里尽朝晖》《游学欧罗巴》《西南联大日月长》《休假在成都》，单独成书。但由于本人水平有限，研究不深，不免会有各种错误，希望读者朋友不吝赐教。如有机会再版，一定补充完善。

需要说明的是，本书参考文献较多，引文中所引的朱自清的文字，均出自《朱自清全集》(江苏教育出版社 1988 年版陆续出齐 )，对于朱自清文章中的一些异体字和假通字以及原标点等照原样予以保留，比如"象""底""勒""沈弱""气分""甚么""晕黄"等，特此说明。

2022 年 9 月 18 日于北京像素

# 目 录/*CONTENTS*

# 上 篇

## （1925—1937）

# 初到清华园

　　朱自清在《初到清华记》一文里写了在北大读书时对清华的印象:"从前在北平读书的时候,老在城圈儿里呆着。四年中虽也游过三五回西山,却从没来过清华;说起清华,只觉得很远很远而已。那时也不认识清华人,有一回北大和清华学生在青年会举行英语辩论,我也去听。清华的英语确是流利得多,他们胜了。那回的题目和内容,已忘记干净;只记得复辩时,清华那位领袖很神气,引着孔子的什么话。北大答辩时,开头就用了 furiously 一个字叙述这位领袖的态度。这个字也许太过,但也道着一点儿。那天清华学生是坐大汽车进城的,车便停在青年会前头;那时大汽车还很少。那是冬末春初,天很冷。一位清华学生在屋里只穿单大褂,将出门却套上厚厚的皮大氅。这种'行'和'衣'的路数,在当时却透着一股标劲儿。"

北大求学时朱自清无论如何也没有想到，自己以后大半生都和清华大学关联到一起了，甚至可以说是生死与共了。初到清华的那段时间，朱自清还是挺快乐的，十多年后还有如此清晰的记忆：

初来清华，在十四年夏天。刚从南方来北平，住在朝阳门边一个朋友家。那时教务长是张仲述先生，我们没见面。我写信给他，约定第三天上午去看他。写信时也和那位朋友商量过，十点赶得到清华么，从朝阳门那儿？他那时已经来过一次，但似乎只记得"长林碧草"——他写到南方给我的信这么说——说不出路上究竟要多少时候。他劝我八点动身，雇洋车直到西直门换车，免得老等电车，又换来换去的，耽误事。那时西直门到清华只有洋车直达；后来知道也可以搭香山汽车到海甸再乘洋车，但那是后来的事了。

第三天到了，不知是起得晚了些还是别的，跨出朋友家，已经九点挂零。心里不免有点儿急，车夫走得也特别慢似的。到西直门换了车。据车夫说本有条小路，雨后积水，不通了；那只得由正道了。刚出城一段儿还认识，因为也是去万牲园的路；以后就茫然。到黄庄的时候，瞧着些屋子，以为一定是海甸了；心里想清华也就快到了吧，自己安慰着。快到真的海甸时，问车夫，"到了吧?""没哪。这是海——甸。"这一下更茫然了。海甸这么难到，清华要何年何月呢? 而车夫说饿了，非得买点儿吃的。吃吧，反正豁出去了。这一吃又是十来分钟。说还有三里多路呢。那时没有燕京大学，路上没什么看的，只有远处淡淡的西山——那天没有太阳——略略可解闷儿。好容易过了红桥，喇嘛庙，渐渐看见两行高柳，像穹门一般。什刹海的垂杨虽好，但没有这么多这么深，那时路上只我一辆车，大有长驱直入的神气。柳树前一面牌子，写着"入校车马缓行"; 这才真到了，心里想，可是大门还够远的，不用说西院门又骗了我一次，又是六七分钟，才真真到了。坐在张先生客厅里一看钟，十二点还欠十五分。

张先生住在乙所，得走过那"长林碧草"，那浓绿真可醉人。张先生客厅里挂着一副有正书局印的邓完白隶书长联。我有一个会写字的同学，他喜欢邓完白，他也有这一副对联; 所以我这时如见故人一般。张先生出来了。他比我高得多，脸也比我长得多，一眼看出是个顶能干的人。我向他道歉来得太晚，他也向我道歉，说刚好有个约会，不能留我吃饭。谈了不大工夫，十二点过了，我告辞。到门口，原车还在，坐着回北平吃饭去。过了一两天，我就搬行李来了。这回却坐了火车，是从环城铁路朝阳门站上车的。

以后城内城外来往的多了，得着一个诀窍：就是在西直门一上洋车，且别想"到"清华，不想着不想着也就到了。——香山汽车也搭过一两次，可真够瞧的。两条腿有时候简直无放处，恨不得不是自己的。有一回，在海甸下了汽车，在现在"西园"后面那个小饭馆里，拣了临街一张四方桌，坐在长凳上，要一碟苜蓿肉，两张家常饼，二两白玫瑰，吃着喝着，也怪有意思；而且还在那桌上写了《我的南方》一首歪诗。那时海甸到清华一路常有穷女人或孩子跟着车要钱。他们除"您修好"等常用语句外，有时会说"您将来做校长"，这是别处听不见的。

朱自清在这篇文章中所说的"一个朋友"，就是俞平伯。俞平伯此时已是燕京大学的教授，二人虽然没成为同事，也是"同城教授"了。这篇文章虽然没有写出初到清华的感动和快乐，相反的，还尽是路途的遥远和各种到达的辛苦，但字里行间还是传递着一种愉悦的心情。毕竟，清华和他从事五年的中等教育不可同日而语。

还是在白马湖时，朱自清写过一篇文章《"海阔天空"与"古今中外"》，对自己从事的工作心怀不满，他说："我现在做着教书匠。我做了五年教书匠了，真个腻得慌，黑板总是那样黑，粉笔总是那样白，我总是那样的我，成天儿浑淘淘的，有时对于自己的活着，也会惊诧。我想我们这条生命原像一湾流水，可以随意变成种种的花样，现在都筑起了堰，截断它的流，使它怎么不变成浑淘淘呢?"因此，当春晖中学闹了学潮，许多同事如夏丏尊、丰子恺、朱光潜、匡互生等纷纷离职或不再兼职时，朱自清也萌生了换一种工作的想法，他把这种想法最先告诉的人就是俞平伯。1925年1月30日朱自清写信给俞平伯："春晖闹了风潮，我们彷徨了多日，现在总算暂告结束了，经过的情形极繁……此后事亦甚乏味。半年后仍须一走。我颇想脱离教育界，在商务觅一事，不知如何。也想到北京去，因从前在北京实在太苦了，好东西一些不曾吃过，好地方有许多不曾去过，真是白白住了那些年，很想再去仔细领略一回。若有相当机会，尚乞为我留意!"朱自清在这封信里，把自己的想法说得明明白白了，"商务"即商务印书馆，在上海的出版界影响很大，馆中有他不少朋友，如郑振铎、叶圣陶等，和他们一起编书、写作，想必也是愉快的。而北京，是他的求学之地，更是有很多老师、校友和同学，和他们更容易气息相通。

　　机会出现在1925年8月的暑假里，清华学校设立大学部，请胡适推荐教授。胡适首先推荐了他的学生俞平伯。而俞平伯出于种种考虑，暂不愿出城去清华教书，便向胡适推荐了朱自清。朱自清也是胡适的学生，当年朱自清在北大毕业，第一份工作，即浙江杭州一师的教职就是胡适推荐的。后来朱自清和叶圣陶等人在中国公学受到不公平对待后，胡适也为朱自清他们讲了话。所以胡适对朱自清的能力非常了解，就向清华推荐了朱自清。就这样，朱自清得到了来自清华的聘书。

这次朱自清的北京之行，是从 1925 年 8 月 22 日开始的，他先从白马湖到达上海，当晚住在振华旅馆。和每次去上海时一样，朱自清都要匆匆地奔忙，买书、买杂志、会朋友、送稿件。当晚还拜会了叶圣陶，并和叶圣陶、方光焘共饮于美丽川菜馆。叶圣陶对于朱自清"匆匆旅人的颜色"非常的熟悉，在文章《与佩弦》里写道："你的慌忙，我以为有一部分的原因在你的认真。说一句话，不是徒然说话，要掏出真心来说；看一个人，不是徒然访问，要带着好意同去；推而至于讲解要学者领悟，答问要针锋相对：总之，不论一言一动，既要自己感受喜悦，又要别人同沾美丽。这样，就什么都不让随便滑过，什么都得认真。认真得厉害，自然见得时间之暂忽。如何教你不要慌忙呢！"叶圣陶写《与佩弦》的诱因，就是这次取道上海的北京之行，细心的叶圣陶不止一次地看在眼里，而这一次的"匆匆"尤为让他感触，才写下这篇非常贴切的文章。不久之后的 9 月 27 日，叶圣陶的《与佩弦》一文发表在《文学周报》第192 期上，让更多的朋友和读者见证了新文学初期两位青年作家的友谊。朱自清在上海匆匆两日，也验证了叶圣陶说他始终

1925 年，朱自清（左二）与俞平伯（左四）等在清华园留影

是一副"慌心的神气"——1925 年 8 月 24 日夜间，朱自清登
上了北上的列车，行前，在振华旅馆和叶圣陶、王伯祥、刘大
白、丰子恺、方光焘等朋友依依话别，朋友们还趁着夜色送朱
自清到火车站。大家都知道，这位"匆匆的旅人"，此去一定会
大有作为。

正如朱自清在《初到清华记》中所说，他一到北京，便住
在了俞平伯的家里。1925 年 8 月 27 日，还和俞平伯一起去访
问了老师周作人。朱自清住在俞平伯家期间，拜访了清华教务

长张仲述之后，于9月1日才移住清华中文部教员宿舍古月堂6号。朱自清在《初到清华记》中所说的、在西园后边小饭馆的方桌子上创作的《我的南方》，就是记录他刚到清华时的心情：

> 我的南方，
>
> 我的南方！
>
> 那儿是山乡水乡！
>
> 那儿是醉乡梦乡！
>
> 五年来的徬徨，
>
> 羽毛般的飞扬！
>
> ……

其实，这时候的朱自清，是只身一人来到清华的，夫人武钟谦和几个孩子及母亲，还住在宁波上虞白马湖畔的小平房里，虽然"五年来的徬徨"，如"羽毛般的飞扬"了，白马湖畔依然是他的"醉乡梦乡"，朱自清的心，注定还会牵挂着南方，他脸上仍然是一个"匆匆的旅人的颜色"。

1925年9月9日，是清华大学暑假后开学的日子，朱自清所教授的课，主要有两部分，一是给旧学部的学生讲李杜诗，二是给大学普通部学生教国文。在紧张备课中，朱自清还于9

月 4 日给胡适写了一封信，感谢老师推荐他到清华任教。可惜这封信没有保留下来，朱自清没留底稿，在出版的《胡适来往书信》中也没有收录。

到了清华任教的朱自清，虽然没有脱离他已经厌烦的教育界，但大学和中学毕竟是两种不同的形态，在时间上更宽裕了，在学术研究上更便利了，在创作上也有了更多思索的空间。而清华的校园环境，清华的图书馆，清华的名教授，清华的学术氛围都给朱自清带来莫大的震撼和动力。在朱自清的生命历程中，进入清华，是一次重大的自我超越，其心境和在江南五年时已完全不同，由一个在全国初具影响的青年作家向学者型著名作家过渡。

在清华任教的最初两个月里，朱自清在教学之余，除了写作那首《我的南方》，还于 1925 年 9 月 26 日写作了书评《吴稚晖先生文存》，这篇书评对"文存"的编者颇有微词，甚至认为编者有轻率、投机的嫌疑。朱自清首先是认可吴稚晖先生的文章的，看到报上《文存》出版的广告后，知道编者为一个叫周云青的人，虽有所怀疑，却也特别期待，认为吴稚晖的文章能编成《文存》传承，算有益的好事，便想方设法，"转了两个弯""才到手了一部"，一看，不免大吃一惊，该书是"蓝面儿的薄薄儿的两本东西。我于是转第一个念头，吴先生三四十年的文章，只剩了这么区区两小册，还抵不上《胡适文存》的一半，这却是何道理？"而对于编者在序言中的自夸和不检点，也提出了批评。最后，朱自清感叹道："我写此文，只是想说明编《文存》的不易，给别人编《文存》，更是不易！一面也实在是佩服吴先生的文章，觉得让周先生这么一编，再加上那篇'有意为文'，半亨不亨的序，真是辱没了他老先生和他老先生的'如此妙文'！"除了这篇书评，在10月里，朱自清又写作了两篇重要的文章，一篇是《说梦》，另一篇就是著名的《背影》。

初到清华园的朱自清，由原来的中学教员，成了大学教授。在稍稍地做了适应后，思想上的波动也在所难免。这种转换，不仅体现在教学的对象和形式的改变上，也体现在思想上和交谊中，甚至于连夜间做梦，都突然多了起来，和"无梦"的南方完全不一样。在《说梦》一文中，朱自清就借梦，说过这样的话："我们终于只能做第二流人物。但这中间也还有个高低。高的如我的朋友P君：他梦见花，梦见诗，梦见绮丽的衣裳，……真可算得有梦皆甜了。低的如我：我在江南时，本忝在愚人之列，照例是漆黑一团地睡到天光；不过得声明，哼呵是没有的。北来以后，不知怎样，陡然聪明起来，夜夜有梦，而且不一其梦。但我究竟是新升格的，梦尽管做，却做不着一个清清楚楚的梦！成夜地乱梦颠倒，醒来不知所云，恍然若失。"这种"不知所云"和"恍然若失"的梦，也许与他此时的心境和现实的生活相关，"最难堪的是每早将醒未醒之际，残梦依人，腻腻不去；忽然双眼一睁，如坠深谷，万象寂然——只有一角日光在墙上痴痴地等着！我此时决不起来，必凝神细想，欲追回梦中滋味于万一；但照例是想不出，只惘惘然茫茫然似乎怀念着些什么而已。虽然如此，有一点是知道的：梦中的天地是自由的，任你徜徉，任你翱翔；一睁眼却就给密密的麻绳绑上了，就大大地不同了！我现在确乎有些精神恍惚，这里所写的就够教你知道。但我不因此诅咒梦；我只怪我做梦的艺术不佳，做不着清楚的梦。若做着清楚的梦，若夜夜做着清楚的梦，我想精神恍惚也无妨的。照现在这样一大串儿糊里糊涂的梦，直是要将这个'我'化成漆黑一团，却有些儿不便。是的，我得学些本事，今夜做他几个好好的梦。我是彻头彻尾赞美梦的，因为我是素人，而且将永远是素人"。

朱自清矛盾的思想从这段文字中可见一斑：一方面他要"学些本事"，另一方面又要追求做"永远的素人"。朱自清这样的思想和情绪，在《说梦》之前所创作的新诗《塑我自己的像》中也有所体现：

……
 我一下忽然看见陡削的青山，
又是汪洋的海水；
我重复妄想在海天一角里，

塑起一座小小的像！

这只是一个"寻路的人"，

只想在旧世界里找些新路罢了。

这座像，真只是一座小小的像，

神应该帮助我！

但我的刀已太钝了，

我的力已太微了；

而且人们的热望也来了，

人们的骄矜也来了：

骄矜足以压倒我，

热望也足以压倒我。

我胆小了，手颤了，

我的像在未塑以前已经碎了！

但我还是看见它云雾中立着——

但我也只看见它在云雾中立着！


  朱自清借"塑一座小小的像"，来反映他内心的情感和外界对他的期许，即便是"刀已太钝""力已太微"，但"人们的热望也来了"，怎么办呢？"我胆小了，手颤了""我的像在未塑以前已经碎了"，真的是这样吗？朱自清决不相信命运，更不相信还未塑的像已经碎了，他依然看见他的塑像在"云雾中立着"。从不久之后朱自清所从事的研究方向看，"学些本事"是尽心尽力去实践了，那尊自己的"塑像"，也在一点点地雕塑着，同时，低调、谦和，做"永远的素人"也成为他的追求。

# 《背影》的背影

　　《背影》在《文学周报》1925 年 11 月 22 日第 200 期一经发表，立即引起极大反响，各种赞美、评析文章纷至沓来。但许多评价只是从文本出发，对作品的成因和那段时间朱自清思想和情感的变化，没有涉及，或涉及的不够深入，《背影》背后隐藏的"故事"也没有体现出来，这反而有损于读者对这篇文章更深入的了解和理解。

　　那么朱自清这篇文章是怎么写成的呢？又是在什么样的生活背景和文化背景下创作的呢？

　　表面上看，《背影》写作的主要动因是收到父亲从扬州寄来的家信。信中说："我身体平安，唯膀子疼痛厉害，举箸提笔，诸多不便，大约大去之期不远矣。""大去"即死亡的意思。这封信，看起来是父子间普通的通信，无非讲一些生活的日常和身体的状况。但是，我们只要注意《背影》最后一节里作者的另一句话，就会体味和感受到这封家书的不同寻常之处：最近几年，"家庭琐屑，便往往触他之怒。他待我渐渐不同往日"。说白了，"渐渐不同往日"就是父子之间有了隔阂，有了矛盾。正是这层"隔阂"和"矛盾"，才触发了朱自清内心细腻的情感，情不自禁地泪如雨下，进而牵连地想起父亲对他的种种好处来，一气呵成写成了这篇经典名篇。

梳理朱自清父亲和朱自清之间的"隔阂"（家庭琐屑）和"矛盾"，还要从数年前说起。

朱自清在考入北大之前，全家过着小康生活，从不为生活发愁。但是，到了1912年，情形发生了变化，祖父朱则余被军阀徐宝山敲诈之后，在海州做官多年积攒的钱财很快消耗干净，没有老本可吃的朱家迅速败落，朱则余也因此忧郁而终。父亲朱鸿钧一直在外地做小官。那时候的许多小官僚，不管钱多钱少，思想上都会有一些根深蒂固的旧习甚至恶习，比如沾染吃喝嫖赌、纳个三房四妾什么的。现在看来不成体统，当时也许只是生活小节问题。朱家在朱则余未死之前，朱鸿钧便在宝应娶了一房淮安籍的姨太太，相当于在扬州之外，又另安一个小家，称"外室"。朱自清稍大懂事后，对父亲的做法是有怨言的。家道中落后，特别是祖父过世，朱家仅靠朱鸿钧一个人的收入支撑扬州一大家和宝应一小家的开支，生活自然十分困难。朱自清就是在这样的境况中读完了小学和中学，并于1916年秋考上北京大学文预科。同年12月15日，根据父母之命，朱自清和武钟谦完婚。婚后夫妻感情虽然很好，但由于朱自清在北京读书花销不小，父亲的收入又兼顾不过来，经常缺吃少穿，困难不小。武钟谦也没有别的办法，只能靠变卖首饰来资助朱自清。朱自清为了减轻家累，从预科又改考北大本科，为的是早毕业早工作，挣钱养家。1917年冬，朱鸿钧从宝应调到徐州担任榷运（民国初期，盐业专卖的官方机构）局长。徐州是交通要道，比起宝应，更是灯红酒绿、热闹非凡。朱鸿钧在这样的环境中，旧习不改，瞒着扬州和宝应方面，又接连纳了几房妾，等于是家外有妾，妾外又有妾，过起了逍遥自在的生活。但是，世上没有不透风的墙，朱鸿钧纳妾被宝应的那位姨太太知道了。这位姨太太不是个善茬儿，特地赶往徐州，大闹一场。此事惊动上面，即朱鸿钧的最高上级镇守使（统领地方军政）。徐州的镇守使不是别人，正是海州镇守使白宝山的把兄弟陈调元。陈调元是军阀出身，性格果敢，办事武断，直接撤了朱鸿钧的职，还勒令朱鸿钧妥善处理此事，花钱遣散几房妾，别闹出更大的乱子来。朱鸿钧不敢怠慢，为了打发徐州的几个妾，只好东借西凑，还变卖老家的财产，连朱自清祖母的首饰都变卖了，这才凑了五百块大洋，把窟窿给补上。朱自清祖母不堪忍受如此变故，焦虑而死。这对朱家来说，又是雪上加霜。朱自清在接到朱鸿钧报丧信后，离开北大，赶到徐州，和父亲会合后准备回扬州协助父亲料理祖母的丧事。朱自清到了徐州，知道事情的前因后果后，"看到满院狼藉的东西，又想到祖母，不觉簌簌地流下眼泪"。(《背影》)

关于这段历史，朱自清的妹妹朱玉华在接受周锦的采访时也说："民国六年之前，父亲的差事一直很好，民国六年因为在徐州收了几个姨太太，在家里最早弄回来的姨太太赶了去大吵大闹，搞得乌烟瘴气，结果丢了差事还负了债，从此我家就不曾再好起来过。"(周锦著《与朱玉华女士谈朱自清》)

朱自清和祖母很亲，小时候祖母常带他玩，带他上街买吃的，给他讲海州的故事，讲花园庄的故事，还早早就给他说了一门花园庄的亲事。那女孩是曾祖母的娘家人，姓乔，朱自清虽然没有见过，因为听家里人常常说起那女孩，"日子久了，不知不觉熟悉起来了，亲昵起来了"(《择偶记》)。虽然后来那女孩早夭了，但祖母对朱自清种种的好，他还是时常记在心上的。已经虚岁 20 岁又是大学生的朱自清，看到因为父亲的所作所为一步步败了家，还气死了祖母，联想到自己读书的钱都靠妻子变卖首饰，心里十分难过。朱自清站在院子里默默流泪，不仅是因为疼爱他的祖母死了，同时也为父亲致使家中债台高筑和生活困难而感到憋屈，心里生了很大的怨气也是有可能的。而父亲那句"事已至此，不必难过，好在天无绝人之路！"

也没给朱自清留下好印象。

如果说，朱家遭军阀徐宝山的敲诈，气死了祖父，算是不可抗拒的外仇，父亲的败家气死祖母，遭至债台高筑，把好端端的家进一步带入困境，若说朱自清能很坦荡地原谅父亲，是不现实的。朱自清虽然不能理解父亲，不能责备父亲，但也不能指望朱自清心里的怨气从此就消散。应该说，就是从这时候开始，朱自清对父亲萌生了成见和隔阂。

由此开始，隔阂和矛盾又因为各种家庭琐屑而越来越深。

朱自清夫人武钟谦因娘家就在扬州本城，朱自清又在北大读书，长年不在家，经常回娘家小住几天。朱家人就有点看不顺眼，便给朱自清写信，说武钟谦"待不住"。朱自清也是传统观念很强的人，便动了气，马上写信责备武钟谦，暑假还"带了一肚子主意回去"，大有"问罪"之意。但一见迎接的武钟谦"一脸笑，也就拉倒了"。朱自清是拉倒了，父母却对儿媳妇渐渐产生了隔阂，连带也觉得朱自清是站在儿媳妇一边的。后来，朱自清大学毕业到浙江的杭州、台州、温州、宁波等地任教，把挣的钱几乎全部寄给家里，身上常常连几毛钱都没有。朱鸿钧在经历了徐州变故之后，没有再找到工作，靠朱自清的薪水和典当维持一大家的生活，持家十分不易。这种局面，一方面是因为从前大手大脚习惯了，另一方面也是对朱自清期望太高，花起钱来不能节制，钱便总是不够花，对朱自清交给家里的钱无论是多还是少，总是不能满意，常常跟朱自清发牢骚，或变相责备朱自清，说些"养儿防老"一类的话。有一次，朱自清暑假回家，父亲就疏通关系，让他进扬州江苏省立第八中学任教，朱鸿钧还跟校长提出一个苛刻、离奇的要求，即朱自清的薪水不能由朱自清领，要由学校送到家里交给朱鸿钧。朱自清只在"八中"工作了两个月左右，就到上海的中国公学中学部和叶圣陶会合，主要是和校方产生误会进而产生了矛盾，但与父亲的所作所为也不能说没有关系。

朱自清在气愤离开"八中"后，家里人自然不满意，尤其是朱鸿钧，还以为儿子是怕交钱给家里而故意离开的，便常常讥讽武钟谦，说"你也走"啊。武钟谦听了不好受，只好负气带着孩子回到娘家。娘家是继母，回去后，娘家人又责备武钟谦在婆家太软弱，不敢说话，又受娘家人的气，两头受气的日子真不好受。朱自清在《给亡妇》里说："那时你家像个冰窖子，你们在窖子里足足住了三个月。"三个月后，朱自清万般无奈，只好将妻子儿女接了出来，跟随朱自清在江南经历了几年的动荡生活，后来孩子多了，又把母亲接到身边帮助料理家务。而在扬州老家，朱鸿钧带着朱自清的弟妹，继续他的封建家长制式的管理和生活，各种花销，包括弟妹的读书费用，全靠朱自清一个人的收入供给。即便如此，朱鸿钧依旧继续抱怨"钱不够花"云云。

就这样，朱自清和父亲之间的关系便一直若即若离，父亲一方面嫌儿子给家里的钱不够花，另一方面又指望朱自清的钱养老，还要指望儿子的钱供弟妹们上学。而朱自清心里同样委屈，委屈的根源当然是父亲败家的事了，至少要从那时候算起。在江南的几年间，朱自清生活一直艰难，心情一直郁闷。但作为家里的顶梁柱，既不便多说，又要承担责任，只能把委屈憋在肚子里，继续自己的教书生涯，可谓颠沛流离，忍辱负重，老家回得也渐渐少了。不回的原因当然还是父亲。比如1922年夏天，朱自清带着妻儿回家度暑假，就受到了父亲的冷落，甚至不准他们进家门。朱自清只好怅然而返。后来再次回家，这次倒是准进家门了，父亲却不搭理他，过了几天没趣的日子，只好又悻悻而去。这次经历给朱自清的影响也是很大的。朱自清在《毁灭》里有诗句云："败家的凶惨""骨肉间的仇视"，说的就是自己亲身的境遇。1923年之后，朱自清干脆不回扬州老家了，而此举，又加深了父亲对他的抱怨。

　　骨子里孤傲、坚韧的朱自清，又是有抱负的青年人，有自己的文学理想，有自己的学术追求，他拼命写作，参加各种文学聚会和文学社团，一有机会就出书，还和朋友合办文艺丛刊，两年多没有回家，也便没有更多的时间和家人亲近、交流，和父亲朱鸿钧的误解和矛盾日渐加深。而朱鸿钧不在自己身上找原因，还一味地抱怨朱自清只顾自己的小家而不顾扬州

1927年，朱鸿钧（前排中间）与儿孙们在扬州合影

的大家，因此，和儿子的关系便如《背影》里所说，"家庭琐屑，便往往触他之怒。他待我渐渐不同往日"。

朱自清就是多年在这样的曲折磨难中，还算顺利地进入了清华，成为这所著名大学的教授。朱自清进入清华后，给家里报了信，便开始准备讲课的材料。9月9日正式给学生上课，给旧学部学生讲李杜诗，给大学普通部学生讲国文。由此，朱自清的职业，也渐由从事中等教育与诗歌、散文的创作，转向大学教育和中国古典文学研究的路子上来了。

就是在这时候，朱自清接到了父亲的回信。

从《背影》中得知，朱鸿钧在知道儿子入聘清华后，百感交集、深有感触，他是知道这所名校的根底的。清华原是一所中等教育的学校，叫"清华学堂"，是用美国所退还的庚子赔款余额兴办的留美预备学校，隶属于外交部，于1914年4月正式成立。学校因经费充裕而吸纳了大量的人才。经过最初的草创，走上正轨之后，校方不再满足于中等学校的规模和程度，而产生了创办大学的设想。在社会各界的支持和推动下，经过近十年的筹备，于1925年增设大学部和研究院（国学门）。在朱鸿钧看来，儿子能在这样背景的大学里教书，比起在中学任教，才算真正有了出息，加上近来身体不好，也联想到自己大半生的所作所为，拖累了家庭，甚至影响了儿子的发展，便给朱自清回了这封信。朱自清在接到父亲的信后，看到父亲伤感的文字，感觉父亲"终于忘却我的不好"，反而勾起了朱自清对过去生活点滴的回忆，想起父亲对自己的种种好处来。加上自己也算是熬出了头，可以在清华施展自己的才华，可以有一个稳定的平台来实现自己的文学理想和艺术追求，同时生活也会得到改善，不会再为生活而奔波了。于是，一篇流传后世的《背影》便构思而成了。

朱自清对于父亲的记忆，当然还有很多，但他没有铺展开来写，而是从家里发生重大变故的徐州事件写起，可能是这件事对朱自清一家的影响太大了吧。

　　徐州变故其实也是朱鸿钧后半生背运的开始。但是即便在这种时候，作为父亲，朱鸿钧也没有彻底灰心，而在家中丧事办完之后，以送儿子去北京上学之机来到南京下关浦口火车站，并且分手前为儿子做了力所能及的事——买几个橘子。就是在这个过程中，父亲给朱自清留下了难忘的"背影"。这个背影便像一尊雕像一样，刻印在朱自清的记忆里，多年以后记忆犹新。

# "国故"和"现代生活"

　　朱自清的论文《现代生活的学术价值》创作于 1926 年 4 月
11 日，发表于同年 5 月 9 日《文学周报》第 224 期。

　　这篇论文写作的缘起，是在《北京大学国学门研究所周刊》
上读到顾颉刚《一九二六年始刊词》，几乎同一时期，"又在
《晨报副刊》上看到他的论小戏转变的杂记，又在《现代评论》
上看到杨金甫先生论国学的文字，我也引起了一些感想。我的
感想与他们二位的主旨无甚关涉，只是由他们的话引起了端绪
而已"。那么，朱自清的"端绪"又是什么呢？顾颉刚、杨金甫
等人又是什么样的"文字"而引起他的"端绪"的呢？这便是
他们论述和提倡的"国故学"方面的研究。

　　朱自清在《现代生活的学术价值》中，对五四以后的传统
旧学势力的复辟和现代精神的淡薄深感不安。在文章中，他不

无忧虑地说："我们生活在现代，自然与现代最有密切关系，但实际上最容易忘记的也是现代。庄子说，'鱼相忘于江湖'，可以断章取义地用来说明这种情形。因此人或梦想过去，或梦想将来；'梦想过去'或'梦想将来'的价值相等或不等，且不用问；而忘记了现在，失去自己的立场，至多也只是'聊以快意'而已，什么也得不着！我们中国人一直是'回顾'的民族，我们的黄金世界是在古代。'梦想过去'的空气笼罩了全民族，于是乎觉得凡古必好，凡古必粹，而现在是'江河日下'了。我不敢说中国人是最鄙弃'现在'的民族，我敢说我们是最鄙弃'现在'的民族之一。过去有过去的价值，并非全不值得回顾，有时还有回顾的必要；我所不以为可的，是一直的梦想，仅仅乎一直的梦想！他们只抱残守缺地依靠着若干种传统，以为是引他们上黄金世界的路。他们绝不在传统外去找事实，因此'最容易上古人的当'。上当而不自知，永远在错路上走，他们将永不认识过去的真价值。他们一心贯注的过去，尚且不能了了，他们鄙夷不屑的现在，自然更是茫然。于是他们失去了自己，只麻木地一切按着传统而行；直到被传统压得不能喘气而死。"朱自清所说的"旧时代"，就是指他们对于"旧时代"学术的过于迷恋式的研究，对于现代生活却没有实质性的推进。在当时的情境中，应该说，朱自清的感觉是有道理的。为了科学地利用古代，改变这种钻进旧书堆中的研究，朱自清认为必须站在现代的立场上，以科学的态度和方法来研究，"研究的途径，我也说了：一是专门就现代生活做种种的研究，如宗教、政治、经济、文学等；搜集现存的歌谣和民间故事，也便是这种研究的一面；一是以现代生活的材料，加入旧有的材料里共同研究，一面可以完成各种学术专史，一面可以完成各种独立的中国学问，如中国社会学，中国宗教学，中国哲学——现在中国地质的研究颇有成绩，这种通常不算入国学之内，但我想若将国学一名变为广义，也未尝不可算入。这两种工作都须以现代生活为出发点；现在从事的人似乎都很少。——传统的和正宗的空气压得实在太厉害了！"

关于"国学""国故"或"国故学"的研究和讨论，朱自清在写作这篇文章之前，实际上在学术界已经进行了两三年的时间。为了更清晰地厘清和理解朱自清文章的观点，我们可以先大致了解一下当时的情形。1923 年 1 月胡适在《国学季刊》发刊宣言中说，"国学"是"国故学"的简称，"中国的一切过去的文化历史，都是我们的'国故'，研究这一过去的历史文化的学问，就是'国故学'，省称为'国学'"。由于胡适在知识界和学术界的巨大影响，这一"国故学"或"国学"的概念几乎是"一锤定音"，被中国传统学术界所广泛接受。但关于"国故"和"国故学"，在时隔一两年后，再次引发了不同的争论。

1924 年，吴文祺在《重新估定国故学的价值》中说："整理国故这种学问，就叫作国故学，国故是材料，国故学是一种科学。"曹聚仁在《国故学之意义与价值》一文中，也自信地称："'国故'与'国故学'，非同物而异名也，亦可非简称'国故学'为'国故'也。'国故'乃研究之对象，'国故学'则研究其对象之科学也。"其实，早在吴文祺和曹聚仁文章发表之前，毛子水就在《国故和科学的精神》中说过："古人的学术思想，是国故，我们现在研究古人的学术思想，这个学问，也就是我们的'国新'了。这个学问，应该叫'国故学'。""国新"也是一种新提法，用毛子水的说法，就是"国故学"。接着，毛子水又在《驳〈新潮〉"国故和科学的精神"篇订误》里进一步说明："所谓'补苴罅漏'，纯粹是国新，所谓'张皇幽眇'，纯粹是国故学，亦就是国新的一种。"这种观点，和胡适的观点是相一致的。但是，吴文祺和曹聚仁再次旧话重提，引起了学术界的再次争论，而且"国学"和"国故学"又被反复阐发，可见当时对于这门学问，还是有人认识不清并存在争议的。

认识不清和存在争议，具体表现在，一个是珠石杂糅，一个是混淆视听。本来就不赞成"整理国故"的陈西滢在《西滢跋语》里坦率地表示："我们试问，除了适之先生自己和顾颉刚、唐擘黄、钱玄同等三四位先生外，哪一个国故学者在'磨刀霍霍'呢？哪一个不是在进汤灌药、割肉补疮呢！哪一个不是在垃圾桶里淘宝、灰土堆中搜奇呢！"如果说这种珠石杂糅、泥沙俱下的研究还算是研究的话，有些"混淆视听"的勾当就很可笑了，或者是一些落没文人故意借此"还魂"。毛子水在《重新估定国故学之价值》一文中专门提出这点："近人往往把国故学省称为国学，于是便引起许多可笑的误会。——如老先生们以骈文、古文、诗、词、歌、赋、对联等为国学，听见人家谈整理国故，他们便得意扬扬地大唱其国学复活的凯旋歌。"这就难怪让很多人反感了。

其实，所谓"国故"和"国故学"，无非就是材料和学术的区别，并不难分辨。就算胡适一锤定音，把研究这一过去的历史文化的学问，简称为"国学"，其道理众所周知。但是就这么简单明了的事，现在还有人来"利用"，给自己贴金。这就好比现在流行的"茶文化研究"的争论一样，很多人也把茶、饮茶、茶艺表演，和茶文化混为一谈，以为自己喝了点茶，做个茶艺表演，就是文化了。茶是没有文化的，茶只是一种物，是茶叶的简称；通过浸泡等方法制作成饮品，也可称茶。我们通常说的"喝茶"就是指茶水。茶艺表演也不是茶文化，表演只是一种喝茶的形式。什么是茶文化呢？就是对茶的研究和与茶有关的学术成果，包括对茶艺表演的研究。套用当年"国故"和"国故学"的争论，就是"茶"和"茶文化"的争论。

朱自清就是在这种背景下，写作了这篇论文。从此后朱自清放弃新诗的写作并基本上不再进行文学创作，而是把精力放在中国古典文学的研究上来看，朱自清写作这篇论文是早有准备并经过深思熟虑的，而且有自己从事国学研究的新方法（从《中国歌谣》《经典常谈》等著作中可见一斑），即国学的研究要结合现代人的思想和生活。应该说这一见解在当时还是有独特之处的。

　　朱自清的这篇文章一经发表，即在学术界和创作界引起了不小的反响，叶圣陶、周予同、曹聚仁等都撰文参与讨论，曹聚仁在 1926 年 5 月 23 日出版的《文学周报》上，发表了一篇题为"国故与现代生活——和佩弦先生谈谈"的文章，认为"先生所讲的现代生活就是国故"。曹聚仁是朱自清的学生，是杭州浙江一师的高才生，很早就走上了文学创作的道路，擅长杂文、小品文的写作。1922 年在上海从事教育工作，创办沧笙公学，长期为《民国日报》副刊《觉悟》撰稿。1923 年 5 月还和柳亚子等人一起成立了"新南社"，是其骨干之一，并成为国学大师章太炎的入室弟子，成了鲁迅的"师弟"。曹聚仁后来也办杂志，主编《涛声》《芒种》等文学刊物，一生也创作了大量的文学作品。曹聚仁旧学根底很深，也有自己的观点和主张，他在读到朱自清的《现代生活的学术价值》后，对朱自清的观点有不同意见，所以撰文来"和佩弦先生谈谈"。"谈谈"一语用得极好，不生硬，不强势，有坐下来闲聊的意思。

　　总之，关于"国学""国故"或"国故学"的研究和讨论，在 1926 年春夏的文坛，引起了一番不小的讨论。

# 从一首诗后，看朱自清思想的变革

　　《朝鲜的夜哭》是朱自清于 1926 年 6 月 14 日写作的一首新诗，发表于本年 7 月 10 日的《晨报附刊》上。

　　对于国内时事政治，朱自清向来都是敏感和关心的，在江南时遇到的军阀混战，以及其后的关于"义战"的讨论，还有五卅惨案的愤慨，再早更可上溯到辛亥革命和五四运动，朱自清都不是旁观者。最近的如不久前的三一八惨案，朱自清更是积极发声，冒着生命危险参与游行，还写作了《执政府大屠杀记》《哀韦杰三君》等好几篇文章，揭露了社会的黑暗，控诉了当局的暴行。对于国际时事，朱自清也不是"两耳不闻窗外事"，1926 年 4 月 25 日，中国近邻朝鲜最后一位国王纯宗逝世。此时的朝鲜，还在日本帝国主义的统治之下，朝鲜人民不断进行各种斗争，都遭到了日本殖民者的残酷镇压。国王的死，更加触动了朝鲜民众的亡国之痛，对殖民地的悲惨生活表示强烈的不满，在汉城附近的山中，他们聚集在一起，整夜号哭。6月9日这天，又利用举行国葬的机会，进行反殖民、反统治、争取民族解放的斗争，声势不小，引起了殖民统治者的不满，遭到了残酷的镇压。消息传来，也引起了许多有正义感的中国人的同情，朱自清就是在这样的背景下，饱含同情和悲愤的心情，写下了《朝鲜的夜哭》这首长诗，以声援朝鲜人民的正义斗争。

该诗分为三节。在第一节中，朱自清直抒情感：

西山上落了太阳，

朝鲜人失去了他们的君王。

太阳脸边的苦笑，

永远留在他们怯怯的心上。

太阳落时千万道霞光，

如今只剩了朦胧的远山一桁。

群鸦遍天匝地的飞绕，

何处是他们的家乡？

何处是他们的家乡？

他们力竭声嘶地哀唱。

天何为而苍苍，

海何为而浪浪,

红尘充塞乎两间, 又何为而茫茫?

……


  朱自清用比兴的手法, 咏叹朝鲜人民的哀怨, 反复咏叹朝鲜人民面对国家民族沦丧和灭亡的惨痛以及无家可归的凄凉, 咏叹了朝鲜半岛的危亡处境, "他们力竭声嘶地哀唱"传到每一户人家, 他们哭号, 他们彷徨, 他们心已成灰烬, 他们需要从哀叹和悲伤中迅速觉醒过来, 他们必须要从痛失君王中走出小屋, 来到露天的旷野, 乘夜之未央, 在痛哭一场之后而反抗。我想, 这就是朱自清在同情之后所要表达的, 国王死了, 连这个国家最后的象征都不复存在了, 他们怎么能不悲痛呢? 但仅仅是悲痛又有什么用呢? 仅仅是发问"天何为而苍苍, 海何为而浪浪, 红尘充塞乎两间, 又何为而茫茫"是远远不够的。

  第二节中, 朱自清写了朝鲜人民利用举行国葬的机会, 走上街头, 游行示威。诗中以街灯闪闪如鬼火, 行列沉默如僵石, 白杨萧萧如秋深等, 渲染出一种阴森肃杀的气氛, 衬托出朝鲜人民的愤怒已到了视死如归的程度。在铺陈游行的示威中, 仍在反复咏叹朝鲜人民的悲伤: 呜咽如密林中的洞箫, 号啕如突起的风暴; 祭天的柴燎熊熊如千军万马的腾踔, 如东海和黄海的同声狂啸; 唠叨和号啕感动着万物; 风在咆哮, 野兽在鸣嗥，树叶不住地震颤，惊鸦连连地啼叫，天沉沉欲堕，海掀起波涛；悲痛的眼泪也浇不尽对殖民者的仇恨，索性就浇没朝鲜的半岛罢！朱自清的抒情达到了浓烈难耐的程度。

第三节继续控诉日本殖民主义者对朝鲜人民残酷镇压的罪行。声声凄厉，句句血泪，充满着对朝鲜人民深切的同情。


……

这时候风如吼，雨如河！

谁都料不定铁骑们的踪迹，

只踉踉跄跄，提心吊胆，三步两步的延俄！

这时候一家人早已撒了手，

便是情人呵，也只落得东西相左！

战战兢兢，零零丁丁，风雨中都念着家山破！

你箕子的子孙呀！你要记着——

记着那马上的朗笑狂歌！

你在天的李王呀！你要听着——

听着那马上的朗笑狂歌！

风还是卷地地吹，

雨还是漫天地下；

天老是不亮呵，奈何！

天老是不亮呵，奈何！

这是一首抒情的长诗，虽然朱自清没有亲身经历过那样的现场，仅从报上得知消息，无法描述具体而感人的细节，但是朱自清能够感受到朝鲜民众的心情，诗句也就饱含着满腔的愤怒和抑制不住的激情，犹如黄河之水天上来，奔腾而下，从心底发出巨大的轰鸣，给人以强烈的艺术感染。读这首诗，你会感到句句洋溢着诗人饱满的激情，以及爱朝鲜人民之所爱的真挚，对朝鲜人民的国家沦丧和民族灭亡表示深深同情，对朝鲜人民的不幸命运和悲切表示密切的关注，对朝鲜人民为失去象征一个民族存在的国王而万分悲痛的心情表示理解，仿佛诗人同朝鲜人民参加了那场"朝鲜的夜哭"。

　　时间过得真快，一转眼，朱自清在清华执教已经一年了。1926年暑假过后，朱自清继续担任"大一国文"和"李杜诗"的课程。从1925年暑假到1926年暑假，通过一年的磨合，不消说，朱自清渐渐适应了大学的教学生涯，在备好课、讲好学的过程中，创作也没有间断，新诗、散文、书评序跋、论文和杂论等都有新作，如新诗，除这篇《朝鲜的夜哭》外，还有《我的南方》《塑我自己的像》《战争——呈W君》等；散文有《说梦》《阿河》《执政府大屠杀记》《哀韦杰三君》《关于李白诗》《飘零》《海行杂记》《白采》等；书评有《吴稚晖先生文存》《〈子恺漫画〉代序》《白采的诗〈羸疾者的爱〉》；论文和杂论有《现代生活的学术价值》《翻译事业与清华学生》等，计有十七八篇之多，算是延续了他此前的创作热情。

但是，在1926年暑假后，朱自清的创作突然中断，一直到年底，只有两篇短短的跋文《〈萍因遗稿〉跋》《〈子恺画集〉跋》和一篇书评《熬波图》问世，而《〈萍因遗稿〉跋》只有三百来字，严格来说，都算不上一篇完整的作品，《〈子恺画集〉跋》也不足千字。文学创作方面，连一首新诗和散文都没写。如果算上1926学年的下学期，即1927年上半年，也不过写了一篇悼亡文字《悼何一公君》和一篇翻译作品《为诗而诗》而已。是什么原因让朱自清突然放弃坚持多年的文学创作呢？梳理朱自清这段时间的文字生涯，不难发现，虽然文学创作中断了，但一种新的样式的文字出现了，即"拟古诗词"。原来，朱自清对他以后的人生道路重新做了规划，由一个创作家，一个新诗人，走向学问家的道路上去了。"拟古诗词"就是他研究旧学的开始，或者是"餐前小点"，为他以后的学术研究做好铺垫。从1926年11月2日开始，他接连创作了多首拟古诗词，到了1927年度新学期开学时，他已经创作了数十首，并且编了讲义《诗名著笺前集》《诗名著笺》《古今诗选小传》。

为了证明朱自清思想的转变，还可以参看于1927年2月5日出版的《一般》杂志上发表的论文《新诗》，这是一篇未完成稿，从已经发表的上半部分来看，朱自清仔细分析了"新诗破产了"的原因。他首先肯定了新诗的成就："据我所知道，新文学运动以来，新诗最兴旺的日子，是一九一九至一九二三这四年间。《尝试集》是一九一九出版的，接着有《女神》等；现在所有的新诗集，十之七八是这时期内出版的。这时期的杂志、副刊，以及各种定期或不定期的刊物上，大约总短不了一两首'横列'的新诗，以资点缀，大有饭店里的'应时小吃'之概。"随着诗人们对于新诗的怠慢，各种负面新闻不断出现，朱自清举了一个例子，说有个新诗人，一心一意要当一个新诗人，终日不做他事，只伏在案上写诗，一个星期便写成了一本诗集。这样的诗当然空洞乏味没有生活了。因此，关于新诗的各种批评和指责便越来越多，就连成名诗人也承认新诗刚一开始，便进入了死胡同。因而，"新诗的中衰之势，一天天地显明。杂志上，报纸上，渐渐减少了新诗的登载，到后来竟是凤毛麟角了。偶然登载，读者也不一定会看；即使是零零落落的几行，也会跨了过去，另寻别的有趣的题目。而去年据出版新诗集最多的上海亚东图书馆中人告诉我，近年来新诗集的销行，也迥不及从前的好。总之，新诗热已经过去，代它而起的是厌倦，一般的厌倦。这时候本来怀疑新诗的人不用说，便是本来相信新诗的人，也不免有多少的失望"。朱自清在分析种种原因后，认为："生活的空虚是重要的原因。我想我们的生活里，每天应该加进些新的东西。正如锅炉里每天须加进些新的煤一样。太阳天天殷勤地照着我们，我们却老是一成不变，懒懒地躲在运命给我们的方式中，任他东也好，西也好；这未免有些难为情吧！但是，你瞧，我们中有几个不跟着古人，外人，或并世的国人的脚跟讨生活呢？有几个想找出簇新的自己呢？你说现在的新诗尽是歌咏自己，但是真能搔着自己的痒处的，能有几人？自己先找不着，别人是要在自己里找的，自然更是渺无音响！《诗》的二卷里，叶圣陶先生有《诗的泉源》一文，说丰富的生活，自身就是一段诗，写出不写出，都无关系的。没有丰富的生活而写诗，凭你费多大气力，也是'可怜无补费精神'！'丰富'的意思，就是要找出些东西，找出些味儿，在一件大的或小的事儿里，这世界在不经心的人眼里，只是'不过如此'；在找寻者的眼里，便是无穷的宝藏，远到一颗星，细到一根针。"朱自清的话可谓一针见血，对于年轻人的新诗观非常厌恶："他们倚靠着他们的两大护法：传统与模仿。他们骂古典派，'连篇累牍，不出月露之形，积案盈箱，惟是风云之状'，但他们自己不久也便堕入'花呀，鸟呀'，'血呀，泪呀'，'烦闷呀，爱人呀'的窠臼而不自知。新诗于是也有了公式，而一般的厌倦便开始了。更进一步，感伤之作大盛。伤春悲秋，满是一套宽袍大袖的旧衣裳。说完了，只觉'不过如此'，'古已有之'。表面上似乎开了一条新路，而实际上是道地的传统精神。新诗到此，真是换汤不换药，在可存可废之间。自由的形式里，塞以硬块的情思，自然是'没有东西，没有味儿'！"

　　朱自清这篇论新诗的文章比较长，如果完全写完，应该达到1万余字。从论文中反映出的观点看，朱自清对于新诗的发展是非常忧虑的，特别是对于那些浅薄的"口水诗"和无病呻吟之作。所以，朱自清在写完《朝鲜的夜哭》之后，就不再从事新诗的写作了，而是一门心思地用在了学问上。可以说《朝鲜的夜哭》是他新诗创作的绝唱，同时也是问学之路的起点。

# 拟古诗词和国学研究

"我慕朱自清的名而选了他的课。他教李白杜甫。这一课学生很少，他讲书时还是十分卖力。学期结束时，我交给他二万余字的李杜诗比较的论文，他大为赞赏。"这是柳无忌先生在《古稀人话青少年》一文中对朱自清的回忆。讲李杜诗，是朱自清初到清华首任课程之一，柳无忌就是他班上的好学生。朱自清所担任的另一课即普通国文的班上，也有一批好学生，比如李健吾就是才华横溢的青年才俊。后来，柳、李二位都在文艺研究和创作上取得了不俗的成绩，不敢说是受了朱自清的影响，但在他们最初的艺术追求和人生规划里，一定是受到朱自清启发的。初到清华的朱自清，自己卖力地工作和对学生的关心自然是受到学生尊重的原因之一，同样的，能在教学中遇到好学生，给朱自清的工作也带来了信心和成就感。

清华园里学风严谨，王国维、梁启超、黄晦闻、陈寅恪等导师、教授就不用说了，学生在这样的环境中，也都养成良好的学习习惯了，柳无忌、李健吾、余冠英等也是他们之中的佼佼者。朱自清初入清华，开始走向实现理想抱负的新征程，当然也要好好规划一下自己的学术研究和文艺创作了。文艺创作是他擅长的，无须担心。事实上，自从他在清华担任教职起，他也在渐渐减少文学创作。但是在学术研究上，要想有所建树、取得成果，就得另下一番苦功夫了。考虑到要结合自己的教学，朱自清决定在中国古典文学上做一番努力。在当时的国学研究中，不少人因循守旧，崇古轻今，朱自清早就觉察到了，1926年4月11日就在论文《现代生活的学术价值》里有所阐述（见本书《"国故"和"现代生活"》一文）。所以在确定做旧学研究的时候，朱自清就警醒了自己，研究旧学，不能脱离现代和当下，这才有他用今人的眼光写作的关于旧学的多篇论文和收在《敝帚集》中的多首"拟古诗"，包括我们熟知的《经典常谈》，都是基于这样的思想才通俗易懂受到大众欢迎的。

　　在李杜诗的教学中，朱自清就带有他这样明确的思想。而在教学与研究中，为了感同身受或身临其境地讲好李杜诗，最好的方法，莫过于亲手创作旧体诗词了。这不仅是为了教学的需求，同时也能提高自己鉴赏、分析、研究的能力。

朱自清（右二）和友人在清华园合影

可能是对自己的旧学底子有些怀疑，也或更是为了精进，他还专门请了两位老师。古诗方面，他拜黄晦闻为师。黄晦闻先生是成名已久的旧诗人、大学者，学问底子很厚。朱自清杂拟的汉魏六朝的五言古诗，请黄晦闻先生过目、点批，还在扉页上写"诗课，敬呈晦闻师教正，学生朱自清"的字样。黄晦闻认真披阅，也有批语如："逐字换句，自是拟古正格。"在古词方面，好友俞平伯家学渊博，加上个人努力，在古典词曲的领悟和创作上较朱自清要老辣不少。朱自清也就就近请他为"师"，朱自清写的第一首拟古词《虞美人（月华如水笼轻雾）》，便谦逊地请俞平伯过目。在 1926 年 11 月一个月内，朱自清写作了四首《虞美人》古词，特别是《画楼残烛催人去》一首，俞平伯也不客气，认真修改后，再交给朱自清。朱自清对俞平伯的修改大都认可，还将自己的原词和俞的改词都抄在自己的稿本《敝帚集》中。在抄写过程中，朱自清又做多处修订，在稿本上涂涂抹抹留下好多墨痕。朱自清在边上还有附语："平伯改本用朱笔录如右，烟水似可易，从此更为直落。"为了对照朱自清的原词和俞平伯改本的异同，同时也说明二位好友的治学严谨，现抄录如下。

朱自清词：


画楼残烛催人去，
执手都无语。
帘前惊雁一声寒，
记取旧愁新恨两眉弯。


逢君只说江南好，
月冷花枝袅。
脂车明日隔天涯，
却念江南微雨梦回时。

俞平伯改词：

> 画楼残烛催人去，
> 执手凄无语。
> 帘前惊雁一声寒，
> 认取旧愁新恨两眉弯。
>
> 相逢只说江南道，
> 待阙鸳鸯好。
> 来朝陌上走轻车，
> 不意江南从此隔天涯。

朱的原词和俞的改本孰优孰劣，我本是外行，暂且不论。仅从字面看，俞平伯的改动不小，词意似乎也更为妥帖。不仅如此，俞平伯还兴致未减，又填一首《浣溪沙》赠送朱自清，词云："瘦减秋闺昨夜眠，还留密宠掷银笺，背人凄咽立灯前。不再楼头同一醉，出门挥手两风烟，却言相见有明年。"这样的诗词往返，一时间成为二位朋友的常态，朱自清的旧诗创作也便越来越有兴致了。在当年的清华园里，如果有人看到年轻的朱自清，或低首沉思，或抬头默想，或吟吟哦哦，那必定是在选章择句地沉浸在他的旧体诗词创作中了。

就是在旅途中，朱自清也不忘对古典诗词的研读和创作。1927 年 1 月寒假期间，在去浙江白马湖探亲的列车上，隆隆开动的列车并没有阻碍朱自清的诗情，他一口气作了《虞美人》三首。从 1925 年暑假期间初到清华，已经一年半有余了，朱自清只身一人在清华执教，一家人还居住在宁波上虞白马湖畔的春晖中学，是时候把妻小接回身边了。因此，这次回家接眷时的拟古词，也脱不了这一层的主题，请看：

烟尘千里愁何极，
镇日无消息。
可怜弱絮不禁风，
几度抛家傍路各西东。

一身匏系长安道，
归思空萦绕。
梦魂应不隔关山，
却又衾寒灯炧漏声残。

朱自清在归家的列车上，想起千里之外的夫人武钟谦和几个子女，引发了他的愁绪，"一身匏系长安道，归思空萦绕。"匏系，出自《论语·阳货》："吾岂匏瓜也哉！焉能系而不食？"

匏瓜系葫芦的一种。匏系的古意有羁滞的意思，比喻不为时用或无用之物。李商隐《为大夫安平公华州进贺皇躬痊复物状》云："心但葵倾，迹犹匏系，伏蒲之觐谒未果，献芹之诚恳空深。"宋人秦观在《庆禅师塔铭》中说："出家儿当寻师访道，求脱生死，若匏系一方，乃土偶人耳。"朱自清词中的"匏系"，说的是自己一个人在北京教书，而把家人留在南方，自己对于家人而言，不是匏系又是什么呢？"梦魂应不隔关山"，在南去的列车上，朱自清写下这首拟古词，表达要把家人留在身边的愿望。而另一首《虞美人》更是直白了：

千山一霎头都白，
照彻离人色。
宵来陌上走雷车，
尽是摩挲两眼梦还家。

如今又上江南路，
乍听吴娃语。
暗中独自计归程，
蓦地依依怯怯近乡情。

在这三首《虞美人》的末尾，都有特别的落款，或曰

"1927年，南归津浦车中作"，或曰"宁沪车中作"，或曰"宁沪车中赠盛蘅君"。

朱自清的拟古诗创作始于1927年6月1日，第一首是拟《古诗十九首》里的《行行重行行》，名即"拟行行重行行"，原诗曰："行行重行行，与君生别离。相去万余里，各在天一涯。道路阻且长，会面安可知。胡马依北风，越鸟巢南枝。相去日已远，衣带日已缓。浮云蔽白日，游子不顾返。思君令人老，岁月忽已晚。弃捐勿复道，努力加餐饭。"朱自清拟诗曰："眇眇川涂异，思君难等齐。天地自高厚，故为东与西。相望千万里，相见无端倪。黄叶依故林，梁燕认旧栖。日月有代谢，揽镜伤形影。风云不可测，百姓如俄顷。人生且行乐，春秋多佳景。"这里录原诗的拟诗，比较阅读，还是挺有意思的，从中也可窥见朱自清不俗的旧学根底。

朱自清知道，1927年暑假过后的新学期里，他要给学生讲旧诗，为了提高自己的教学水平，就开始了拟古诗的创作，断断续续从历代诗词里选了四十首，加以拟写，除《拟行行重行行》外，计有《拟青青河畔草》《拟西北有高楼》《拟迢迢牵牛星》《拟回车驾言迈》《拟凛凛岁云暮》《拟孟冬寒气至》等，说是拟写，实际也是创作，甚至比触景生情的创作更有难度，也更见功力。如《饮酒》，这是陶渊明的诗，朱自清拟写曰："菊色一何好，星星秋露莹。掇英泛清酒，悠然远利名。独酌不成醉，壶觞亦已倾。日暮天苍苍，但闻归鸟鸣。凭轩自啸咏，且以适吾情。"该诗的用典很多，如"一何好"，出自欧阳修《西斋手植菊花过节始开偶书奉呈圣俞》一诗中的"鲜鲜墙下角，颜色一何好"之句；朱翌有《十月十四日立冬菊花方盛》中也有"黄菊一何好"之句。"掇英泛清酒"之句化自晋代文人《秋菊赋》的"泛流英于清醴，似浮萍之随波"。"独酌不成醉"之句出自宋代诗人余靖的《新息道中遇雪》，原为"独酌不成醉，自嫌名利身"。"壶觞亦已倾"之句，化自陶渊明《乞食》的"觞至辄倾卮"之句；明代文人许筠在《送卢判官》中也有"促柱倾壶觞"之句。这些都说明朱自清旧学的渊博。同样的，我们再来看看陶渊明的《饮酒》原诗："秋菊有佳色，裛露掇其英。泛此忘忧物，远我遗世情。一觞虽独尽，杯尽壶自倾。日入群动息，归鸟趋林鸣。啸傲东轩下，聊复得此生。"

朱自清的旧体诗词，不止这四十首，后来还陆续拟写了很多，并且有的已经跳出了原诗词的思想情感，而更多地赋予了自己的经历，如《张志和渔歌子》一词："红树青山理钓丝，扁舟流水任东西。微雨过，夕阳迟，酡颜一笑脱蓑衣。"张志和的原词是这样的："西塞山前白鹭飞，桃花流水鳜鱼肥。青箬笠，绿蓑衣。斜风细雨不须归。"这样的创作，一直持续了较长一段时间，为他以后创作的许多旧体诗词打下了扎实的基础。

余冠英在《悲忆佩弦师》里说："那时他偶尔做做旧诗，学杜甫，也填小词，近花间派，都很精工，但他自谦说这些不过是练习之作，见不得人。我向他要几首登在我所编的《清华周刊》文艺栏里，强而后可，但不肯署真名。"季镇淮在《朱自清先生年谱》里说："这些作品，先生从来秘不示人，其所以模拟者只是作为了解、研究中国旧诗词的一种方法。而研究旧诗词是先生教书工作的一部分。"这些记述，足以看出朱自清谦虚的品格了。

1927 年 9 月新学期开学后，朱自清又担任新开设的"古今诗选"课，并自编了三种讲义：《诗名著笺前集》《诗名著笺》《古今诗选小传》，其他的课程还有"中国文学书选读""古今文选、记叙文、论说文、书翰文"等课。在一边教学一边研究和创作古典诗词中，朱自清写作了论文《唱新诗等等》，翻译了论文《纯粹的诗》，前者分析、讨论了新诗与戏曲、歌谣的关系，提出从新诗音乐化的角度去拯救新诗的新思维。后者叙述了近几年欧洲评坛上关于诗的新争议。朱自清在文前小引中说："原委分明，简要可看。"对当时的新诗创作，大约很有启发。

# 感受荷塘的月色

朱自清的名篇《荷塘月色》发表在《小说月报》1927年第18卷第7号上。从文章篇末所署"一九二七年七月，北京清华园"来推想，文中描述的景象应该是6月末或7月初，也许就是他写作的当晚。"荷塘四面，长着许多树，蓊蓊郁郁的""曲曲折折的荷塘上面，弥望的是田田的叶子。叶子出水很高，像亭亭的舞女的裙。层层的叶子中间，零星地点缀着些白花……""这时候最热闹的，要数树上的蝉声与水里的蛙声……"白的荷花，出水很高的田田的叶子，蓊蓊郁郁的树，还有夜里还在鸣叫的蝉和蛙，这些描写都是盛夏才有的特征。

1927年暑假，和往年格外地不同，南方政局不稳，传言很多，特别是上海的四一二和广州的四一五事变之后，中国的天空布满恐怖的阴云，许多有思想的知识分子都忧心忡忡，鲁迅在《三闲集·序言》中说:"我是在二七年被血吓得目瞪口呆,离开广东的。"鲁迅所指的血,就是广州四一五反革命事变,此时他在中山大学担任教职,事变发生后,他积极营救被捕学生,因无效愤而辞去一切职务。南方的事变也影响到北京,清华大学破例于6月5日提前放了暑假,怕社会上进一步发生混乱(事实上已经十分混乱了),不方便学生回家过暑假。这时候的朱自清,已经于年初把家从浙江上虞白马湖畔的春晖中学搬到了清华园,住在清华园西院16号,再不用像往年那样,利用假期,舟车劳顿,行程千里,和家人团聚了,而是有了真正的"浮生闲情"。但朱自清毕竟是创作型的学者,虽然创作思路有所转变,准备花更多的精力研究学问。但因触景生情,也是闲不下来,创作的欲望还是蠢蠢欲动。而让人不安的南方的时局,更让朱自清心绪不宁,在《那里走》一篇里,他说:"在歧路之前,我只有彷徨罢了。""哪里走"这个问题,"只要有些余暇,它就来盘踞心头,挥也挥不去"。这样烦闷、忧虑的心绪在《一封信》里也如是说:"现在终日看见一样的脸,板板的天,灰蓬蓬的地;大柳高槐,只是大柳高槐而已。于是木木然,心上什么也没有;有的只是自己,自己的家。"又说:"我想着我的渺小,有些战栗起来;清福究竟也不容易享的。这几天似乎有些异样。像一叶扁舟在无边的大海上,像一个猎人在无尽的森林里。走路,说话,都要费很大的力气;还不能如意。心里是一团乱麻，也可说是一团火。似乎在挣扎着，要明白些什么，但似乎什么也没有明白。"这是朱自清借怀念南方友人之口，说出自己心中的焦虑，"南方这一年的变动，是人的意想所赶不上的。我起初还知道他的踪迹；这半年是什么也不知道了。他到底是怎样地过着这狂风似的日子呢？"这里的"他"，也许并不单单指友人，也可能是许多有思想有情怀的知识分子的统称。

《荷塘月色》也是在"这几天心里颇不宁静"中完成的。可见，南方的时局，朱自清并没有置身事外，而是时时惦念心间的。但，朱自清毕竟也是世俗中的年轻人，即便心中有瘢痕，有不快，也要找到排遣、宣泄的方式和渠道，在院子里乘凉的时候，"忽然想起日日走过的荷塘，在这满月的光里，总该另有一番样子吧"。这"另有一番样子"很值得玩味和推敲，是呼应前面"颇不宁静"的心情的。在许多赏析文章中，没有人对这句话重视并加以诠释，大家只顾分析后边对荷塘、对月色的铺陈和描写，其实，忽视了这一句的转换，是不能真正理解朱自清这篇美文的良苦用心的。说到这里，不禁让我想起鲁迅先生的短篇小说《孔乙己》，小说描写了这位圣人的后代，因为偷书被打断了腿，用两只手撑着走路的凄惨景象，给无数读者造成强大的内心冲击。但鲁迅先生为什么要这样安排，通常情况下，民间老百姓逮到小偷小摸，会打手，会剁手指，把胳膊敲断了也是可能的。如果鲁迅先生这样安排了，也没错。那最后是什么样子呢？孔乙己再到咸丰酒店时，就不是坐着走来的，就是吊着胳膊，像二流子一样一拽一拽地晃进来的。鲁迅先生的高明之处就在这里，他知道什么样的孔乙己更具冲击力，所以让他断了腿，让他用手行走。朱自清的《荷塘月色》也有高明之处，就是在"颇不宁静"的心情中，并没有去写自己的颇不宁静，而是要看看"另有一番样子"的荷塘和荷塘的月色。那么荷塘、月色，以及独立而出的荷塘的月色，究竟是什么样子的呢？朱自清为什么又想看"另有一番"的样子呢？这就是朱自清看到的现实中的荷塘以及心目中的荷塘。

《王国维生平简介》一文中有这样一段话："我国近代享有国际盛誉的著名学者王国维（字静安）曾于1924年冬就任清华大学教授，时与梁启超、陈寅恪、赵元任、李济并称为'五星聚奎'的清华五大导师。1927年6月2日，王国维自沉于颐和园昆明湖，终年50岁。1927年6月16日，在北京下斜街全浙会馆举行王国维悼祭大会。这次悼祭会所收到的数百副挽词挽联尽诉了人们对王国维的悼念和惋惜之情。此外北京的《国学月报》《国学论丛》以及天津《大公报》等各地报刊还先后刊出《王静安先生专号》《王静安先生纪念号》《王静安先生逝世周年纪念》等专辑，以示纪念。王国维的死在海外学术界也引起了震惊，日本学者在大阪市召开王国维先生追忆会，王国维的日本友人、学者纷纷到会追忆或著文写诗凭吊……"王国维的死，就发生在朱自清身边，且是一桩具有国内外影响的事情，时间也颇为巧合，这可能也是朱自清"心里颇不宁静"的缘由之一吧。因为朱自清与王国维当时同在清华大学供职，他俩之间也许并无交集，有什么样层面的交往也不甚明了。但朱自清一定是钦佩王国维的，王以这样的形式突然于盛年辞世，作为工作上的同事和专业上的同行（都是研究中国古典文学的），难免不给朱自清带来震撼，更会产生悲哀、伤感、痛惜之情。王国维的死和南方事变应该没有本质上的关联，但于朱自清而言，却在夜色中的荷塘边上，把王国维之死和南方事变联系到了一起。

有人说，朱自清的《荷塘月色》是"立真言、写真景、抒真情"。此话当然没错。但许多人在对真言、真景、真情的解析上，犯了文本主义的错误，停留在"以文说文"上，没有结合当时的大环境和朱自清个人心想的小环境来解析，或解析得不够深入和透彻。同时，有些写景抒情的文章，又刻意去追求作品的寓意，往往给人矫揉造作、生拉硬扯的感觉。这样的例子能举出一大堆。究其原因，可能有很多，但一个重要的原因则是缺乏精深的提炼和表达的功力。《荷塘月色》最让阅读者欣赏的，就是描写的准确和语言的贴切，抒发了作者因置身于荷塘月色美景而生出的"淡淡的喜悦"，又不失因社会原因带来的终究难以排遣的"淡淡的哀愁"。

先来看看让作者心情喜悦的景象:"一个人在这苍茫的月下,什么都可以想,什么都可以不想,便觉是个自由的人。""这是独处的妙处,我且受用这无边的荷香月色好了。"还有荷叶像"亭亭的舞女的裙"。白花是"袅娜"地开着,"如刚出浴的美人"。"微风过处,送来缕缕清香,仿佛远处高楼上渺茫的歌声似的。"这些句子,哪个不饱含喜悦的色彩呢?甚至包括第一段"妻在屋里拍着闰儿,迷迷糊糊地哼着眠歌",也是充满着温馨。而这种喜悦温馨毕竟又如月光一样"淡淡的",没有痴狂和激动。这种准确的描写,拿捏起来是要相当功力的。而更能体现作者功力的,是文章里又出现了和让人心生淡淡喜悦的美景不搭调的句子,"月光是隔了树照过来的,高处丛生的灌木,落下参差的斑驳的黑影",紧接着是一句"峭楞楞如鬼一般"。这一句,说实在的,如果以"美文"的规则去挑剔,并不美还在其次,重要的是搅扰了淡淡的美景,破坏了喜悦的心情。如鬼一般峭楞楞的影子,那是恐怖啊,既不会立生喜悦,也不会诱发"淡淡的哀愁",又怎么会生出"梵婀玲上奏着的名曲"的联想呢?这是不是作者一种矛盾的心理在作祟?不是的,这正是作者的高妙之处,荷塘是美的,荷花是美的,月色也是美的,但是,在美中,也会有不和谐的音符,这也是开头一句"心里颇不宁静"的真实写照。联系 1927 年春夏之间国内的大环境，那些流血的屠杀和追捕，就不难理解这样的描写了，原来不过是假象而已。

朱自清的美文，一般都不长，遣词造句很严谨，很考究，他的好朋友叶圣陶在评论《背影》时说过："从前人赞美文章，往往说'人不能轻易一字'，朱先生的文字正当得起这一句。你要给它加一个字或者减一个字是很困难的，这无怪许多人要把它作范文读了。"这篇《荷塘月色》正是这样的，如果读者忽视隐藏在文中的伏笔，可能只会把它当成一篇抒情写景的美文了，把"真言""真景""真情"流落在纸面上。其实它是赋予了作者相当深的个人情感的。到了文末，作者还是写到了他牵挂的"南方"，想起了"风流的季节"里梁元帝的《采莲赋》，想起了《西洲曲》里的美句。当然，清华园的月色荷塘里，最终是没有浪漫风流的采莲人，也"不见一些流水的影子"。

《荷塘月色》完成后不久，在《一封信》里，朱自清更是意味深长地说："在北京住了两年多了，一切平平常常地过去。要说福气，这也是福气了。因为平平常常，正像'糊涂'一样'难得'，特别是在'这年头'。但不知怎的，总不时想着在那儿过了五六年转徙无常的生活的南方。转徙无常，诚然算不得好日子；但要说到人生味，怕倒比平平常常时候容易深切地感着。"又说："这几天似乎有些异样。像一叶扁舟在无边的大海上，像一个猎人在无尽的森林里。走路，说话，都要费很大的力气；还不能如意。心里是一团乱麻，也可说是一团火。似乎在挣扎着，要明白些什么，但似乎什么也没有明白。"

对当时背景有了了解之后，回头再读《荷塘月色》，掩卷漫想，从开头"心里颇不宁静"的忧虑起笔，中间曲折而深邃的写景抒情，到最后"到底惦着江南"结束，这篇美文才真正写出了"味儿"来。

并不是一定要牵强附会，我一度把自己的书斋命名为"荷边小筑"，是因为我确实居住在"荷"边。那还是二十年前，我在南云台山的山坡上置三间石头小房，小房背山临"荷"。一大片的荷池望不到边际，号称万亩，荷的品种据说有七十多个。荷池有深有浅，形成一个个荷巷，水浅的地方只有尺许，水深的地方可以行船。站立在门口的石阶上，层层绿的波浪浩如碧海，盛夏时，粉的白的荷花很出挑，很招摇，很吸引人想进入荷花深处探个究竟。有一次和朋友开车，专门绕进了万亩荷花园，缓慢行驶在四面碧绿中，面对蜂拥而至的荷，反而没有觉出它的美来，兴致大减。美，看来也是要有节制的。由此想起汪曾祺有一篇《荷花》的短文，是说养在缸里的观赏荷，文章不长，照引如下：

我们家每年要种两缸荷花，种荷花的藕不是我们常吃的那种藕，要瘦得多，节间也长，颜色黄褐，叫做"藕秧子"。在缸底铺上一层马粪，厚约半尺，然后把藕秧子盘在马粪上，倒进半多缸河泥，晒几天，到河泥坼裂，有缝，再倒两担水，与缸沿持平。过个把星期，缸里就有小荷叶嘴冒出来。再过几天荷叶长大了，冒出花骨朵了，荷花开了，露出嫩黄的小莲蓬，很多很多的花蕊，清香清香的。荷花好象说："我开了。"

荷花到晚上要收朵。轻轻地合成一个大骨朵。第二天一早，又放开。荷花收了朵，就该吃晚饭了。

下雨了。雨打在荷叶上啪啪地响。雨停了，荷叶面上的雨水水银似的摇晃。一阵大风，荷叶倾侧，雨水流泻下来。

荷叶的叶面为什么不沾水呢？

荷叶枯了。

下大雪，荷花缸里落满了雪。


这么短的文章，这么美，也只有汪曾祺能写出来。朱自清和汪曾祺是同乡，又有师生之情，同是两篇写荷的文章，中间相隔几十年，写出了不一样的美。朱自清的荷，重在拟人和环境，有深刻的寓意。而汪曾祺的荷纯属白描，更自然，更纯粹，更唯美。

无独有偶，我有一个朋友，博客名叫夏荷，小楷书法尤其漂亮，文章也好。博客里，有一张她在尚湖荷池边拍摄的照片，自己也身穿荷叶色长裙，宛若临水的仙子，淡雅中透出清纯与高贵，仿佛就是一朵高傲的夏荷。我一位画家朋友王兵，为东海县平明小学"朱自清作品陈列室"画了一幅《朱自清读书图》，画面上，年轻的朱自清面容清瘦，坐在清华园荷塘边的假山旁，手握经卷，显然是读书累了，正在小憩，那闪烁的目光中，透着智慧之光，似在思索，又似在回想——此时正是黄昏已尽、圆月初上时，四周弥漫着迷茫的雾岚，身后的荷塘，近处的荷花，甚至荷叶上晚露的余韵以及荷塘里的清香，仿佛朱自清在《荷塘月色》里描写的那样，"月光如流水一般，静静地泻在这一片叶子和花上。薄薄的青雾浮起在荷塘里。叶子和花仿佛在牛乳中洗过一样；又像笼着轻纱的梦。虽然是满月，天上却有一层淡淡的云，所以不能朗照……"作者画朱自清，画他在荷塘边读书赏月，是要费一番思索的，表现出来并非易事，一来月夜里是不能读书的，二来又要画出荷塘的月景，照一般情形来说，很不容易表达，荷塘容易画，月色则较难着墨。众所周知，画家作画，不怕画断山衔月，就怕画月色，因为月景的波光林影时刻在变幻着，很不容易在画面上表现出来。清代的国画理论家汤贻汾曾说，"画月下之景，大者亦晦，在晦中而须空明"。的确，要在晦暗中见空明，是很需要独特的表现手法的。另外，散文《荷塘月色》里的朱自清，并不是在荷边读书，而是趁着月色在池边"一条曲折的小煤屑路"上散步并于月影下观赏荷池和荷花的，画家这样处理，我觉得甚妙，《朱自清读书图》里，既为我们展现了委婉细致的月色之美，又抒写出青年朱自清善于读书思考的学者形象，神情更是流露出忧国忧民的悲悯情怀，更能切合朱自清青年时代的形象，可见画家对朱自清还是十分了解的。

　　清华园的荷塘，我也曾三度造访，当然也是受《荷塘月色》的影响了。最早是 2007 年初冬之时，我在北京大学参加一个文艺方面的短修班，离清华只一路之隔。一天课余，我便跑到了清华园，专门到荷塘边，找到了自清亭。自清亭在湖边一个土堆上，可能是冬天的缘故吧，四周的杂树有点凌乱，气氛也很萧瑟。不知为什么，感觉现存的自清亭，不该是这个样子的，亭子粗犷了点，不像我在南方常见的那样小巧精致。但应该是什么样子呢？我也没有一个轮廓，似乎小巧精致也不对，心里略有怅然。再次去清华园，是在某年暑假前夕，我已经在北京潜居一年有余了，清华园一个学理科的研究生爱好文艺，为我们写了一本关于民国女人的书，我去找她谈稿子，签合同，她请我在清华的某个食堂吃便饭，饭后去朱自清观赏、描写过的荷塘边走走，其时荷叶亭亭，荷花正开，终于也体会到朱先生"像超出了平常的自己，到了另一个世界里"的感觉了。当年，朱自清企图超脱现实的心境，以及他所感受的那静谧的月影，风致的荷叶，洁白飘香的荷花，幻影重重的荷塘，自寓的不仅是他洁身自好、不愿同流合污的思想和情感，更多的是对复杂现世的思索——尽管有朗朗月光，但依然交织着脉脉的情思和不尽的愁绪甚至满满的哀怨，旋律并不和谐，南方的诸事还沉在朱自清的思想中，牵连着他的心绪啊！第三次去清华园，是写作长篇随笔《俞平伯的诗书人生》时，去追寻俞平伯在清华园时的人生足迹，当然也要去荷塘边流连一番了。荷塘边的小径上人流如潮，大都是学生，又大多是学生情侣。我本想等太阳落山、夜深人静时，也学着朱自清当年的样子，看看夜色中的荷塘和荷花。但，天黑很久了，荷塘边的人流不但没有减少，反而在增多，加上我返程的路途较远，要倒几次地铁，便遗憾地离开了，还给自己找了个理由，现在的荷塘已经不是当年的荷塘了，夜色也不是当年的夜色了，朱自清周遭的环境和他担忧的事也不复存在了，即便也总有事情让人担忧，似乎也不便于写出来了，我在荷塘边的体会也仅仅是体会而已，又能说明什么呢？不坐也罢，让月色回归月色，让荷塘回归荷塘，让年轻的情侣们诉说他们的悄悄话吧，这也是今天的荷塘该有的景色。

# 路在哪里?

　　1928 年 2 月 7 日,朱自清写完了一篇万余字的思想随笔《那里走》,该文共分为四个部分,分别是《呈萍郢火栗四君》《三个印象》《时代与我》《我们的路》。四章的主题虽各有侧重,却都是在探寻路在哪里,如何走路,走向何方。在这篇思想随笔里,朱自清用清晰的思维,穿插和几个朋友的谈话和交谊,记叙并剖析了十年来自己所走过的路,也探索和阐述了"革命"之路的种种走法和未来方向,并结合自己的生活经历和文学经历,深入浅出,基本上是那一时期朱自清真实的思想体现。

　　在第一章《呈萍郢火栗四君》中,作者说:"近年来为家人的衣食,为自己的职务,日日地忙着,没有坐下闲想的工夫;心里似乎什么都有,又似乎什么都没有。萍见面时,常叹息于我的沉静；他断定这是退步。是的，我有两三年不大能看新书了，现在的思想界，我竟大大地隔膜了；就如无源的水一样，教它如何能够滔滔地长流呢？幸而我还不断地看报，又住在北京，究竟不至于成为与世隔绝的人。况且鲁迅先生说得好：'中国现在是一个进向大时代的时代。'无论你是怎样的小人物，这时代如闪电般，或如游丝般，总不时地让你瞥着一下。它有这样大的力量，决不从它巨灵般的手掌中放掉一个人；你不能不或多或少感着它的威胁。大约因为我现在住着的北京，离开时代的火焰或漩涡还远的缘故吧，我还不能说清这威胁是怎样；但心上常觉有一点除不去的阴影，这却是真的。我是要找一条自己好走的路；只想找着'自己'好走的路罢了。但那里走呢？或者，那里走！我所彷徨的便是这个。"这不仅是朱自清个人的疑问，也是那个时代很多有正义感的知识分子的共同的疑问，不过有的人不说出来而已。朱自清能够大声发问，还要探索走一条怎么样的路，可见朱自清并不安逸于做一个普通的教书先生，也不想做一个平凡的人，虽然"立志究竟重在将来，高远些，空泛些，是无妨的"，但"却是选定了就要举步的""像我这样一个人，现在果然有路可走么？果然有选路的自由与从容么？我有时怀疑这个'有'，于是乎悚然了：那里走呢！"

《那里走》是一篇杂论，是朱自清和四位好朋友谈话引出议论的形式，呈现的一种别样的文本。人物依次出场，萍是沈雁冰，郢是叶圣陶，火是刘薰宇，栗不知道是谁，从文中所写推测，应该是一个革命家，有可能是朱自清在北大的同学邓中夏。本文在第一章《呈萍郢火栗四君》里所引出的一君，便是在北京碰到茅盾先生时。茅盾对朱自清的"沉静"表示关心，并认定他这种"沉静"是一种退步。朱自清承认了这种退步。朱自清和茅盾早就认识，但也并非像和叶圣陶、俞平伯那样成为知己。茅盾读过朱自清的文章，朱自清也读过茅盾的多篇小说。就在写作这篇《那里走》之后，朱自清就在评论《近来的几篇小说》里单独写了《茅盾先生的〈幻灭〉》，对这篇小说做了中肯的评价，认为小说所描写的"与其说是一个女子生活的片断，不如说这是一个时代的缩影"，还不客气地指出了小说中的几个"小疵"。

如果栗是邓中夏，我曾在《春晖映照白马湖》文中评论过朱自清写给邓中夏的一首诗《赠友》，文中有这样的描写："邓中夏是朱自清的北大同学，又是好朋友。1923 年夏天，朱自清和俞平伯同游南京秦淮河时，偶尔在南京大街上碰见邓中夏。此时邓正在南京筹备社会主义青年团第二次全国代表大会。邓中夏可能操心过多，虽然表面状态是'憔悴'的，能看出他的心'血的热加倍的薰灼着'。朱自清这首诗的风格和他此前的诗风完全不一样，像战斗的口号。后来编《踪迹》时，朱自清特意把诗名改作《赠 A.S.》，这是邓中夏又名'安石'的英文缩写。"在该篇《三个印象》一章中，朱自清是这样写革命家栗的："到京后的一个晚上，栗君突然来访。那是一个很好的月夜，我们沿着水塘边一条幽僻的小路，往复地走了不知几趟。我们缓缓地走着，快快地谈着。他是劝我入党来的。他说像我这样的人，应该加入他们一伙儿工作。工作的范围并不固定；政治，军事固然是的，学术，文学，艺术，也未尝不是的——尽可随其性之所近，努力做去。他末了说，将来怕离开了党，就不能有生活的发展；就是职业，怕也不容易找着的。他的话是很恳切。当时我告诉他我的踌躇，我的性格与时代的矛盾；我说要和几个熟朋友商量商量。后来萍说可以不必；郢来信说现在这时代，确是教人徘徊的；火的信也说将来必须如此时再说吧。我于是只好告诉栗君，我想还是暂时超然的好。"

这段话，可以说是朱自清后半生的宣言。

火是刘薰宇。文中关于刘薰宇的描写是这样的："我们在四马路上走着，从上海谈到文学。火是个深思的人。他说给我将着手的一篇批评论文的大意。他将现在的文学，大别为四派。一是反语或冷嘲；二是乡村生活的描写；三是性欲的描写；四是所谓社会文学，如记一个人力车夫挨巡捕打，而加以同情之类。他以为这四种都是 petty bourgeoisie 的文学。一是说说闲话。二是写人的愚痴；自己在圈子外冷眼看着。四虽意在为 proletariat 说话，但自己的阶级意识仍脱不去；只算'发政施仁'的一种变相，只算一种廉价的同情而已。三所写的颓废的心情，仍以 bourgeoisie 的物质文明为背景，也是 petty bourgeoisie 的产物。这四派中，除第三外，都除外自己说话。"朱自清对火的谈话还是很在意的，"他说，我们要尽量表现或暴露自己的各方面；为图一个新世界早日实现，我们这样促进自己的灭亡，也未尝没有意义的"。"促进自己的灭亡"这句话让朱自清非常悚然；"但转念到这也是无可奈何的事的时候，我又爽然自失。与火相别一年，不知如何，他还未将这篇文写出；我却时时咀嚼他那末一句话"。

在《时代与我》一章中，朱自清继续剖析着自己："这时代是一个新时代。时代的界限，本是很难画出的；但我有理由，从十年前起算这时代。在我的眼里，这十年中，我们有着三个步骤：从自我的解放到国家的解放，从国家的解放到 Class Struggle；从另一面看，也可以说是从思想的革命到政治的革命，从政治的革命到经济的革命。我说三个步骤，是说它们先后相承的次序，并不指因果关系而言；论到因果关系，是没有这么简单的。实在，第二，第三两个步骤，只包括近一年来的时间；说以前九年都是酝酿的时期，或是过渡的时期，也未尝不可。在这三个步骤里，我们看出显然不同的两种精神。在第一个步骤里，我们要的是解放，有的是自由，做的是学理的研究；在第二，第三步骤里，我们要的是革命，有的是专制的党，做的是军事行动及党纲，主义的宣传。这两种精神的差异，也许就是理想与实际的差异。"

叶圣陶是朱自清友人当中无话不谈的老大哥，是朱自清的畏友。朱自清有文中数次提到这位好友，在第四章《我们的路》中，还记有叶圣陶关心《我们的六月》出版后的发行情况。朱自清是这样写的："记得前年夏天在上海，《我们的六月》刚在亚东出版。郢有一天问我销得如何？他接着说，现在怕没有多少人要看这种东西了吧？"这里提到的《我们的六月》之前，朱自清和俞平伯曾编有《我们的七月》出版发行，销路大概不错，这才又编辑出版了《我们的六月》。叶圣陶关心书的销路，并且怀疑没有多少人要看这种东西了吧。这句话，也引发了朱自清的议论："这可见当时风气的一斑了。但是很奇怪，在革命后的这一年间，文学却不但没有更加衰落下去，反像有了复兴的样子。只看一看北新，开明等几家书店新出版的书籍目录，你就知道我的话不是无稽之谈。更奇怪的，社会革命烧起了火焰以后，文学因为是非革命的，是不急之务，所以被搁置着；但一面便有人提倡革命文学。革命文学的呼声一天比一天高，同着热情与切望。直到现在，算已是革命的时代，这种文学在理在势，都该出现了；而我们何以还没有看见呢？我的见闻浅陋，是不用说的；但有熟悉近年文坛的朋友与我说起，也以千呼万唤的革命文学还不出来为奇。一面文学的复兴却已成了事实；这复兴后的文学又如何呢？据说还是跟着从前 Petty Bourgeoisie 的系统，一贯地发展着的。直到最近，才有了描写，分析这时代革命生活的小说；但似乎也只能算是所谓同行者的情调罢了。真正的革命文学是，还没有一些影儿，不，还没有一些信儿呢！"

在《那里走》中，朱自清继续剖析了自己多年来思想的不确定性和各种彷徨，叙述了思想上的矛盾和纠结及对于革命的态度："我们的阶级，如我所预想的，是在向着灭亡走；但我为什么必得跟着？为什么不革自己的命，而甘于作时代的落伍者？我为这件事想过不止一次。我解剖自己，看清我是一个不配革命的人！这小半由于我的性格，大半由于我的素养；总之，可以说是运命规定的吧。——自然，运命这个名词，革命者是不肯说的。在性格上，我是一个因循的人，永远只能跟着而不能领着；我又是没有定见的人，只是东鳞西爪地渔猎一点儿；我是这样地爱变化，甚至说是学时髦，也可以的。"又说："我是生长在都市里的，没有扶过犁，拿过锄头，没有曝过毒日，淋过暴雨。我也没有锯过木头，打过铁；至于运转机器，我也毫无训练与忍耐。我不能预想这些工作的趣味；即使它们有一种我现在还不知道的趣味，我的体力也太不成，终于是无缘的。况且妻子儿女一大家，都指着我活，也不忍丢下了走自己的路。"

不忍丢下妻子儿女一大家而去"走自己的路"是朱自清的真心话。在写这篇《那里走》时，朱自清已经 30 周岁了，那个时候的 30 岁，已经是一个中年人的心态了，朱自清确实也是以中年人自居了。朱自清身处美丽的清华园，工作稳定，儿女绕膝，开始认真规划自己后半生的事业和道路了，通过和四个朋友的对话，引发自己的思索和感想，铺展出十多年来的思想演进。最后，他给自己下的结论是："我是想找一件事，钻了进去，消磨了这一生。我终于在国学里找着了一个题目，开始像小儿的学步。"由此，朱自清遁入了书斋，继续拟古诗的创作，并一门心思研究起中国传统学术来了。

# 《清华园日记》里的朱自清

　　《清华园日记》是浦江清在清华大学担任教职时所写的一本日记，日记所记，涉及当时清华大学许多教授以及和浦江清有交往的社会名人。该日记分为两个部分，第一部分是从1928年至1936年，时记时断。第二部分是从1948年至1949年。本篇只介绍第一部分里对朱自清的有关记录。

　　浦江清老家江苏松江县（今上海市），出生于1904年，小学和中学都在松江度过，毕业于东南大学西洋文学系。毕业后，到清华大学任陈寅恪的助教。浦江清一出道便不同凡响，在古典文学研究方面颇有心得，同时研究西方的"东方学"文献，精通英、日、俄、法、德、拉丁等多门外语，还学习过梵文，著有《梵文文法》一书，在侪辈中以学识渊博著称。他到清华任陈寅恪的助教是在1926年，比朱自清晚上一年。能大学一毕业就谋到这份工作，足可以说明他的才华过人。到了1929年，浦江清转入清华大学中国文学系任教，和朱自清成为同系同事，又由于和朱自清有着共同的兴趣爱好而成为终身好友，并和朱自清合称为"清华双清"。

浦江清的《清华园日记》始记于1928年1月1日，至1936年1月30日中断，为第一阶段，记述他和朱自清的交往主要在这一时段的日记里。后来还有《西行日记》。到了1948年12月12日恢复记日记时，朱自清已经逝世了。

浦江清日记里第一次出现朱自清，是在1928年1月22日，日记云："斐云招余至其家吃年夜饭。是晚客仅余及王以中君、朱佩弦君及斐云夫人之姊张女士四人。"斐云即赵万里先生，王以中就是王庸先生。赵万里是浙江海宁人，出生于1905年，毕业于东南大学中文系，和浦江清是同学，其时和浦江清一样，任清华大学国学研究院助教，专攻文献学和版本目录学，大学时从吴梅习词学，在戏曲、金石、校勘方面有深厚的功底。王庸是江苏无锡人，出生于1900年，1919年入南京两江高等师范读书，1925年考入清华为国学研究所研究生，亲受梁启超、王国维、陈寅恪等大师的指导，1928年毕业后留校任教，也是学问了得。赵万里这次请客，正是旧历除夕，当时民国政府废除旧历制，提倡新生活，但民间还会在这一天过节。赵万里新婚不久，请朋友吃饭，朱、浦、王既是同事，又都是江南人，

更主要的还是气味相投，比如他和朱自清的关系，早在 1926 年
5 月 30 日，朱自清就邀请赵万里吃过午宴，同席的还有顾颉刚
等人，饭后，还和顾颉刚、赵万里等人看了圆明园遗址。这是
有记录的一次宴请，平时的吃吃喝喝大约也不会少吧。

　　1928 年的清华大学，和往年大不一样，民国政府议决已经
把清华学校改为国立清华大学了，罗家伦为校长，杨振声担任
文学院长兼中国文学系主任。扬振声和朱自清是北京大学前后
届的同学，是朱自清的学长，他特别器重朱自清，一到任，就
和朱自清商量中文系的草创工作。杨振声在《纪念朱自清先
生》一文里，回忆了 1928 年和此前清华大学中文系的基本现
状："那时清华风气与现在大不相同，国文是最不时髦的一系，
也是最受压迫的一系。教国文的是清代科举出身的老先生们，
与洋装革履的英文系相比，大有法币与美钞之别。真的，国文
教员的待遇不及他系教员的一半。因之一切都贬了值，买书
分不到钱，行政说不上话，国文教员在旁人眼角视线下，走边
路，住小房子。我想把国文系提高，使与他系一律平等，那第
一得物色人才。"在说过物色人才之后，又说到和朱自清的交
往："我到清华时，他就在那受气的国文系中做小媳妇！我去清
华的第二天，便到古月堂去访他。他住在西厢房一间小屋里。
下午西窗的太阳，射在他整整齐齐的书桌上，他伏在桌上低着
头改卷子。就在这小屋子里，我们商定了国文的计划。"正是在

杨振声和朱自清的努力下，清华大学中文系才有了新气象。

在这种背景下，清华大学的年轻教师必定比老教师还要开心。到了寒假里，又正值旧历除夕，赵万里请吃年夜饭，请朱自清和浦、王二位年轻教师，聊聊新年，聊聊文学，聊聊来年的打算，聊聊同事之谊，开开心心过了个美好的除夕之夜，也算是新年新气象吧。另外，赵万里请客，可能还有另一层意思，即浦、王和他自己，都是吴宓编辑天津《大公报》副刊《文学》的作者。从前的副刊，基本上都是同人性质的，即气味相投的人共同为某一个副刊撰稿。吴宓是清华大学国学院的创办者之一，与陈寅恪、汤用彤并称为"哈佛三杰"。几个同人相聚，大约也没少聊写作方面的话题吧，何况朱自清在创作方面，可以算得上是他们的前辈了。

浦江清日记第二次提到朱自清已到 1928 年 9 月 1 日，这次日记所记之事较多，有朋友来访，有晚上朋友的招宴，还说到有一朋友花五十元新购一辆自行车，欲学骑云云，其中有专门一段写朱自清："至佩弦处闲谈。佩弦方治歌谣学，向周作人处借得书数种在研读。"在 20 年代初期，北京大学兴起歌谣热，周作人、刘半农等都参与其中，周作人写过几篇关于歌谣的文章，也搜集过不少歌谣。清华大学经杨振声改革后，气象大新，课程安排上也更丰富。朱自清要在新学年里担任中国歌谣课程的老师，所以要在这方面下大力气。也是在新学年里，朱自清的好朋友俞平伯应罗家伦校长之聘，也到国立清华大学中文系任教了，和朱自清成为同事。俞平伯也是诗人，旧诗新诗都写，还兴致很高地写了一首《始来清华园》。俞平伯也喜欢歌谣，1921 年 11 月 9 日到常熟游览时，在常熟旅社里，还想到在杭州看到有人用粉笔写在墙上的歌谣："高山有好水，平地有好花；家家有好女，无钱没想她。"还根据这首歌谣重写一首白话诗，并作了小序。到清华和朱自清成为同事，交流很多，歌谣也是话题之一吧。这次浦江清到周作人处闲谈，谈起了歌谣学，还说到他向老师周作人借书的事。在周作人的学生当中，朱自清还没有排进"四大金刚"，但他也是敬重周作人的。当年初到清华园不久，就和俞平伯一起，到周作人家去拜访，这次又借歌谣方面的专书数种，想必也是得到了老师的不少点拨吧。关于歌谣的话题还有后续——到了 1928 年 11 月 7 日，就在朱自清讲授歌谣学的时候，周作人还特意出城到清华来看看他这两个学生。朱自清和俞平伯一起招待了来访的周作人，席间有没有讨论歌谣呢？可以肯定的是，周作人曾在 11 月 21 日致信俞平伯，请俞代问朱自清是否愿意代沈尹默在燕京大学讲诗的课，而这讲诗的课，很可能就是歌谣。朱自清答应了，否则，不会有本月 24 日这天，俞平伯在给周作人的信中，谈及朱自清当日上午在燕京大学讲"歌谣之起源与发展"的课，并称朱自清"大有成为歌谣专家的趋势"。

第三次写到朱自清是在 1928 年 9 月 6 日，日记云："佩弦来闲谈，说起钱基博有《文学史讲义》，云孔子自创雅言，其后孔子门徒遍天下，故战国末文言统一了。"五四以来，中国文学史是一门新兴的课程，一直是学术界争论较大的一个课目。虽然刘师培早在 1917 年就在北京大学开设中国古代文学史课，到1918—1919 学年时，他已经写成了较成熟的讲稿《中国文学讲稿概略》，但十余年下来，关于这门课，国内还是没有权威者，文史大家刘咸炘就质疑过：

> 文学一科，与史、子诸学并立，沿称已久，而其定义、范围，则古无详说，今亦不免含混，是不可不质定者也。

> 近者小说、词、曲见重于时，考论渐多，于是为文学史者咋取以为新异，乃至元有曲而无文，明有小说而无文，此岂足为文学史乎？

> 但是，想要另起炉灶别撰一本，则非易事，只能引述了《论语》所谓文学，乃是对德行、政事而言，而所谓学文，则是对力行而言，皆是统言册籍之学。以后学科的分化，才有专以文名，著录诗赋一种，然后扩展为集部，与史、子相分别。到了六朝齐、梁之时，才有文、笔的区分，以有藻韵者为文，无藻韵者为笔。其后雕琢过甚，以复古返质，掀起古文运动，文、笔之说遂废无人谈，而古文与史、

子皆入，也未尝定其畛域，浑泛相沿而已。清代阮元复申文笔之说，文的范围才有讨论，章太炎正阮之偏，以为凡着于竹帛谓之文，有无句读、有句读的分别。近人取西人之说，以诗歌、戏曲、小说为纯文学，史传、论文为杂文学。

确实如刘咸炘所言。当年俞平伯要讲中国小说史，还写信给老师周作人，商借鲁迅的《中国小说史略》做参考。后来才有胡小石的《文学史讲义》、林庚的《中国文学史》、台静农的《中国文学史》（未完稿）稍有影响。这次朱自清向浦江清谈及钱基博的《文学史讲义》，可能是浦江清准备担任这门课而引起的。在那个时代，钱基博这本讲稿，和鲁迅的《中国小说史略》几乎齐名，大学老师们参考最多的也是这两本书。

浦江清第四次在日记里写到朱自清，已经到 1929 年 1 月 31 日了。浦江清的日记时断时续，从 1928 年 9 月 26 日中断后，直到 1929 年 1 月 29 日才又重新拾起来，中间中断了四个多月。1929 年 1 月 31 日这天的日记，浦江清所记的事情很多，涉及朱自清的这一段是："吴雨僧先生及张荫麟君来谈。谈及《大公报》（天津发行）《文学副刊》前途事。此期稿件甚缺乏，缘《大公报》纸张加宽，每期需九千字，而负责撰稿者仅四人。佩弦新加入，尚未见有稿来。以后每人每月需担任七千余字方可对付。"《大公报》的《文学副刊》主编原是吴雨僧，即吴宓。浦江清在 1928 年 1 月 17 日的日记中说："晚上，吴雨僧先生（宓）招饮小桥食社。自今年起，天津《大公报》增几种副刊，其中《文学副刊》，报馆中人聘吴先生总撰，吴先生复请赵斐云君（万里）、张荫麟君、王以中君（庸）及余四人为助。每星期一出一张，故亦定每星期二聚餐一次。"此后不久，吴宓因家事和教学诸事繁忙，就把此事委托浦江清实际办理。浦江清既是撰稿人，也是组稿人，还是编辑。这次谈话，重点应该是关于稿件事。朱自清能加入《大公报》撰稿人的队伍中，也应该是浦江清的建议。

此后两次日记，关于朱自清的记述都是和稿件有关的事，本年 2 月 6 日云："晴，暖，发副刊稿至天津。稿共二篇，一即佩弦稿，一即荫麟纪念梁任公之文。"

1929 年 5 月 3 日之后，浦江清日记再次中断，一年半以后的 1930 年 12 月 26 日才又重新开笔。这段时间，浦江清正在恋爱，单恋燕京大学女生蔡贞芳。从此之后的日记，内容比以前较为详细，多为和蔡贞芳的交往。此外，关于朱自清的记录也不少。开笔第一天的日记即有所记："今天可不同了。预先约好，请贞芳、仰贤来吃饭，并且请公超、佩弦作陪。"还说"佩弦和公超喝了些酒"。仰贤即陈仰贤，是蔡贞芳的同学兼好朋友。重新开笔的日记写得较长，透露了很多在当时还鲜为人知的信息，比如吴宓追求的女学生陈仰贤对吴的态度，浦江清很冷静地写道："仰贤批评吴先生的离婚，表同情于吴师母，并且说吴先生的最小的一个女孩在家里，一听外面门铃响，便说爸来了，最使她的母亲伤心。仰贤批评说，吴先生是最好的教授，但是没有资格做父亲，亦没有资格做丈夫。这使我们都寒心，因为在座诸人都知道，吴在英国，用电报快信与在美国的毛彦文女士来往交涉，他们的感情已决裂了。吴现在唯一希望能得到仰贤的爱，而仰贤的态度如此，恐怕将来要闹成悲剧。"日记里还写了仰贤和贞芳唱昆曲，并说，"他们都是跟溥西园新学的"。溥西园是著名昆曲家，名侗，清朝人，西园是他的号，别号红豆馆主，"民国四公子"之一。1927 年曾任北京"乐律研究所"所长，后被清华大学、女子文理学院聘为教授，讲授昆曲。1930 年 12 月 26 日浦江清所记日记之时，朱自清正在和陈竹隐女士谈恋爱，陈竹隐也曾是溥西园的学生。朱自清在北大读书期间，于 1916 年 12 月 15 日在扬州和武钟谦女士结婚。1929 年 11 月 26 日，武钟谦因病在扬州家中去世。夫人去世后，朋友们对朱自清的婚姻生活也极为关心，1930 年春天，好友顾颉刚甚至要为朱自清介绍女朋友。朱自清拒绝了顾的好意后，反而心绪难平，作了一首诗，其中有句云："此生应寂寞，随分弄丹铅。"到了 1930 年下半年，朱自清才由溥西园、叶公超先生牵线搭桥，认识了陈竹隐。陈竹隐当时在溥西园门下学习昆曲。溥西园和朱自清是清华的同事，知道朱自清的家庭情况，便做了他们二人的媒人。朱自清和陈竹隐二人恋爱公开后，得到了许多朋友的祝福，俞平伯致周作人的信中都有提及，并认为"渐近自然"。

浦江清于第二天，即1930年12月27日的日记中又写道："晚饭后，访佩弦于南院十八号。佩弦刚和陈竹隐女士从西山回来，还没有吃饭。佩弦替我买了一个故宫博物院印的日历。和陈女士略谈几句，便回来。陈女士为艺术专门学校中国画科毕业生，四川人，习昆曲，会二十出余。佩弦认识她，乃溥西园先生介绍，第一次（今年秋）溥西园先生在西单大陆春请客，我亦被邀。后来，本校教职员公会娱乐会，她被请来唱昆曲。两次的印象都很好，佩弦和她交情日深。"此后日记，多次写到朱自清。如1930年12月29日日记说，"晚上，叶石荪请客""佩弦醉"。30日，"晚上，赴叶公超君之宴。同座有俞平伯、叶石荪、朱佩弦及邹湘乔。西餐，洋酒。讨论中国旧剧之种种"。31日，"早上，发《文学副刊》第百一一期稿，因明日元旦邮局不办公，所以早发一日。平伯、佩弦借西客厅请客，故回房里看书"。1931年1月6日记："下午回清华。电贞芳，云明日去访，她亦刚进城回来也。晚至佩弦处，适公超、章晓初在，谈至夜分。"本月8日，浦江清的日记中写到他晚上请客，朱自清也在他请的九人名单中。本月9日，提到"上午在佩弦处谈"。本月14日，"晚间和佩弦、瑞珩、士荃、坚白等一同坐清华的校车进城"。本月 18 日，"下午到南院，佩弦进城未回"。这几则日记关于朱自清都是一笔带过。本月 19 日日记云："往图书馆，替贞芳借关于普罗文学理论的书，图书馆中没有，往国文系研究室，向佩弦借了几本。"从这则日记中，看出朱自清藏书之丰富和读书之广杂。本月 25 日日记云："午刻，湘乔宴请熟人，有陈竹隐、廖书筠两女士（皆四川人）。佩弦与陈女士已达到互爱的程度。陈能画，善昆曲，亦不俗，但追求佩弦过于热烈，佩弦亦颇不以为然。佩弦在这里已满五年，照校章得休假一年，资送国外研究。他要到英国，想回国后再结婚，陈女士恐不能等待了。"浦江清日记中"恐不能等待"，并不是担心之语，而是指相爱的程度。朱自清到英国留学一年，于 1932 年 7 月 31 日回国抵达上海，陈竹隐已经提前到达上海，并于朱自清到达的当天，在上海码头等候，随后，即在上海举行了婚礼，许多在上海的老朋友都参加了他们的婚礼。

　　浦江清 1931 年的日记只记了一个月就中断了。重新写日记，是在一年后的 1932 年 1 月 9 日，两个月后再次中断。直到 1936 年 1 月才又开始。这段时间里，只有一则日记里提到朱自清，是在 1932 年 1 月 16 日，日记云："因旧历年底将届，汇家二百元。又代朱佩弦汇扬州二百陆拾伍元。"其时朱自清正在英国留学，在扬州的父母和子女的生活费用需要他汇钱回家，浦江清大约是受朱自清委托吧，每月给家中汇款。

1936 年的日记中没有关于朱自清的记录。事实上，这年的日记也只记一个月就中断了。

在《清华园日记》下半部分的引言里，浦江清谈及他在清华园的好朋友，有"与朱佩弦君最熟"一句，"师友除前述吴、陈、赵、王诸人外，有朱佩弦、叶公超、叶石荪、俞平伯、王了一等在清华"，说到与夫人张企罗的婚姻，"到北方后，佩弦替我决策，开始和企罗通信"。连婚姻大事都请朱自清"决策"，可见二人感情之深厚了。很多年以后，说到清华大学中文系的现状，浦江清更是动情地说："闻一多于三十五年七月，被刺于昆明，为我清华中国文学系一大损失。复员北平后两年，朱佩弦于三十七年八月十二日以胃溃疡开刀，病殁于北大医院，清华中国文学系再遭受一大打击……清华大学中文系现由我代理主任，教授有陈寅恪（兼任历史系教授）、许骏斋、陈梦家、余绍生（冠英）、李广田，连我共五位半，名额不足，人才寥落，大非昔比。"从这段话中，也能看出朱自清在学术界的地位和之于清华大学的重要意义了。

浦江清在朱自清到清华园以后，一直和朱自清一起工作并始终是朋友。可惜的是，浦江清的《清华园日记》，看上去跨度多年，而实际所记的总天数加起来还不足一年，如果能够记全，必定会有更多的关于朱自清的记录，也会让我们能从朋友的角度更全面地了解朱自清。

# 关于《中国歌谣》

　　1928 年暑假期间，朱自清编就了散文集《背影》，并于 7 月 31 日写作了《背影》的序言后，便正式开始考虑如何编写下学期开设的"歌谣"课的讲义。

　　前文在说到浦江清《清华园日记》里所记 1928 年 9 月 1 日，朱自清曾向周作人借了数本关于歌谣的著作在研读，一来说明他重视这门新课程，二来周作人是他的老师，对歌谣又有研究，在借书时还可以顺便请教。

　　早在朱自清就读于北大时，就闻听了北大师生大量搜集歌谣的运动，许多师生都参与其中，更有老师和学生在假期中专门去各地搜集歌谣。北京大学还于 1917 年专门成立了歌谣研究会，创立了《歌谣》周刊。一时间，红楼内外几乎无处不谈歌谣。但，他们早期的搜集，并不是为研究歌谣的历史和沿革，也不怀有其他目的，只是单纯地抢救遗产，单纯地为了文艺和学术。因为"你也不记载我也不记载，只让它在口头飘浮着，不久语音渐变便无从再去稽查"（周作人《〈绍兴儿歌述略〉序》）了。但北大的歌谣搜集，还是取得了不俗的成果，连带着也引起了顾颉刚、钟敬文、冯式权、郑振铎、俞平伯等人的研究。比如俞平伯，1921 年 11 月 9 日，到常熟去游览，虞山下，尚湖边，一游就是三天。或许是听了常熟的白茅山歌吧，俞平伯在常熟旅馆中，忽然想起在杭州看到有人用粉笔抄写在墙上的一首歌谣，觉得很有趣，歌谣只有四句："高山有好水，平地有好花；家家有好女，无钱没想她。"平白而通俗的词句给了俞平伯某种启发和暗示，经反复咀嚼，他把这首歌谣演化成了一首新诗，还写了小序对歌谣做了解读。序中自谦地说，新演化的"词句虽多至数倍，而温厚蕴藉之处恐不及原作十分之一"，可见歌谣的力量之大了。周作人更是北大歌谣运动的热心参与者和积极倡导者，早在 1911 年的时候，他从东京回到绍兴，就开始"搜集本地的儿歌童话，民国二年任县教育会长，利用会报作文鼓吹，可是没有效果，只有一个人寄过一首歌来，我自己陆续记了有二百则，还都是草稿，没有誊清过"（《〈绍兴儿歌述略〉序》）。周作人是怎么"鼓吹"的呢？"作人今欲采集儿歌童话，录为一编，以存越国土风之特色，为民俗研究儿童之资料。即大人读之，如闻天籁，起怀旧之思，儿时钓游故地，风雨异时，朋侪之嬉戏，母姊之话言，犹景象宛在，颜色可亲，亦一乐也。第兹事体繁重，非一人才力所能及，尚希当世方闻之士，举其所知，曲赐教益，得以有存，实为大幸。"应该说，这篇发表在当年《绍兴县教育会月刊》上的启事，既说明了事体，文采也足够飞扬。未承想只收区区一篇歌谣来。但虽然成就不大，周作人并未泄气，除自己搜集二百多则外，还有研究，在《〈儿童文学小文论〉序》里，他说，民国二三年的时候，又写出了《童话略论》，后来又写了"两篇讲童话儿歌的论文"。周作人是 1917 年 4 月来到北京大学的，他刚到不久，北大歌谣研究会就成立了，他搜集的这册歌谣汇编就派上了用场，成了他的成果之一。1919 年 8 月，刘半农从江阴到北京时，从船夫口中采集了一集《江阴船歌》，共有二十多首，兴致很高地送给周作人看，还请周作人为此作序。周作人在序文中，肯定了《江阴船歌》"是中国民歌学术的采集上第一次的成集"，这篇《〈江阴船歌〉序》就发表在 1923 年 1 月出版的《歌谣》周刊第 6 期上。1925 年 10 月 5 日，周作人为刘经庵的《歌谣与妇女》作序。在序文中，周作人介绍说："我知道刘君最初是在北京大学歌谣研究会。那时他在卫辉，寄来几百首的河北歌谣，都是他自己采集的，后来在燕京大学才和他会见。刘君努力于歌谣采集事业，也并热心于研究，《歌谣与妇女》即是成绩之一。"周作人还积极地评论说："这是一部歌谣选集，但也是一部妇女生活诗史，可以知道过去和现在的情形——与将来的妇女运动的方向。中国妇女向来不但没有经济政治上的权利，便是个人种种的自由也没有，不能得到男子所有的几分，而男子自己实在也还过着奴隶的生活，至于所谓爱的权利在女子自然更不必说了。但是这种不平不满，事实上虽然还少有人出来抗争，在抒情的歌谣上却是处处无心的流露，翻开书来即可明了地看出，就是末后的一种要求我觉得在歌谣唱本里也可直率地表示着；这是很可注意的事，倘若有人专来研究这一项，我相信也可成就一本很有趣味更是很有意思的一部著作。"所幸周作人的愿望没有落空，确实有不少人在认真做这项工作了，除上述提到的成果外，顾颉刚有《吴歌甲集》行世；黄绍年有《孩子们的歌声》出版；刘半农热心搜集歌谣之余，还用民歌体写了不少诗，更有兴趣翻译了一部《海外民歌》；林培庐出版了一本《潮州畲歌集》；章衣萍出版了一部《霓裳续谱》；江绍原翻译了《英吉利谣俗》；等等，可谓成绩斐然，就更不要说在《歌谣》周刊上发表的大量歌谣和评论文章了。周作人在这次歌谣运动中，无疑起到了中坚作用，除了为专书作序跋文外，还在《歌谣》周刊第 31 期上，发了一篇《歌谣与方言调查》，在说到"中国语体文的缺点"时，他指出"在于语汇之太贫弱，而文法之不密还在其次，这个救济的方法当然有采用古文及外来语这两件事，但采用方言也是同样重要的事情"。周作人在《重刊〈霓裳续谱〉序》中又说："像姑娘们所唱的小曲，而其歌词又似多出文人手笔，其名字虽无可考，很令人想起旗亭画壁时的风俗，假如有人搜集这类材料，考察诗歌与唱优的关系，也是很有价值的工作。"

朱自清编歌谣讲稿，研究中国歌谣，找他的老师借资料，再切合不过了。周作人当然也乐见有人做这方面的研究工作了，何况研究者又是他的好学生呢？朱自清的综合研究，也正是在他人分题研究的基础上，进行了综合的研究和系统的整理。

其实，早在编歌谣讲稿之前的 1927 年第一学期，朱自清就对歌谣做了系统的研究，那时他担任的课程有一门"古今诗选"，编有讲义《诗名著笺前集》《诗名著笺》和《古今诗选小传》，由清华大学铅印。《诗名著笺前集》实际上有很多内容就是关于古代歌谣的（朱自清逝世以后，《朱自清全集》编辑委员会把《诗名著笺前集》整理更名为《古逸歌谣集说》并拟收入"全集"，后来"全集"改"文集"，未能收入）。1927 年 10 月 11 日，朱自清又写了篇《唱新诗等等》，该文分析了新诗与戏曲的关系，新诗与歌谣的关系，提出了从新诗音乐化的角度，去拯救新诗。"古今诗选"课的开设和相关学术的研究，给朱自清后来从事歌谣研究和教学打下了基础。

1928 年 11 月 22 日，周作人到清华大学办事，顺便看望朱

自清和俞平伯，朱、俞二人还一起招待了他们的老师。我曾在
《〈清华园日记〉里的朱自清》一文中提到过，认为他们前前后
后一定有关于歌谣的谈话，因为朱自清能到燕京大学替沈尹默
讲诗，很可能就是讲歌谣，这才引出俞平伯给周作人写信，认
为朱自清在燕大讲歌谣，大有成为"歌谣专家"的话。

　　朱自清最初的讲稿，大约就是后来《中国歌谣》某章的雏
形吧。后来，朱自清对这部讲稿进行不断的修订和补充，逐渐
成为一部完善的书稿，其中的章节，也开始在报刊上陆续发
表，如 1929 年 4 月 29 日、5 月 6 日《大公报》之《文学副刊》
第 68、69 期上的《中国近世歌谣叙录》，就出自朱自清的《中
国歌谣》。《大公报》的《文学副刊》创办于 1928 年 1 月，每周
一出刊，编辑部设在清华大学，吴宓为总撰稿，赵万里、浦江
清、王以中等人为撰员，1929 年 1 月 19 日，吴宓、赵万里赴
清华图书馆访朱自清，邀请朱自清加入撰稿者之列，两天后，
朱自清和浦江清回访吴宓，同意加入。所以，朱自清才陆续有
文章发表在《大公报》的《文学副刊》上，而这篇《中国近世
歌谣叙录》正巧就赶上了。

　　1929 年 9 月 16 日，清华大学本年度第一学期开学，朱自
清开设的课程有"古今诗选"和"国文"等，并正式开设"歌
谣"课，该课程为选修课，编有讲义《歌谣发凡》和参考资料
《歌谣》。《歌谣发凡》是油印本，共分四章，分别是：《歌谣释

名》《歌谣的起源与发展》《歌谣的分类》《歌谣的结构》。参考资料《歌谣》内容也相当丰富，收杜文澜《古谣谚·凡例》和郭绍虞的《韵文先发生之痕迹》的要点摘录，还有古今中外典籍作品中，关于谣谚和有关谣谚的论述一百四十三条。据姜建、吴为公编著的《朱自清年谱》所记载的课程安排推测，该课程只在每学年第一学期讲授。因为1929年度和1930年度的第一学期都有"歌谣"课，而这两年度的第二学期都没有。1931年度因朱自清出国学习考察休假一年（1931年8月—1932年8月），朱自清在这学年都没有上课。既然没有这门课，朱自清关于歌谣的研究停止了吗？据浦江清在《〈中国歌谣〉跋记》中说，此后又增写了两章，分别是《歌谣的历史》和《歌谣的修辞》。这重要的两章，应该是在1932年下半年写成的，并对全书的结构进行了调整，把后写的两章作为全书的第三章和第六章。同时改书名为《中国歌谣》并印成了铅印本。也同样在1932年的下半年，朱自清计划再写四章，使这本书达到十章，成为一部完整的书稿。浦江清说："后面四章，初具纲目，搜罗了材料，没有完成。"1932年度第一学期9月18日开学，朱自清开设的课目中，依旧有"歌谣"一课。据听课的同学笔记记录，"后面四章"的内容分别是：《歌谣的评价》《歌谣研究的面面》《歌谣的分类》《歌谣搜集的历史》。这一时期，朱自清可能因忙于校务（先后兼中文系代主任、主任），加上回国后写《欧游杂记》的稿子和 1933 年度又没有开设"歌谣"课，因此没有把已经成形的《中国歌谣》后四章整理成文，是件十分可惜的事。朱自清的日记中，也很少有涉及这方面的记录，唯一靠点边的是，1932 年 10 月 3 日日记中，谈及浦江清的来访，说浦对中国语言文字有很深的研究，"继论诗之发展，谓有三级：首为民歌，继为乐府，终乃为诗"；1933 年 3 月 18 日，朱自清日记云："下午赴北大讲中国歌谣的问题，未准备妥帖，但资笑乐而已。"

《中国歌谣》由作家出版社 1957 年正式出版。出版过程较为漫长和曲折。朱自清逝世以后，成立了《朱自清全集》编辑委员会，确定把《中国歌谣》收入全集中去，并由郭良夫比勘油印本和铅印本进行了初步的整理，浦江清和吕叔湘又做了最后的校读。但是，后来"全集"改为"文集"，此部书稿便没有收入。再以后，作家出版社才决定出版单行本，请浦江清写了一篇《跋记》，《跋记》完稿于 1950 年 6 月，七年后才出版，恐怕不完全是效率问题吧。浦江清在跋记中，对这部书稿做了中肯的评价："这是部有系统的著作，材料通乎古今，也吸取外国学者的理论，可惜没有写成。单就这六章，已足见他知识的广博，用心的细密了。"

慢慢翻看《中国歌谣》，品读朱自清悉心搜集的这部大著，体会当年写作时的艰辛，不觉从内心里更加感佩先生了。同时，在一首首古谣及其演变中，也能发现人类思想渐渐演变的过程。歌谣虽然以口口相传的形式流播，但也是有脉可寻的，这从《歌谣的起源与发展》中可以看出。而有些童谣，至今还在乡间流传，至少还在我这一代人中流传过。我们可以随便读一首，都能找到童年的感觉，如《小红船》："小红船，拉红土，一拉拉到清江浦。买茶叶，送丈母，丈母没在家，掀开门帘看见她：穿红的，小姨子，穿绿的，就是她。梳油头，戴翠花……卖房卖地就娶她。"我们小时候常说是这样的："小花鸡，跳磨台，哪天熬到小媳来，多吃多少及时饭，多穿多少可脚鞋。"这样的童谣一直伴随着我们的童年，在乡里，我们不叫童谣，而叫"踏流言"，常说的"踏流言"有："小割草，满湖跑，跑掉蛋，没落找。"晚上在村上藏蒙蒙（捉迷藏），嘴里会唱着"亮月歌"："初二三，亮月簪；十五六，两头溜；十八九，坐守。"不说月亮，而说"亮月"，至今不知何故。更让我感到亲切的是，我们小时候做一种叫"踢脚班"的游戏，在朱自清的《中国歌谣》里也找到了出处，朱自清引《歌谣》第十号中的文字，曰："狐狸斑斑，跳过南山；山南北斗，猎回界口；界口北面，二十弓箭！"朱自清考证说："《古谣谚》引此歌，并《静志居诗话》中文云：'此余童稚日偕闾巷小儿联臂蹈足而歌者，不详何义亦未有验。'又古今风谣载元至正中燕京童谣云：'脚驴斑斑，脚跳南山；南山北斗，养活家狗；家狗磨面，三十弓箭。'"朱自清继续考证，引《歌谣》三十四号《转绿阑》中说："越中小儿列坐，一人独立作歌，轮数至末字，中者即起立代之，歌曰：'铁脚斑斑，班过南山；南山里曲，里曲弯弯；新官上任，旧官请出。'"这就说得很明白了，原来是小孩儿做游戏时唱的歌谣，而且和我们小时候在月亮地里玩的"踢脚班"的游戏非常相近：四五个或以上的孩子，排成一排靠墙而坐，把腿伸直，脚尖朝上。其中有一个孩子起立，用脚踢孩子们伸出的脚，和嘴里唱出的歌谣节奏相同，末音被踢到的孩子立即起身，先一个孩子在其空位上坐下。起身者以同样的方法向下延续，如此循环。这个古老的游戏传到我们那个时代时，口中所唱，已经成三字诀和四字诀的结合了："踢脚班，告老山；老山柳，踢花柳；花柳成行，回家乘凉。"我们当时也不知道这个游戏有什么道理，所唱童谣是什么意思，但却玩得开心。还有一种游戏叫"抱小狗"，有点像戏剧的意思了，剧情很简单，一人扮作"二左"，几个孩子坐在墙根。天黑后，二左来了，弓腰挂杖，很老的样子，嘴里说："一腚康，二腚康，多会走到老王庄，不吃老王一碗饭，不喝老王一碗酒，单问老王要只小巴狗。老王？"老王应："哪个？""我，东庄二左。""做么滴？""跟你家要只小巴狗。""小巴狗还没睁眼哦。""好，改天再来。"转身，即改天，二左又来了，还是那样的扮相："一腚康，二腚康，多会走到老王庄，不吃老王一碗饭，不喝老王一碗酒，单问老王要只小巴狗。老王？"老王应："哪个？""我，东庄二左。""做么滴？""跟你家要只小巴狗。""小巴狗还没满月哦。""好，改天再来。"如此演下去，一直到小巴狗躲到烟地里拉屎，而二左所要的小巴狗被狗主人老王用各种理由搪塞，一直都没要着，游戏结束。这个游戏的中间，能插很多内容，如小巴狗有病啦，小巴狗还不能吃食啦，小巴狗正在烟地里拉屎啦，等等，目的就是不给二左。冬天的晚上，会在牛屋里，一边烤着牛屎火，一边听讲古，也有歌谣可唱："讲古讲古，讲到板浦，板浦冒烟，讲到天边，天边说话，讲到老大，老大跳水，讲到小鬼，小鬼迷墙，讲到大娘，大娘扫地，咕啦放个屁！"板浦是我们当地的一个小镇，以美食闻名当地，有"穿海州，吃板浦"之说——海州人讲究穿衣，而板浦人讲究吃喝。为什么"讲古"要讲到板浦呢？是要去吃顿好吃的吗？无考。就这么说着好玩，至于什么意思，管他呢。大人们会说我们这是"踏流言"，带有点讨嫌的意思。殊不知，这种"流言"，都是他们一代一代传下来的。读朱自清的《中国歌谣》，例文中，有很多类似的"童戏"的记录，真是亲切得很，不觉就会想起自己的童年，想起童年的许多趣事。

最近几年，许多出版社纷纷出版"民国学术经典"，朱自清的几本学术著作也纷纷以新版的面目问世，其中就有这本《中国歌谣》。

# 一次有意味的"驴行"

    1931 年 4 月 10 日，朱自清和俞平伯相约同游阳台山大觉寺。此时，从清华大学到阳台山的路还是土路、山路，曲曲弯弯二三十里。山上的自然风景极佳，林木茂盛，怪石嶙峋，间或生长着许多稀有的树种。在古树名木的掩映下，分布着大大小小的祠宇、庙观。每年清明一过，山上的杏花、桃花、梨花次第开放，浅红、深红、粉白，远近高低，一层一层，特别入眼，而大觉寺里的那株百年玉兰树也花开如白云般玉洁香浓。在清华大学，朱自清和俞平伯都是爱旅游的人，工作、教学、写作之余，总是要抽时间出去放松放松。就说 1931 年 4 月 10 日进山之前吧，俞平伯于 4 日下午，还偕夫人游玩了玉泉山，天黑才回来；4 月 7 日上午，又和陈寅恪一起，同游了万寿山；4 月 8 日，和夫人又玩了翠微山，还去了八大处踏青；4 月 9

日，又和夫人一起游玩了沙河、汤山公园等地方，同游的还有陈寅恪等人。连续的游玩显然勾起了俞平伯的游兴，他在 4 月 8 日的日记中写道："近日屡出游，不能收心，今日天气晴美，又动游兴，下午雇汽车同环游翠微。""环"，即他的夫人。就是在这样的游兴中，又邀请了好友朱自清同游阳台山，朱自清欣然同意，并相约 10 日一早，在燕京大学会合。

朱自清能够欣然应约，除了因为和俞平伯是知交好友外，自己喜欢旅游也是一大原因。而且他此时心情大好，正和陈竹隐女士热恋中，去郊外远行，赏花听泉看风景，也是好心情的一种延续和表现。朱自清住在清华大学，他比俞平伯早到了约定地点，即燕京大学校友门。朱自清看来是做了充足的准备的，他已经花一块二毛钱雇了头小毛驴在此静候了，还带了不少吃的。据俞平伯游记散文《阳台山大觉寺》一文中说，朱自清带有"粉红彩画水持一，牛肉面包一包"。牛肉面包我们都懂，"粉红彩画水持"是什么呢？联系后文，"水持"应该是一种装水的容器，容器上绘有粉红色彩画，事实上就是一个讲究的便于携带的水壶。水持的叫法较为古老，俞平伯旧学好，所以会沿用古称。二位好友见面后，朱自清也劝俞平伯雇一头小毛驴。可能觉得骑着毛驴，才像一个旅人的样子吧，古代文人，骑驴旅行是家常便饭，人力车似乎总沾有一点现代意识，不能体会旧式文人游览时的情趣，而且上山费力、下山又要飞奔，颇为不便，甚至还不太安全。俞平伯没有听朱自清的劝，不但雇了一辆人力车，而且车夫还是两个人，因为拉车上山是很费力气的，需要有人轮换。车价呢，也比小毛驴贵了不少——二元五角。俞平伯说"舍驴而车有四说焉"，即"驴之为物虽经尝试而不欲屡试，一也；携来饮食无车则安置不便，二也；驴背上诚有诗思，却不便记载，三也；明知车价昂，无如之何耳"。朱俞二人略做寒暄后，朱自清骑小毛驴，俞平伯坐人力车，开始向阳台山进发了。这支小型的队伍，我曾多次于想象中呈现，觉得有点滑稽和可笑，也很好玩儿，这里的"滑稽和可笑"并非贬义，而是非常适合二人的性格。朱自清背着粉红彩画的水持，包袱里是几枚牛肉面包和英国罐头，优哉游哉地骑着小毛驴，水持特别招眼。前边是一身短打的驴夫，牵着毛驴慢慢前行。身后跟着一辆人力车，车上是世家子弟俞平伯，车上还载有他带来的不少吃食等物品，一车夫拉车，另一车夫边上行走，随时准备替换，而行走者的步伐居然和朱自清的驴夫相一致。

　　这次旅行，俞平伯有游记《阳台山大觉寺》行世。在文中，他有着详细的描写，显然是事先做了功课的，从几时出发，行到何处，看见什么景点，都精确到几时几分，如此才让我们在多年以后，还能如临其境地感受到朱自清骑着小毛驴和他一起出行的风采。比如七时五十五分，过颐和园时，见到"浅漪一片,白鸭数只"。八时四分过安河桥后,"转入大道,亦土道也,特平坦,不复香灰耳。夹道稚柳青青,行行去去,渐见西山,童秃为主,望红石山口(俗呼红山口),以乘车不得过,循百望山行"。可见这条土路上,尘土曾经像"香灰"一样,人畜经过,会腾起烟尘的。好在"稚柳青青,行行去去",于灰头土脸的景色中,显现出些许生机。而过红石山口时,他的人力车就不如朱自清的小毛驴方便了,必须下车,陪着车夫行走。而朱自清则骑在毛驴背上,驴蹄"嘚嘚"有声,颇为悠闲自在。更有意思的是,八时三十分过"西北望"时,必须"停车上捐,铜子十枚,驴则无捐"。哈,朱自清又省了一小笔开销。上山时,骑驴还是比人力车更方便些,这时候的两个人力车夫,不知是轮着拉的,还是一起合力。驴夫只有一人,只需牵驴加鞭。一路上,看到沿途的风景,朱俞二人也是相聊甚欢,这里指指,那里望望,不时点评或赞叹一番,如有不懂之处就问三位随行,基本上都能得到满意的答复。但也有他们不懂之处,比如到九时六分时,他们从一个村庄穿过后,"此十里间,群山回合,其中原野浩莽,气象阔大",俞平伯取出携带的《妙峰山琐记》,一查,知道是"蜘蛛山顶",问"跌死猫盘道如何如何,驴夫之言莫能详也"。车夫大约也是不知道的。不过,"跌死猫盘道"这名字只从字面上看,也略知山路是险峻的。九时十四分,到达龙王祠。车和驴都由车夫看管,朱俞二人便去祠中游览。龙王祠的大殿在很高的石阶顶端，朱自清来过龙王祠，印象大约不怎么样，他告诉俞平伯，没有什么好看的，白费力气而已。于是便去看了黑龙潭。黑龙潭的景色如何呢？俞平伯是这么描写的："潭以圆廊绕之，循廊而行，从窗牖间遥看平畴，近瞩流水，即潭之一胜也。下临潭，不广而清，如绿琉璃，底有砾石。窄处为源，泡沫不盛。"朱俞二人在潭边坐下，拿出所带的食物饮品，边吃边欣赏，朱自清看着潭水，评论说，此绿绿得老，不如仙潭嫩绿。形状也如……说不出。俞平伯同意他的观点，因为黑龙潭非方非圆，也不是三角形，不好形容。补充了能量之后，继续向目的地进发，九时五十分过白家潭，十时二十分过温泉疗养院，很快就到了周家巷。朱俞二人居高远眺，隐约能看到北安河。再看半山腰上，"群山一桁，山腰均点缀以杏花"，朱自清欣赏之余，略有遗憾地说，杏花好，可惜背景差了点。背景就是整体山体还是灰色的，树枝和山草还没有绿。十时四十六分，他们到达了目的地大觉寺。在大觉寺游览了一会儿，朱自清还去塔后的蓄泉池看了看，池后有一小楼，不高，朱自清登楼而望，返回告诉俞平伯。和平常所有野外游览者一样，玩累了，口渴了，补水，补食，到了目的地，必定要大吃一番的。俞平伯带来酱肉、肉松、鸭卵等好吃的。朱自清也带来英国进口的罐头。可是，罐头密封太好，没有专用的工具，很难打开。恰巧有一小童经过，看朱自清很费力气，而且肉汁都流出来了，还是无济于事，便自告奋勇，拿到香积厨，帮忙打开了。朱自清便给了他铜子二十枚，面包两片，算是酬劳。二人吃了罐头、肉松、牛肉、面包，又吃了甜梨。吃饱喝足后，登上了领要亭，欣赏寺内风景。小童看这二位都是大好人，一直尾随着。朱自清又给了他十枚赏钱，请小童领着看了殿里殿外。这次算是把大觉寺都看了个遍。十二时十分，游览告一段落，便登车上驴，返程。

上山容易下山难，概因为，上山时，精神十足，下山时，经过长时间的奔波，已经疲惫不堪了。人是如此，毛驴亦是。朱自清的"坐骑"已经走了几十里路，相当长的一截路还是上山路，下山时，不再像来时"嘚嘚"有声，一路小跑了，而是"雅步时多"，几乎做散步状了。驴夫告诉朱自清，小毛驴连日来，多次驮游客到香山卧佛寺等处赏花游玩，已经劳累不堪了。而俞平伯的人力车，此时是下坡，车赶人走，走起来相对容易，常常要停在路边，等等朱自清的小毛驴，等小毛驴跟上来时，再次启动。十二时四十五分，俞平伯到了温泉疗养院时，过了五分钟，朱自清才到。按照事先的计划，他们便在此处停留，痛快地泡了个温泉澡。俞平伯在《阳台山大觉寺》一文里说："此地有垂杨流水，清旷明秀，食浴均可。坐廊下饮西山汽水二，即入浴。人得一室，导汤入池，池形似盆，而较深广。平常浴水入后渐凉，猛加热汤又增刺激，此则温冷恰可，久而弥隽，故佳品也。至内含硫质有益卫生否，事近专门，予不知云。可惜者，池两端各一孔，一入一出，虽终日长流，而究不能彻底换水。"浴罢出来，已经是下午一时三十五分了，上车的上车，骑驴的骑驴，一行人继续下山。路过一村庄时，朱自清的小毛驴越发地缓慢了。朱自清调侃道，去的时候骑驴是军政，现在是训政时期，宪政还没有到哩。话音一落，不知是小毛驴腿一软，还是别的什么原因，朱自清从驴背上掉了下来。还好还好，没有造成事故，不过逗了大家一乐而已，为这次旅行平添了一点谈资。俞平伯也笑道，幸无伤，然则训政时期到否亦有问题也。二人同行至"西北望"时，俞平伯和朱自清相约在清华会合。人力车先跑了起来，眨眼不见踪迹。山道上，只有朱自清骑着小毛驴，在驴夫的陪伴下，慢慢而行了。好在朱自清并没有坚持骑驴到底，到了万寿山时，便"易骑而车"了。下午四时许，和俞平伯在清华南院会合，二人又"小息饮茗"，于五时半，朱自清和俞平伯分手，一天的游览到此结束。

朱自清和俞平伯多次结伴同游，在上海，在杭州，在白马湖，在南京。特别是南京秦淮河的那次同游，更是成就了现代文学史上的一段佳话。二人相约所作的《桨声灯影里的秦淮河》同时成为名篇。这次同游大觉寺，一路谈说，赏花看景，还泡了温泉浴。以朱自清的文学才华，写一篇文章应该信手拈来，不在话下。难道不是吗？俞平伯第二天就写成了一篇《阳台山大觉寺》，虽然是"流水账"式的写法，却也处处显露出文采来。朱自清没有作成一篇游记，可能也和他与陈竹隐女士处在热恋期有关。从《朱自清全集》"书信卷"看，仅在他游览的前后十数天里，就和陈竹隐频繁通信，如1931年3月10、11、17、19、21、23、31日，就给陈竹隐写了多封信；4月8、13、16、21日，又多次写信。从信的内容看，都是述说别后情形并约下次见面时间的。见面要耽误时间，写信再耽误时间，留给写作的时间就不多了。另外呢，这一时期的创作不够勤奋，和他的写作观的改变也有关系。同样是在1931年3月，朱自清写了一篇《论无话可说》，"十年前我写过诗；后来不写了，写散文；入中年以后，散文也不大写得出了——现在是，比散文还要'散'的无话可说"。为什么无话可说呢？朱自清阐述道："许多人苦于有话说不出，另有许多人苦于有话无处说；他们的苦还在话中，我这无话可说的苦却在话外。觉得自己是一张枯叶，一张烂纸，在这个大时代里。……但是为什么还会写出诗文呢？——虽然都是些废话。这是时代为之！十年前正是五四运动时期，大伙儿蓬蓬勃勃的朝气，紧逼着我这个年轻的学生；于是乎，跟着人家的脚印，也说说什么自然，什么人生。但这只是些范畴而已。我是个懒人，平心而论，又不曾遭过怎样了不得的逆境；既不深思力索，又未亲自体验，范畴终于只是范畴，此处也只是廉价的，新瓶里装旧酒的感伤。当时芝麻黄豆大的事，都不惜郑重地写出来，现在看看，苦笑而已。"从朱自清的话里，我们大致能理解他"无话可说"的缘由了。由于心情使然和写作观念的犹豫不决，使他没有像俞平伯那样很快就写出一篇文章来。而就在俞平伯写作的当天，朱自清还到俞家去看望了俞平伯，少不了会说到这次充满趣味的旅行，俞平伯也许会把稿子拿给朱自清看看。

后来朱自清还有一次游大觉寺，也是骑的毛驴，那已经是 1934 年 4 月 17 日了，同游的除了俞平伯外，还有陈寅恪和夫人陈竹隐。按照节气来算，此时的玉兰花应该开败了，而杏花、桃花又正是时候，朱自清就骑驴去管家岭观看了杏花，又游了七王坟、金山及鹫峰寺等附近景点。

阳台山大觉寺，现在叫西山大觉寺，始建于辽代咸雍四年（1068 年），以清泉、古树和玉兰而闻名，寺中的古树名木很多，有 160 多株，银杏树具有 1000 年的树龄，玉兰也有 300 多年的历史，和法源寺的丁香、崇效寺的牡丹，并称为北京三大花卉寺庙。我曾在某年春天去看过大觉寺的玉兰，确实树冠直径有十几米的样子，花开得又密又大，和朱自清、俞平伯当年看到的树为同一棵，所开的花虽然经历了 90 多轮，花型应该不会有变，依然为玉白色，花瓣肉厚，花大如拳，香气袭人，大多数花还在半开中，树枝伸出较远一枝上，有一朵已经完全开放的花，像一只洁白的鸽子在小憩。在其他植物名木才刚刚萌芽之际，玉兰就已经花开满枝，确实让人惊艳。我一边赏花，一边也想知道当年朱自清和俞平伯在大觉寺看花时的心态，可惜想象不出。也想到公交车的通达，不会再有毛驴和人力车来代步了，就是想效仿一次朱自清，骑着小毛驴进山，也无法办到了，这也是让人遗憾的事。

也幸亏有了俞平伯的这篇《阳台山大觉寺》的文章，让我们知道朱自清这次饶有趣味的骑驴旅行。也从俞平伯的文字中，想象出朱自清骑着毛驴的影像。如果不然，谁还记得这一难得的形象呢？虽然朱自清没有著文，但是几年以后的1935年3月29日，他和朋友们又去大觉寺观赏了玉兰花，在4月15日的日记里，他用"歌谣"体，写了一首《玉兰花》的诗，对大觉寺里的玉兰花进行了赞咏。诗曰：

> 大觉寺里玉兰花，
>
> 笔挺挺的一丈多；
>
> 仰起头来帽子落，
>
> 看见树顶真巍峨。
>
> 像宝塔冲霄之势，
>
> 尖儿上星斗森罗。
>
> 花儿是万枝明烛，

一个焰一个嫦娥；

又像吃奶的孩子，

一支支小胖胳膊，

嫩皮肤蜜糖欲滴，

眨着眼儿带笑涡。

上帝一定在此地，

我默默等候抚摩。


　　这种用歌谣体进行新诗的尝试，在朱自清的创作中，只有两次，而且都是兴之所至地写在日记里的，并没有抄录出来发表。

# 和鲁迅的交往

朱自清在北京大学读书期间，听过鲁迅的同辈人周作人、胡适、沈尹默、沈兼士、章士钊、马叙伦等名师的课，也听过鲁迅的好友钱玄同的课。但，朱自清没有听过鲁迅的课。那段时间，鲁迅还在补树书屋抄古碑，后期开始写小说，没有到北大兼课。朱自清在 1920 年 5 月北大毕业后，直到鲁迅去世，和鲁迅只有过几次交集、见面的机会，也有文字上的相互连线，还在上海同桌吃过饭。但他们之间的关系却一直比较微妙，只限于"打个招呼"的范畴，没怎么亲近，就连朱自清在上海和陈竹隐的婚宴，请了不少上海的文化名人，都没有就近请鲁迅。朱自清和鲁迅家有老亲，按理应该互相走动很密切，究竟什么原因让他们保持这种若即若离的关系呢？

朱自清和鲁迅真正意义上的接触、互动，是在 1932 年的

11 月，这个月的 9 日，鲁迅来北京探望母亲。在北京逗留的十几天中，北京的文化界、学术界闻风而动，不少大学和机构都希望能请到鲁迅去演讲。鲁迅也确实在北京大学、辅仁大学、女子文理学院、北京师范大学、中国大学等做了一系列的演讲，引起较大的反响。清华大学当然不能错过这次机会了。时任清华大学中文系代理主任的朱自清也去请鲁迅演讲，遭到鲁迅的拒绝。1932 年 11 月 24 日，朱自清日记云："访鲁迅，请讲演，未允。"《鲁迅日记》在同日有类似的记录："上午朱自清来，约赴清华讲演，即谢绝。"朱自清没有讲鲁迅为什么"未允"，鲁迅也没有说为什么"谢绝"。

吴组缃在《敬悼佩弦先生》一文中，对这次不成功的邀请有比较详细的记述："朱先生满头汗，不住用手帕抹着，说：'他不肯来，大约他对清华印象不好，也许是抽不出时间。他在城里有好几处讲演，北大和师大。'停停又说：'只好这样罢，你们进城去听他讲罢。反正一样的。'"从吴组缃这段文字里，我们大致能读出这样的信息，一是这次演讲很可能是同学们要求并希望朱自清能请到鲁迅，进而一睹鲁迅的风采。因为朱自清当时不仅是中文系代理主任，还是著名作家，由他出面，很合适，也较有把握。二是鲁迅对朱自清邀请的回话也是含糊其词的，"谢绝"也没有明说什么原因，而一个"谢"又包括一些客气和感谢之意，算是给朱自清留了面子，也给自己留了余地。在朱自清听来，可能是鲁迅对"清华印象不好"，也或许是"抽不出时间"。三是朱自清没请来鲁迅做演讲，觉得对不起学生，满头汗大约是走得急，也可能是心里急造成的，因为时节毕竟是11月底了，北京已经很冷了，在这么冷的天，还"满头汗"，而且用手帕不住地抹，心情之急可想而知。所以朱自清最后才提醒学生，可以自行进城去听鲁迅的演讲。但朱自清到底还是不甘心，过了几天，即1932年11月27日下午，又去请了鲁迅，日记所记，也只比24日多了个"下午"二字，即"下午访鲁迅，请讲演，未允"。同日，《鲁迅日记》云："午后往师范大学讲演……下午静农来，朱自清来。"鲁迅这次连关于演讲的事都没提。朱自清两次邀请未成，心情十分不爽。坏心情是有延续的，到了第二天，即28日，朱自清日记云："心境殊劣，以无工作也。"心情坏到连工作都不想干了，应该是两次请不动鲁迅造成的。

其实，朱自清和鲁迅之间的关联，应该早在1922年就有了。这年的1月，年仅25岁的朱自清，和鲁迅、周作人、沈雁冰、叶圣陶、许地山、王统照、冰心、庐隐等十七人，被著名的《小说月报》聘为"本刊特约文稿担任者"。依《小说月报》当年在文学界的地位，能够和鲁迅、周作人同时列名，虽然是郑振铎的关系，但也说明朱自清当时在文学界不仅是初露头角，已经得到相当一部分白话文作家的肯定，甚至是青年领袖之一了。两年多以后，鲁迅还为朱自清说话，起因是，在1925年12月8日，朱自清已经到了清华，一位叫周灵均的作者，在北京星星文学社出版的《文学周刊》第17号上发表文章，题目叫"删诗"，很粗暴地把胡适的《尝试集》、郭沫若的《女神》、朱自清等人的《雪朝》以及许多新诗集给予了全盘否定，用词也非常极端，如"不佳""不是诗""未成熟的作品"等。鲁迅读到这篇文章后，专门写了一篇《"说不出"》的文章，相当尖锐地批评了周灵均这种武断的作风，认为他是"提起一支屠城的笔，扫荡了文坛上一切野草"，还举了例子，说："看客在戏台下喝倒彩，食客在膳堂里发飙，伶人厨子，无嘴可开，只能怪自己没本领。但若看客开口一唱戏，食客动手一做菜，可就难说了。"批判了这种恶劣的批评倾向。

更重要的是，在鲁迅为朱自清等人的作品仗义执言一年之后，朱自清和鲁迅有了一次同桌聚饮之缘，时间是在1926年暑假期间，朱自清回浙江上虞白马湖家中度夏，假期结束北上清华途经上海时应老朋友之约，于6月29日，先和叶圣陶、王伯祥、胡愈之、郑振铎、周予同等人喝了一场酒，酒后还去冷饮店吃了冷饮，第二天，就在消闲别墅和鲁迅相聚于更豪华的宴席上了。说豪华，当然不仅指排场了，还因为出席宴会的都是当时在上海的新文艺界及出版界方面的重要人物，据王伯祥日记云："公宴鲁迅于消闲别墅，兼为佩弦饯行。佩弦昨由白马湖来，明后日将北行也。"王伯祥日记说明这次公宴含有为鲁迅接风和为朱自清饯行的两层意思。出席这次公宴的有郑振铎、刘大白、夏丏尊、陈望道、沈雁冰、胡愈之、叶圣陶、王伯祥、周予同、章锡琛、刘薰宇、刘叔琴、周建人等，能凑齐这个阵容，恐怕也就鲁迅能有这个号召力吧。《鲁迅日记》1926 年 8 月 30 日记曰："下午得郑振铎柬招饮，与三弟至中洋茶楼饮茗，晚至消闲别墅夜饭……"此时的鲁迅心情较为复杂，三一八惨案后，鲁迅发表了《淡淡的血痕中》《一觉》等一系列文章，抗议北洋政府的暴行，并称 3 月 18 日那天为"民国以来最黑暗的一天"，为此遭到当局的通缉，他避难于山本医院、德国医院、法国医院等，5 月才能回家，7 月，他每天去中央公园和齐宗颐一起翻译《小约翰》，算是做了点工作。但显然，北京不容易再待下去了。他在《朝花夕拾》的前言里说到那段生活时，用了"流离"一词，写作也是在"医院和木匠房"里。能和这么多朋友聚餐于上海，也是一种宽慰了。另外，鲁迅 8 月 26 日从北京出来，是带着许广平一起出行到天津，又从天津到达上海，29 日入住沪宁旅馆，当天移住孟渊旅社，并和许广平在上海分手。和许广平分手，尽管是短暂的，大约心里也不够痛快吧。朱自清能在这样一个特殊的时候，和鲁迅邂逅于宴席中，双方印象应该都很深。这里略做补充一点，朱自清在上海，和叶圣陶等文人相聚甚欢，在北京，同样也能和京派文人打成一片，比如多次赴周作人、吴宓、顾颉刚、钱玄同、刘半农等人的聚餐、游览等活动。这里有几个例子可举——就是朱自清邀请鲁迅演讲被拒的前后，如1929年1月12日，朱自清应周作人邀请，到八道湾周宅赴宴，欢迎罗家伦就任清华大学校长。同席的除朱、周、罗外，还有俞平伯、钱玄同、冯友兰、杨振声、徐祖正、张凤举、刘廷芳等人；1929年5月18日晚，赴周作人在周宅的邀宴，在座的有傅斯年、钱玄同、刘半农、俞平伯、马裕藻、马衡等人；1929年1月，加入了以吴宓、赵万里等人为主的《大公报》撰稿者之列；同年5月，和白荻舟、顾颉刚、魏建功等人到妙峰山调查民俗；等等。就在鲁迅到北京探母的前一个月（1932年10月8日），朱自清还亲自设宴于东兴楼，请周作人、黄节、杨振声、徐霞村等人吃饭，朱自清当日的日记云："饮酒兴致颇佳。"值得一说的还有一事，即如前所述，朱自清于1932年8月结束为期一年的欧洲之游回到上海，和陈竹隐女士结婚，并在上海杏花楼订桌请客，在邀请嘉宾的名单里，没有鲁迅。朱自清8月4日的日记云："晤天瘵、延陵诸老友。大醉不省人事。"王伯祥日记记载那天的婚礼，到场的嘉宾有："互生、惠群、克标、载良、承法、薰宇、熙先等。"陈竹隐在《追忆朱自清》里也说到那天的婚宴，邀请的嘉宾"有茅盾、叶圣陶、丰子恺等人"。朱自清度蜜月在上海，没有去拜访鲁迅，说明朱自清和鲁迅虽然有亲戚关系，但并无多少走动和往来。从这些蛛丝马迹中透露的信息看，鲁迅不愿意接受朱自清的邀请到清华大学演讲，似乎有点眉目了。

但此种说法似乎并不成立，未免小看了鲁迅。因为鲁迅的好朋友郑振铎更是和上海、北京多方面的文化人都有往来，而鲁迅和郑的关系一直保持很好，比如1933年4月22日，郑振铎在北京为扩大左联刊物《文学杂志》的影响，特意在东兴楼设宴组稿，朱自清就在受邀之列。同时接受邀请的，还有顾颉刚、陈受颐、许地山、魏建功、严既澄、郭绍虞、俞平伯、杨振生、赵万里等人，朱自清在当天日记有"余允作一文"的话。第二天，朱自清又赴北海五龙亭，出席《文学杂志》社茶话会。这是左联北京支部为团结北京文艺界、扩大杂志影响而举行的文艺茶话会。在会上，朱自清对文艺工作如何开展，谈了自己的看法，表示愿意同杂志社合作。参加这次茶话会的，还有郑振铎、范文澜等文艺界人士。会后，北京左联负责人之一的王志之给鲁迅写了一封信，汇报了此次茶话会的成果，鲁迅看信后很满意，并高兴地说："郑朱皆合作，甚好。"（鲁迅1933年5月10日《致王志之》。《鲁迅全集》第十二卷，人民文学出版社1981年版）此事离朱自清邀请鲁迅演讲被拒不过五个月左右的时间，因此，说鲁迅对朱自清个人有什么成见并没有可信的依据。

1935年1月5日，在北京和天津同时产生很大影响的"全国木刻联合展览会"，在北京太庙举行。朱自清在当天的日记中，对木刻展谈了自己的心得："青年艺术家们对工农颇有好感。我对此种艺术并不熟悉，故不太会欣赏。不过在展览会上有机会读到比利时人梅塞里尔（Maserreel）（1889？—　）的四部著作，每部作品前都有序，我读了这四篇序言后，对木刻总算有了些印象。序言中说以白线条代替黑线条，这种艺术效果和手法是英国人倍威克（Bewick）（1753—1828）的创造，而梅塞里尔的作品中受此影响是明显的。"需要说明的是，这次木刻展览，和鲁迅有很大关系。鲁迅在晚年，着力推广木刻版画，尤其对青年版画家，更是倾力提携，还经常和青年木刻家座谈、交流，他本人也收藏了不少木刻作品。这次木刻展，虽由平津木刻研究会金肇野、唐诃、许仑英等发起主办，却得到了鲁迅和郑振铎的大力支持，更为重要的是，第三展室西洋现代版画由鲁迅所选（第二展室中国古代木刻及图书由郑振铎所选）。在当时，鲁迅和郑振铎可以说是这方面的专家，在木刻收藏和推广方面起着导师的作用。这次大规模的展览，报纸上肯定发布了消息，朋友间大约也有议论。朱自清原本就兴趣较广，经常参加各类艺术活动，仅在这次"全国木刻联合展览会"前后，就有数次观展和参加艺术活动，如在1934年9月9日，就进城观看了苏州书画展，在当天的日记中，表示了对张大千兄弟的作品的喜欢，特别是对张大千的画，还发表了感想，认为"画面并不均匀和充实，留下很多让观众自己去想象的余地。色彩富有装饰性。看来艺术家喜欢浅蓝和红色。此两色淡雅肃穆，颇为突出。特别是后者，更为画家所好。唯一不足之处，是画中人物的单调，好像只有绅士和淑女似的，且女性形象健壮而不纤雅"。1934 年 10 月 29 日，参加了哈丽特·蒙罗小姐的诗朗诵会，在当天的日记里特别记一句"她已七十二岁了"。1934 年 11 月 4 日，进城会晤了胡适后，又参观了 N.P.L. 书画展览，此展览大部分是照片，并对感兴趣的作品开列了三幅，有"中世纪手稿的复制品""维也纳国家图书馆的壁画复制品""具有现代派建筑风格的瑞士国家图书馆照片"。这个月的 18 日，参观了中国戏剧展，对新增的一些乐器和剧本感兴趣。还在 1934 年 12 月 7 日，观看了华光女校在北京饭店的歌舞演出，8 日观看易卜生话剧《娜拉》。在 1935 年 1 月 13 日，观看了朋友的油画，在当天的日记中评论说："秦请我看他的油画，并告以如何欣赏色彩，甚难捉摸。唯一使人一目了然的画，是一张美女像，用的是传统画法。他还给我看了他的钢笔画，无非是黑白对比的效果记录而已。"这个月的 17 日，在家听唱片《太平乐急》和《纳曾利》。当天的日记中说："据说前者是唐代音乐，后者为朝鲜音乐。"本月 20 日下午赴朱光潜家，参加读书与文学讨论会，对李健吾扮演的一个迂腐气十足的旧官吏，感到矛盾得可笑。对马小姐表演摩登女郎，评价是"驾轻就熟，因为本人就是个摩登女郎"。本月28日日记云：
"在国际艺术协会展览馆看到了溥心畬的画。他画的技巧可能不
错，但内容似很空洞。"值得一提的还有1935年4月5日，他
在观看艺术学院展览时，在日记中所做的评论："王雪涛的虫、
草小画颇生动。齐白石的六幅画相当具有创造性，所画'柳枝
莲荷'与'香蕉树'，笔法雄浑有力，蜻蜓画得很细腻，我尚未
见过像他这样处理的。画中之水使我印象尤深，波纹很凝重。
'风景'是长条幅，在其下部画了一间茅舍，舍前有水塘，许多
鸭子在其中游着，姿态各异，均系一笔画成。此外，在画的右
角，他又画了两间屋子。这完全跳出传统手法，对此我将保留
我的意见。"所以说，朱自清一直就是一个艺术欣赏者，他能专
门进城去参观与鲁迅有关的这次木刻展，更多的是他对艺术的
喜爱，当然，也不排除是对鲁迅、郑振铎等人能够参与这样的
活动的欣赏了。

　　1936年9月26日，朱自清日记云："访鲁迅太太，借二十
元，为吉人婚事也。"

　　朱自清为什么要访"鲁迅太太"？日记上没有说明，但后一
句"为吉人婚事也"，从中可见端倪。吉人，即朱吉人。他是
"鲁迅太太"朱安的侄儿，是朱安弟弟家的孩子，《鲁迅日记》
里有几次提到他。据朱自清二弟朱国华在回忆朱自清的文章中
披露："我家原是绍兴人氏，母亲周姓，与鲁迅同族。外祖父周

明甫是有名的刑名师爷，曾在清朝以功授勋。周朱两姓门户相当，常有联姻，均为当地大族，鲁迅的原配夫人朱安，也是我家的远亲。"（《难以忘怀的往事》，江苏文史资料编辑部1992年10月版）我在《朱自清与鲁迅家的关系》一文中有这样的一段文字：

朱吉人是朱安弟弟朱可铭的儿子，1912年出生于绍兴水沟营丁家弄9号，原名朱积成（鲁迅日记里作"稷臣"），后才改名吉人。朱吉人共有兄妹五人，他排行老大。二弟叫朱积功，早年病故；三弟朱积厚；四弟朱积金；最小的是妹妹，叫朱晚珍。据杨志华《朱吉人与朱安及鲁迅》一文中说：朱吉人生活在三代同堂的大家庭中，其父朱可铭有妻室二房，但唯有他母亲能生养，因此他从小就深受家里人的喜欢。姑母朱安也特别喜欢他，经常请鲁迅家的佣人阿福接他到家里玩。朱安随鲁迅一家搬到北京以后，双方的见面虽然暂时中断，但书信交往一直比较频繁。当时朱家的书信都由朱可铭出面，北京的书信都由鲁迅出面。据鲁迅日记和鲁迅书信中反映，1913年4月至1931年5月，鲁迅和朱可铭书信交往的记录就有23次之多。朱可铭患病及病故后，朱家的家政就由长子朱吉人主持了。朱家与鲁迅家的通信，就由朱吉人接手。鲁迅日记1930年

9月到1936年6月间，鲁迅与朱家的礼仪交往与经济援助等记录有6次之多，都是朱吉人出面。遗憾的是，这些书信都没有保留。

1926年，朱吉人因家族经济困难停学。1928年冬，由母亲托亲戚介绍到上海的广东路洋袜厂门市部当学徒。当时，二弟在浙江省立第五中学读书，三弟在县二小读书，四弟未入学，妹妹年幼，一家老少八口生活困难，想求鲁迅帮忙，终因难以启齿而未果。1931年朱可铭在绍兴病故，二弟学费发生困难，于是朱吉人通过姑母朱安，请周建人（在上海商务印书馆工作）帮忙解决，直到中学毕业。1932年朱吉人祖母（即朱安母亲）中风去世，朱吉人成了家里的顶梁柱，工资收入难以持家，便托请周建人介绍二弟朱积功报考上海商务印书馆的练习生，不料经考试落选，抱病回绍兴后，竟忧郁而终。后来，周建人介绍他三弟朱积厚到民友印书社等处工作。

朱安此时在北京陪伴鲁太夫人，过着寂寞、孤独而清苦的生活，便想将长侄朱吉人召到北京作为养子，以便将来有所依靠。1934年5月16日，朱安写信给鲁迅，征询对此事的看法。5月29日，鲁迅给母亲写信，并转答朱安："京寓离开已久，更无从知道详情及将来，所以此等事情，可请太太自行酌定，男并无意见，且也无从有何主张也。"对此，朱安后来也就自行决定了。

　　这里还有一个小插曲，《朱吉人与朱安及鲁迅》的作者杨志华在 1987 年调访朱吉人时，朱吉人告诉杨志华，因为当时他作为长子要照料母亲及弟妹，难以脱身，没有北上。那么朱吉人结婚是在 1936 年 9 月，而且是从上海回绍兴办了仪式，朱自清是怎么知道朱吉人结婚的呢？而且借款是"为吉人婚事也"。笔者推测，有两种可能，一是，朱自清此时和鲁迅家（北京）依然保持着密切的联系，朱吉人结婚这么大的事，肯定会知会姑母，进而告诉朱自清；二是，朱自清此时依然和绍兴的朱家保持通信联系，知道朱吉人结婚事，又知道朱吉人是朱安的继子，因而去朱安家道贺。但是，朱自清日记里的"借二十元"，是朱自清借给"鲁迅太太"呢？还是"鲁迅太太"借给朱自清？鲁迅每月定期给北京的家里汇款，"鲁迅太太"应该不缺钱，比较合理的解释是，朱自清访"鲁迅太太"时，得知朱吉人结婚了，由于身上没带钱，就借了朱安的钱汇给了朱吉人。

　　在朱自清访"鲁迅太太"不久，即 1936 年 10 月 19 日，鲁迅逝世。当天，朱自清没有得到鲁迅逝世的消息，晚上在中国文学会开会，并写毕《伦敦杂记》之七的《博物院》，这篇文章费时半月之久。第二天，朱自清日记有"昨日鲁迅先生逝世"

的记录，并说"吊慰鲁迅太太"，说明朱自清进城到阜成门的鲁迅家，参加了吊慰活动。本月 24 日，清华大学在同方部举行鲁迅追悼会，朱自清参加并做了演讲，据赵俪生《鲁迅追悼会记》一文说："朱先生说鲁迅先生近几年的著作看的不多，不便发什么议论，于是就只说了几点印象。最后朱先生提到一点，那就是《狂人日记》中提到的一句话'救救孩子'，这句话在鲁迅不是一句空话，而是终生实行着的一句实话。在他的一生中，他始终帮忙青年人，所以在死后青年人也哀悼他。"这天的日记，朱自清还写道："闻一多以鲁迅比韩愈。韩氏当时经解被歪曲，故文体改革实属必要。"到了 11 月 16 日，朱自清再度进城，到鲁迅家访鲁迅夫人朱安。这一次来鲁迅家，身份略微有点变化，应该是以亲戚身份去的，带有慰问的成分，听朱安说了不少话，在这天的日记中说，"告以鲁迅一生所经之困难生活情形"。

鲁迅逝世以后，朱自清对鲁迅依然抱着尊敬的态度。比如1940 年暑假期间，朱自清休假一年在成都，叶圣陶请他参与编辑《略读指导举隅》和《精读指导举隅》，1940 年 10 月下旬，朱自清把鲁迅的小说《药》，写了指导大概，编入了《精读指导举隅》里。

时间一晃到了 1946 年 11 月，朱自清亦经历了西南联大九年的奔波回到北京，此时他已经是北京《新生报》副刊《语言与文学》的主编，由余冠英具体负责编辑，朱自清在《语言与文学》上开有一专栏曰《周话》，不定期地发表文章，署名自清。11月8日这天，朱自清写了一篇"周话"，发表在11日出版的《语言与文学》第4期上。这篇文章主要是谈鲁迅的"中国语文观"的，不久后，在收入《标准与尺度》一书时，改标题为《鲁迅先生的中国语文观》。在鲁迅刚一逝世的时候，有太多人写了关于鲁迅的悼念文章，包括朱自清的许多好友，如叶圣陶，从鲁迅逝世到12月1日，在极短的时间内，就写作并发表了《鲁迅先生的精神》《挽鲁迅先生》《学习鲁迅先生的真诚态度》等，这当然是应该也是有必要的。直到十年以后，朱自清才有一篇短文问世，而且谈的是鲁迅的中国语文观。在这篇文章的开头就说："这里就鲁迅先生的文章中论到的中国语言文字的话，综合地加以说明，不参加自己意见。有些就钞他的原文，但是恕不一一加引号，也不注明出处。"这段"说明"看似略有霸气，实际上是对鲁迅先生的尊重，表明他是赞赏鲁迅先生的"语文观"的。大约一年后，即1947年10月15日，朱自清又写了一篇关于鲁迅的文章，即杂论《鲁迅先生的杂感》，这篇杂感是因朱自清讨论"百读不厌"而引发的，朱自清认为，"所谓'百读不厌'，注重趣味与快感，不适用于我们的现代文学，可是现代作品里也有引人'百读不厌'的"，那就是鲁迅先生的《阿Q正传》。之所以《阿Q正传》"百读不厌"，是引入了幽默，"这幽默是严肃的，不是油腔滑调的，更不只是为幽默而幽默"。在表明了这个意思后，才对鲁迅的杂文做出议论，认为鲁迅先生的贡献，是他的杂感也是诗，"这种诗的结晶在《野草》里'达到了那高峰'"。几天后的 10 月 19 日，朱自清参加在清华大学大礼堂举行的鲁迅逝世 11 周年纪念会，并做演讲，高度评价了鲁迅对中国文学的贡献。

# 清华园里尽朝晖

## 1

　　清华园是学术圣殿。朱自清进入清华后，心境渐渐发生变化，确立了文化人著书立说的方向。因为底子厚，加上努力钻研，学问日日长进，声望也日渐提高。朱自清性格温和、坚韧，又逐渐凸显出一种独特的人格力量和精神气质。特别是到了1928年暑期，清华园发生大变革，由清华学校改为国立清华大学，任命了罗家伦为校长，杨振声担任了文学院院长兼中文系主任后，又挽留了陈寅恪、吴宓等著名教授，先后引进俞平伯、浦江清、叶公超等年轻学者，清华园顿时面貌一新，朱自清有一种如鱼得水的感觉。

罗家伦、杨振声这里可以简略介绍一下。罗家伦1917年考入北京大学，是五四运动最活跃分子之一，提出了"外争国权，内除国贼"的口号，并在1919年5月26日的《每周评论》上第一次提出五四运动这个名词，是五四运动名词的创造者。杨振声比罗家伦入北大要早，是和俞平伯同时于1915年考入北京大学国学门（后改中文系）的，也和俞平伯同时毕业于1919年底（因为五四运动，推迟了半年）。1918年12月，在胡适的支持下，罗家伦、杨振声等汇同文、法两科的学生，成立了名噪一时的"新潮社"。用现在的眼光来看，当时首批会员太有名了，他们是傅斯年、罗家伦、杨振声、顾颉刚、俞平伯、汪敬熙、何思源、康白情等。新潮社成立后，即创办《新潮》杂志，杨振声是当时的首任编辑部书记（相当于执行主编）。1920年3月，朱自清和冯友兰、孙福熙等新文学爱好者也同时加入了新潮社，进一步壮大了新潮社的力量。朱自清在《新潮》上发表了《心理学的范围》《小草》《怅惘》等诗文，杨振声在《新潮》上发表过小说《渔家》《一个兵的家》《贞女》等。

罗家伦主持清华校政，杨振声主持清华文学院和中文系，对朱自清来说，真是莫大的好消息。他们不仅是他北大前后届的同学，五四运动的积极分子，还都是有志于教育改革和新文学的"新潮"人。

杨振声到任后，第一个想到的就是朱自清，迫不及待找到朱自清，和他研究中文系的草创工作，商量中文系的诸多事情。杨振声在《纪念朱自清》一文中，描述了他们最初见面时的情形："我与佩弦先生虽是北大前后同学，但此前仅是文字之交。我到清华时，他就在那受气的国文系中做小媳妇！我去清华的第二天，便到古月堂去访他。他住在西厢房一间小屋里。下午西窗的太阳，射在他整整齐齐的书桌上，他伏在桌上低着头改卷子。就在这小屋子里，我们商定了国文系的计划。"这段话披露了一个重要信息，朱自清所在国文系日子并不好过；几年来朱自清一直在做"小媳妇"。基于这样的现状，反而让我们更加钦佩朱自清甘于寂寞、潜心研究、认真教书、忍辱负重的美德了。

杨振声之所以倚重朱自清，是基于他对清华园的了解，他是这样记述清华国文系现状的："自新文学运动以来，在大学中新旧文学应该如何接流，中外文学应该如何接流，这都是必然会发生的问题，也是必然要解决的问题。可是中国文学系一直在板着面孔，抵拒新潮。如是许多先生在徘徊中，大部学生在困惑中。这不止是文言与语体的问题，而实是新旧文化的冲突，中外思潮的激荡。大学恰巧是人文荟萃，来协调这些冲突，综合这些思潮所在的。所以在文法两院的科系中，如哲学、历史、经济、政治、法律各系都是治古今中外于一炉而求其融会贯通的，独有中国文学与外国文学二系深沟高垒，旗帜分明。这原因只为主持其他各系的教授多归自国外；而中国文学系的教授深于国学，对新文学及外国文学少有接触，外国语文系的教授又多类似外国人的中国人，对中国文化与文学常苦下手无从，因此便划成二系的鸿沟了！"（《纪念朱自清》）但是朱自清情况特别，他不仅对中国古典文学深有研究，还是新文学创作颇丰的作家，同时也翻译外国文学和外国文学理论，所以，"朱自清先生是最早注意到这问题的一个"。又因为"国文是最不时髦的一系，也是最受压迫的一系。教国文的是清代科举出身的老先生们，与洋装革履的英文系相比，大有法币与美钞之别。真的，国文教员的待遇不及他系教授的一半。因之一切都贬了值，买书分不到钱，行政说不上话，国文教员在旁人眼角视线下，走边路，住小房子"。杨振声初到清华，发愿要改变现状，而朱自清对清华的现状又了如指掌，所以杨找朱自清商量计划，确定了国文系的新方向，即"新旧文学的接流"和"中外文学的交流"。"国文系添设比较文学与新文学习作，清华在那时是第一个。国文系的学生必修几种外文系的基本课程，外文系的学生也必修几种国文系的基本课程。中外文学的交互修习，清华在那时也是第一个。这都是佩弦先生的倡导。"杨振声说得已经很明了了，所以，朱自清自清华大学革新那一天起，便受到校方和院方的重视，他本人也开始身体力行地实践了。

2

　　清华文学院面貌一新的学术环境，也激励了朱自清的工作热情，特别是好友俞平伯进入清华成为同事，更让他心情愉悦。俞平伯能来清华，一方面原因是清华大学文学院重组，急需人才；还有一层原因，就是新任校长、文学院长和中文系主任，都是俞平伯的旧交同学，加上朱自清等朋友，清华大学一时俊彦云集，学术气氛越来越浓。清华学生也不甘寂寞，在学校张贴标语，配合校方革新，标语内容有："建设新清华""实行男女同校"等。浦江清《清华园日记》在1928年9月记载云："昨夜学生开全体大会通过欢迎罗家伦校长议案，又通过驱逐余日宣（政治教授）、杨光弼、赵学海（均化学教授）、戴志骞（图书馆主任）、虞振镛（农科教授）等五人。夜深十二时全体学生游行唱口号至此五人家，请其即日离校，罪名为把持校务，阻碍清华发展。"这段记录特别精彩，可能从另一面证实杨振声对清华现状分析正确。如果浦江清记述的驱逐五人的行动成功，也算是清华大学新势力的成功吧，至少学生的行动，是得到校方默许的。

教风的整顿，让朱自清等一批年轻教师有了干劲。朱自清对古诗词的研究和拟古诗词的创作，兴致丝毫不减，仅 1928 年 9 月，朱自清就费较长时间创作数首拟古诗，如《招隐诗》《孙楚征西官属送于陟阳侯作诗》《郭璞游仙》《刘琨扶风歌》等，此后拟古诗词一直是朱自清钻研的一个重要功课。一方面，拟古诗是学诗的正格，对他教学很有帮助；另一方面，也是一种变相的研究。此外，朱自清还开设了一些新课，如"歌谣学"和"中国新文学研究纲要"等，都是朱自清的首创。

"中国新文学研究纲要"一课，对朱自清来说，是一项重大挑战。从胡适第一首白话诗和鲁迅第一篇白话小说开始以来的新文学，朱自清基本上是全程参与者，尽管早先他只是一名学生，由于对新文学的热爱，对这一过程应该说是了然于胸的。但是把短短十年来的新文学作为一门学科研究，朱自清承担了压力，也开创了先河。因为这时的新文学经过十年的激荡，各种文体出现了许多作者和作品，赢得了广大读者的喜爱，产生了广泛的社会影响。但还没有人对这一历程做一个系统的回顾和研究，更不要说在大学讲坛上了。"因此朱先生的《纲要》可以说是最早用历史总结的态度来系统研究新文学的成果。当时大学中文系的课程还有着浓厚的尊古之风，谓许（慎）郑（玄）之学仍然是学生入门的先导，文字、声韵、训诂之类课程充斥其间，而'新文学'是没有地位的。朱先生开设此课后，受到同学的热烈欢迎，燕京、师大两校也由于同学们的要求，请他兼课……"（王瑶《先驱者的足迹——读朱自清先生遗稿〈中国新文学研究纲要〉》）为了"歌谣"课的开设，朱自清更是做了不少功课——也是在1928年9月，朱自清多次和来访的浦江清讨论歌谣学，还向周作人讨教，从周处借了好多本歌谣方面的参考书，认真研读，做了不少笔记。这两门课程的设置，体现了朱自清落实他与杨振声设计的中文系"新旧文学接流"的新方向的努力。

## 3

说到浦江清，到清华时间稍晚，开始是作为陈寅恪的助教，后来才和朱自清定交的。他很钦佩朱自清，朱自清也欣赏他，二人经常在一起切磋学问，就是闲谈，也都是围绕各门知识节点。有一次朱自清在浦江清家谈话，说到钱基博《文学史讲义》时，朱自清认为孔夫子自创雅言，其后孔子门徒遍天下，所以战国末期，文言统一了。朱自清谈及这些话，看似随意闲聊，其中是含有深意的，暗指清华的这次革新，必然也会对后世造成深远的影响。比如"歌谣课"和"中国新文学研究纲要"的开设，就为后来这两门学科的成熟定下了基调。

也是因为浦江清的关系，朱自清和吴宓有过一段较为密切的合作，起因是《大公报》的《文学副刊》。

《大公报》的《文学副刊》，创办于1928年1月，每周一出刊，至1934年1月，共出刊300期，编辑部就设在清华大学，吴宓任总撰稿。总撰稿这个职务，类似于主编，不仅负责整体的方向，还有写作的任务，并组织撰稿员，赵万里、浦江清、张荫麟、王庸四人就是撰稿员。浦江清是吴宓的学生，私人关系也好，为了邀请朱自清加入《文学副刊》撰稿者之列，吴宓曾和赵万里于1929年1月19日专程去访问朱自清。吴宓曾在日记里说："又与赵万里谈《文学副刊》事。赵之意见，与浦君昨谈者相同，均主张加入语体文及新文学，并请朱自清为社员。宓病后面事消极，但求此事可以敷衍，宓能少节劳，亦佳。决即放弃一切主张、计划、体裁、标准，而遵从诸君之意。至论吾人平常之理想及宗旨。"从这段日记里，始知吴宓有退居"二线"的意思，"与浦君昨谈"一句，可见是浦江清先跟吴提议拟请朱自清为撰稿员的，赵万里也是同意的。1929年1月21日，朱自清还和浦江清一起，专程到吴宓家谈话，类似于回访，同意加入《文学副刊》撰稿者之列。此后，朱自清成为吴宓家的座上宾，积极参与吴宓教授的各种雅集、聚会、邀宴。朱自清自然也开始为《文学副刊》写作新文艺方面的稿件了，第一篇即是评价老舍的作品《老张的哲学》和《赵子岳》的（可参看本书《〈清华园日记〉里的朱自清》一章）。1929年3月26日，朱自清第一次赴吴宅喝酒，边吃边聊新文学、谈《文学副刊》稿件事，在座的就有浦江清。在吴宓的日记里，多次记有邀宴朱自清或朱自清和浦江清一起访问吴宓的记录，而谈的大多都是《文学副刊》的事。几年后，吴宓去欧洲访学，朱自清作一首《送吴雨僧先生赴欧洲》的诗：

> 惺惺身独醒，汲汲意恒赊。
> 道术希前古，文章轻世华。
> 他山求玉错，万里走雷车。
> 短翮难翻举，临歧恨倍加。

## 4

可能是因为有不少教师有北大背景，周作人也多次和朱自清晤谈。从1928年11月22日，到1929年10月6日，有翔实文字记录的就有十多次，有时是周作人到清华园，有时是朱自清到周作人家，更多的时候是一起吃饭。如1929年1月12

日，周作人在家设宴，庆祝他的学生罗家伦就任清华大学校长，朱自清、俞平伯、杨振声等都应邀参加，同时作陪的还有钱玄同、冯友兰、徐祖正、张凤举、刘廷芳等，这些嘉宾中，许多人都是当年"新潮社"的骨干成员。这里可以略说一下钱玄同。钱玄同是浙江湖州人，早年曾留学日本，和鲁迅等人一起听章太炎的课，对音韵学和训诂学深有研究，后任北京高等师范学校和北京大学教授，和陈独秀、胡适一起倡导白话文，并是《新青年》的骨干，并担任编辑，是五四新文化运动的揭幕人之一。鲁迅住在绍兴会馆的时候，他经常往会馆跑，找鲁迅聊天，一聊就是半天或至深夜，饿了，鲁迅就在外面叫几个菜，由跑堂送到会馆一起吃，有时也弄个小酒和鲁迅一起喝。吃完喝完就躺在鲁迅卧室的躺椅上，继续聊。钱玄同日记和鲁迅日记上，都有多次记述。我曾写过一篇《"补树书屋"的茶饭》一文，里面有这方面的记录："鲁迅的第一篇白话文小说及其后的许多文章，都是在这样的闲谈和钱玄同的怂恿、催促下构思完成的。周作人在《金心异》一文中说：1917 年 6 月间，张勋复辟之后，'钱玄同从八月起，开始到会馆来访问，大抵是午后四时来，吃过晚饭，谈到十一二点钟回师大寄宿舍去。查旧日记八月中九日，十七日，二十七日来了三回，九月以后每月只来一回'。再查钱玄同日记，1917 年和 1918 年钱玄同的日记不全，仅从现有日记查看，1917 年 9 月 24 日日记云：'午后五时顷访蓬仙，就在他那里夜饭。八时顷访豫才兄弟。'9月30日日记云：'午后二时访蓬仙。四时偕蓬仙同访豫才、启明。蓬仙先归，我即在绍兴馆吃夜饭。谈到十一时才回寄宿舍。'这里的蓬仙即朱蓬仙，原名宗莱。《鲁迅全集》里有他较详细的注释：'名宗来，字蓬仙，浙江宁海人，留学日本时，与鲁迅同听章太炎讲学。归国后，任北京大学预科教授。'1917年10月13日日记云：'访周氏兄弟，谈到半夜才回寄宿舍。'再查看1919年日记，从1月7日至21日，短短十多天的时间里就访了三次。从日记中可以看出，钱玄同有过几次夜饭的记载，少不了都是叫广和居的炸丸子、酸辣汤。"钱玄同也是朱自清的老师，能够在周作人家里再次听钱玄同闲谈，必定也是愉快的事。这种沙龙式的闲谈，参与人员大致固定，有时也有轮换，但大致都是周作人的同事或学生。如1929年5月18日朱自清又赴周宅参加宴会，同时在场的还有傅斯年、钱玄同、刘半农、俞平伯、马裕藻等。本月22日又和俞平伯在清华大学接待来访的周作人。1929年6月22日还是和俞平伯，去周作人家里晤谈。7月5日又应张凤举邀宴，相聚于东风楼，在座的有周作人、俞平伯、徐祖正等。这样来来往往的聚谈、雅集，一来可以交流学问，相互促进；二来增加个人感情。朱自清能够成为周作人周围的朋友，互相聚谈，交流各种信息，对各自的文学创作和学术研究，无疑都起到很大的推动作用。

# 5

朱自清还积极参与清华大学的各种活动和组织。1928年12月7日晚上，朱自清到工字厅参加中国文学会成立大会，并做《杂体诗》讲演。"……若非朱先生的讲演，杂体诗未必是个有趣的题目。在这短短的演讲词中，朱先生所给予我们的不仅是文学里的知识，而且是知识界的趣味。这只需看满堂内春风般的颜色，和听那一阵阵流水似的笑声，就可以知道的了。"这是他的学生郝御风在听了演讲后写的文章里披露的，原来朱自清也是有幽默的趣味的。在这次中国文学会成立大会上，朱自清担任了负责学术的委员。1929年11月清华大学中国文学会在工字厅召开常务会，教职员20余人到会。杨振声报告中国文学系课程标准，一是注重中国古典文学，二是注重西洋文学，三是创造新时代的文学。朱自清都是积极的执行者。所以，杨振声后来曾欣慰地说："那时清华国文系与其他大学最不同的一点，是我们注重新旧文学的贯通与中外文学的融会。""这在当时的大学中，清华实在是第一个把新旧文学、中外文学联合在一起的。"

1934年，朱自清（前排左五）与清华中国文学会师生合影

作为清华中坚力量的朱自清，给学生的毕业赠言也是极富激情和诗意："这是一个特别的时代，也许特别好，也许特别不好，但'特别'是无疑的。这个时代像正喷涌的火山，像正奔腾的海潮；我们生在这时代是幸福的，还是不幸的，诸君中也许将来有人能证明……但这是一个变化多、模式多的时代，在这里也许可以找着些'人生的意义与价值'……我相信诸君，将来会带了你们的成功，来装饰清华园这个好地方。"朱自清的赠言带着激情和希望，又何尝不是他自己的心声呢？所以，当1930年6月杨振声辞职后，朱自清就被清华大学第十九次教务会议议决其代理中文系主任一职了。朱自清身上更多了一份责任和担子。在清华美丽的校园里，师生们经常看到一个身材不

高、衣着朴素的朱自清，或急匆匆行走在绿荫道上，或在教室里娓娓地给同学讲经授课，真正把一生都交给了清华，并成为清华园的中坚分子。

说朱自清是清华园的中坚，另有一件事也足可说明。1931年4月，蒋介石任命吴南轩为清华大学校长。吴南轩到校后，大权独揽，任用私人，擅改学校规章和惯例，不图发展学术，蔑视教授人格，挑拨师生关系，可以说是无恶不作，引起了清华师生的公愤，遂导致了一场颇有声势的驱吴运动。同年5月28日，有人代表清华大学大部分教授，拟了一份《四十八教授态度坚决之声明》，该声明十分强硬，要求教育部"另简校长，重议规程"，并强调，"倘此问题不能解决，定于下半年与清华脱离关系"云云。朱自清也在声明上签了字。朱自清在5月29日致陈竹隐的信上说了此事："告诉你一件不快的事……昨天此地教授会决议，电教育部反对校长，如不成就辞职，请每个人自由签名。大约全体都签了，我也就要签上。将来的事不可料。管他呢！"一句"管他呢"，透出了朱自清的决心。朱自清的签字，体现了一个正直的知识分子起码的责任担当。因为一所大学，是不允许有恶势力存在的，正如他自己所说，清华大学"有更重大的使命：这就是创造我们的新文学……现在中国社会还未上轨道，大学是最高的学术机关，她有领导社会的责任与力量"（《清华大学中国文学系概况》）。

总之，从 1925 年 8 月底初到清华任教，至 1931 年 8 月出国前的这 6 年时间里，朱自清由一个中学老师而成为大学老师，由最初的生涩，到逐渐成长为清华园的中坚，这之间，有天赋、性格使然，更多的是因为朱自清的专注和努力。

# 和陈竹隐的爱情

　　清华大学经常有曲会，在工字厅度曲，俞平伯是最热心者之一，自己唱，夫人也唱，还影响了其他人。那时候，昆曲已经淡出"江湖"好久，成为高雅的小众艺术，文人雅士都会在聚会时唱上几曲。俞平伯不但拍曲成瘾，还作词填曲，比如和刘凤叔就合作过一支《偕游灵隐寺归鞭一套》，还自谱自作了不少，如《江儿水·京寓书怀》等。对于俞平伯热心拍曲，朱自清还向他们的老师周作人打过"小报告"。1927年12月14日，周作人致江绍原的信中，提到俞平伯时，有这样的话："平伯在京，一如曩昔，闻佩弦说他仍很热心于拍曲，可以想见他的兴趣不减于当初。"特别是到了1930年10月，俞平伯从城里的老宅老君堂搬出，到清华园南园7号居住时，和住在18号的朱自清相距不远（武钟谦因肺炎回扬州养病时，朱自清便从西院搬到南院），俞平伯还把自己的家命名为"秋荔亭"，既无荔，也无亭，一听就是个曲会雅聚之所，一时间更是曲声悠扬。

朱自清另一位清华同事溥侗是位老先生，号西园，别署红豆馆主，是清室后代爱新觉罗氏，世袭镇国将军、辅国公，此人是个大才子，自幼钻研琴棋书画，收藏金石碑帖，通晓词章音律，精于治印，更酷爱京昆艺术。溥侗有个学生叫陈竹隐，1907年7月14日出生，名宝珍，以字行。父亲陈正新生有子女十二人，陈竹隐是老小，是陈家的掌上明珠。但全家只靠陈正新教私塾及估衣铺的工作维持，生活清苦。在陈竹隐16岁那年，父母双双去世。此后，她考入四川第一女子师范学校，毕业后在青岛电话局工作，做一名接线员，一年后又重新考入北平艺术学院，师从齐白石等老师专攻工笔画，也学习昆曲。陈竹隐于1929年从北平艺术学院毕业后，在北平第二救济院找了份工作，因不满院长克扣孤儿口粮愤而辞职，以当家庭教师教人作画为生，同时在溥西园门下学习昆曲。溥侗的女弟子大概不少，浦江清《清华园日记》1930年12月26日记云："贞芳有二位老师在座，更拘束。……我们要求她们唱昆曲，仰贤先唱了，她没有办法，勉强也唱了一个（《琴桃》的首段）。她们是跟溥西园新学的。""二位老师"是指叶公超和朱自清。这天是浦江清的生日，他请在燕京女校读书的女朋友贞芳吃饭，并请叶、朱作陪，虽然席间"拘束"，但唱曲却还是唱了。可见，那时候，不仅在清华，就是北京的其他高校，也是把能唱几句昆曲当成高雅和时髦的爱好的。

朱自清和陈竹隐的认识，事实上也是昆曲做的媒。

1930年秋的一天，由溥侗、叶公超牵线搭桥，朱自清和陈竹隐相识了。对于他们认识的经过，浦江清《清华园日记》12月27日也有记录："晚饭后，访佩弦于南院十八号。佩弦刚和陈竹隐女士从西山回来，还没有吃饭。佩弦替我买了一个故宫博物院印的日历。和陈女士略谈几句，便回来。陈女士……习昆曲，会二十余出。佩弦认识她，乃溥西园先生介绍，第一次（今年秋）溥西园先生在西单大陆春请客，我亦被邀。后来本校教职员公会娱乐会，她被请来唱昆曲。两次的印象都很好，佩弦和她交情日深。"日记中记录的朱自清和陈竹隐1932年12月27日的这次香山之游，朱自清还作诗三首，表达了对陈竹隐的衷心感激和深情厚谊。诗云：

文书不放此身闲，秋叶空教红满山。
片片逢君相寄与，始知天意未全悭。


薜荔丹枫各自妍，缤纷更看锦丝缠。
遥思素手安排处，定费灵心几折旋。

经年离索黯营魂，飒飒西风昼掩门。

此日开缄应自诧，些须秋色胜春温。


到了 1930 年 12 月 31 日，清华园在大礼堂搞新年晚会，陈
竹隐也被请去唱了一出《游园》。浦江清在日记中还评价陈竹隐
女士扮的春香"玲珑活泼"。陈竹隐在《追忆朱自清》一文中也
说："我与佩弦的相识是在一九三一年。那时，因为我常到溥
熙元老师那儿去参加'曲会'，老师看到我一天天长大了，北
京也没有亲人，便很关心我的婚事，他就与当时清华大学中文
系导师叶公超谈起我，并请他帮忙。这一年四月的一天，溥老
师带我们几个女同学到一个馆子去吃饭，安排了我与佩弦的见
面。陪坐的还有两位清华大学的教授。那天佩弦穿一件米黄色
的绸大褂。他身材不高，白白的脸上戴着一副眼镜，显得挺文
雅正气，但脚上却穿着一双老式的'双梁鞋'，又显得有些土
气。席间我们很少讲话。……佩弦是个做学问的人，他写的文
章我读过一些，我很喜欢。他的诗歌与散文所表现的深沉细腻
的感情，所描绘的一幅幅恬静、色彩柔和的画面，以及那甜美
的语言，都使我很受感动，我很敬佩他。以后他给我来信我也
回信，于是我们便交往了。"陈竹隐女士的文中有三处误记，一
是"一九三一年"应为 1930 年，"四月的一天"应为秋天，"溥
熙元"应为溥西园。可能是年代较长，仅凭记忆还会有差错

的——这样的见面，在当时已经是很新式很浪漫的了。

朱自清和陈竹隐的爱情就这样开始了。在 20 世纪 30 年代的清华、北大文化圈内，特别是和朱自清关系密切的朋友之间，都为朱自清重新找到情感寄托而感到高兴。小范围内也常有人议论议论，都是善意的祝福。比如浦江清、叶公超、俞平伯等。浦江清在 1931 年 1 月 25 日日记里说："佩弦与陈女士已达到互爱的程度。陈能画，善昆曲，亦不俗，但追求佩弦过于热烈，佩弦亦颇不以为然。佩弦在这里已满五年，照校章得休假一年，资送国外研究。他要到英国，想回国后再结婚，陈女士恐不能等待了。"1931 年 7 月 17 日俞平伯写信给周作人，说到朱自清和陈竹隐的婚事，俞平伯说："觉得典故之有味，又寻得一句将来可以写在红纸上送贺礼的话，即是'渐近自然'四字，只是有点流氓气耳。""渐近自然""流氓气耳"，暗示他们的关系已经发展得非同寻常了。朱自清也不避讳，和俞平伯等朋友聚会时，也会谈起陈竹隐。朱自清相约和陈竹隐见面更是越来越频繁，互相书信不断。本来，夫人武钟谦于 1929 年 11 月 26 日逝世以后，朱自清内心难过，不准备再娶。1930 年清明节，还作诗二首，其一曰："名园去岁共春游，儿女酣嬉兴不休。饲象弄猴劳往复，寻芳选胜与勾留。今年身已成孤客，千里魂应忆旧俦。三尺新坟何处是？（先室之丧，予未得南归）西郊车马似川流。"其二曰："世事纷拏新旧历，兹辰设帨忆年年。浮生卅载忧销骨，幽室千秋梦化烟。松槚春阴风里重，狐狸日暮陇头眠。遥怜一昨清明节，稚子随人展墓田。"二诗的标题较长，曰"十九年清明后一日，为先室三十三岁生辰，薄暮出西郊，见春游车马甚盛。因念旧岁尝共游万牲园，情景犹新，为之凄恻"，表达了对亡妻的思念之情。但是，六个孩子实在让他劳心分神，辛苦万分，觉得一个人的力量真是不够，于是在思想摇摆一段时间后，才去相了亲。朱自清和陈竹隐的和谐相处，许多人都看在眼里，为他们高兴，不过别人看到的毕竟是表象，比如浦江清，说陈竹隐"追求佩弦过于热烈，佩弦亦颇不以为然"，其实是不对的。恰恰是陈竹隐开始对朱自清还有些"犹豫"，主要就是相亲时，朱自清穿的那双老款的"双梁鞋"引起的。大约是陈竹隐在同学们中间说过朱自清的穿着，"双梁鞋"让女同学们笑了半天，说坚决不能嫁给这个土包子。这当然是玩笑话了。在朱自清再约她时，她都是欣然赴约的。时间不长二人就很亲密了，所以才有好朋友俞平伯的"渐近自然"之说。陈竹隐在《追忆朱自清》一文里也透露："那时我正住在中南海。佩弦常常进城来看我。我们共同游览瀛台、居仁堂、怀仁堂；有时共同漫步在波光潋滟的中南海边，有时清晨去钓鱼。一次我居然钓到一条半尺长的鱼，还请佩弦喝了鱼汤。"

1931 年 5 月 16 日，二人的爱情甘露终于获得了收获，朱自清和陈竹隐订婚了。朱自清在给陈竹隐的信中说了感谢的话："十六那晚上是很可纪念的，我们决定了一件大事，谢谢你。"当时的清华，离城算是很远了，每天有校车往来，所以书信成为二人诉说情感的重要媒介。据统计，仅朱自清给陈竹隐就写了七十一封情书，每封都很真切，也很真情。比如1931年6月12日朱自清的情书中写道："一见你眼睛便清明起来。我更喜欢看你那晕红的双脸，黄昏时的霞彩似的，谢谢你给我力量！"特别是朱自清赴欧洲留学期间，二人的书信中，更多的是诉说互相的思念之情。

朱自清在欧洲学习一年后回国，于1932年7月31日上午乘船抵达上海。陈竹隐早已得到朱自清书信，知道他的回程日期，便早早在码头等候。二人相见，分外激动。但接船的还有朱自清不少好友和学生，许多别离的情话也只能等到二人的私有空间里再说了。一切安顿好后，朱自清于第二天下午便匆匆来到开明书店晤见了好友叶圣陶、方光焘、王伯祥等。王伯祥在日记里说："墨林来，谓佩弦已自英伦归，在开明相候，可往晤之。"老友相见，谈得必定投机。这时候的开明书店处在事业巅峰期，为朱自清接风洗尘是少不了的，宴席就订在味雅。晤谈中，得知朱自清和陈竹隐要在8月4日结婚，大家都为他们开心，六时出门时，朱自清与叶圣陶、王伯祥、周云彬等去福州路上的杏花楼订了婚宴，又去望平街一带接恰印了朱陈二人的结婚请柬。晚上在味雅的小饮，自然也十分尽兴，一直喝到

1932 年，朱自清和陈竹隐在上海合影

1932年，朱自清（右四）、陈竹隐（右一）与友人在清华大学图书馆前合影

九时才散，然后又步行到朱陈二人居住的旅馆，谈至十一时才归。8月4日，朱自清、陈竹隐结婚仪式在杏花楼举行，婚礼是新式的，简朴而热闹。陈竹隐说："那时北京结婚还要坐花车，穿披纱礼服，礼节很多，而上海比较开明，于是我们就决定在上海结婚。我们用当时上海最新式的简便方法举行了结婚典礼：事先发个结婚帖子。八月四日那天，请了文艺界的一些人士，我记得有茅盾、叶圣陶、丰子恺等人，在一个广东饭馆聚会了一次。"（《追忆朱自清》）王伯祥也在日记里说："下午强起……六时与谷人偕圣陶夫妇同赴佩弦喜筵，遇互生、惠群、克标、载良、承法、薰宇、熙先等，即同席。余则雪村自南京赶来，延陵自杭州赶来，亦俱足记，他多不识，且女宾多，大概陈氏戚友云。宾客劝酒甚殷，佩弦竟大醉狂吐，幸扶旅社后即安。"从王伯祥的记叙中，可以看出婚礼的热闹，陈竹隐的"戚友"很多，大家频频劝酒，以至于把新郎都喝醉了。婚后他们蜜月旅行历时一个月，在普陀山玩了十天后又到上海，和朋友小聚了几次后，于8月20日到达扬州家中。陈竹隐终于见到公公婆婆和武钟谦留下的几个孩子了。一大家子欢欢喜喜团聚在瘦西湖边，朱自清心情复杂之余也必定深感欣慰，家里又有女主人了，又像个家的样子了，这可是一大家子啊！扬州的夏天也是闷热的，听着身边不断响起的欢声笑语，此时的朱自清心里却刮过一阵惬意的凉风。在扬州的六七天中，或接待故交亲朋，或闲读清谈，或和儿女交流，或向父母问安，都是充实而快乐的。其间，还应他的学生余冠英夫妇约请，率全家畅游了瘦西湖。8月26日，又偕陈竹隐和二弟物华夫妇到镇江一游，去了松隐寺、竹林寺、鹤林寺等游玩。29日到南京，畅游了六朝古都许多的名胜景点，还出席了四妹玉华与周翕庭的婚礼。9月3日返回北京。至此，近一个月的蜜月旅行才告结束。朱自清又开始了他繁忙的教学生涯。

本来，朱自清几次要辞去中文系代理主任的职务，校方都没有允许，他只好继续代理着。到了这年的10月中旬，也就是武钟谦逝世三周年前夕，应好友徐调孚之约，也为表达对亡妻的深深怀念，朱自清饱含泪水地写下了那篇感人至深的《给亡妇》：

谦，日子真快，一眨眼你已经死了三个年头了。这三年里世事不知变化了多少回，但你未必注意这些个。我知道，你第一惦记的是你几个孩子，第二便轮着我。孩子和我平分你的世界，你在日如此；你死后若还有知，想来还如此的。告诉你，我夏天回家来着：迈儿长得结实极了，比我高一个头。闰儿父亲说是最乖，可是没有先前胖了。采芷和转子都好。五儿全家夸她长得好看；却在腿上生了湿疮，整天坐在竹床上不能下来，看了怪可怜的。六儿，我怎么说好，你明白，你临终时也和母亲谈过，这孩子是只可以养着玩儿的，他左挨右挨到去年春天，到底没有挨过去。这孩子生了几个月，你的肺病就重起来了。我劝你少亲近他，只监督着老妈子照管就行。你总是忍不住，一会儿提，一会儿抱的。可是你病中为他操的那一份儿心也够瞧的。那一个夏天他病的时候多，你成天儿忙着，汤呀，药呀，冷呀，暖呀，连觉也没有好好儿睡过。那里有一分一毫想着你自己。瞧着他硬朗点儿你就乐，干枯的笑容在黄蜡般的脸上，我只有暗中叹气而已。

从来想不到做母亲的要像你这样。从迈儿起，你总是自己喂乳，一连四个都这样。你起初不知道按钟点儿喂，后来知道了，却又弄不惯；孩子们每夜里几次将你哭醒了，特别是闷热的夏季。我瞧你的觉老没睡足。白天里还得做菜，照料孩子，很少得空儿。你的身子本来坏，四个孩子就累你七八年。到了第五个，你自己实在不成了，又没乳，只好自己喂奶粉，另雇老妈子专管她。但孩子跟老妈子睡，你就没有放过心；夜里一听见哭，就竖起耳朵听，工夫一大就得过去看。十六年初，和你到北京来，将迈儿，转子留在家里；三年多还不能去接他们，可真把你惦记苦了。你并不常提，我却明白。你后来说你的病就是惦记出来的；那个自然也有份儿，不过大半还是养育孩子累的。你的短短的十二年结婚生活，有十一年耗费在孩子们身上；而你一点不厌倦，有多少力量用多少，一直到自己毁灭为止。你对孩子一般儿爱，不问男的女的，大的小的。也不想到什么"养儿防老，积谷防饥"，只拼命地爱去。你对于教育老实说有些外行，孩子们只要吃得好玩得好就成了。这也难怪你，你自己便是这样长大的。况且孩子们原都还小，吃和玩本来也要紧的。你病重的时候最放不下的还是孩子。病得只剩皮包着骨头了，总不信自己不会好；老说："我死了，这一大群孩子可苦了。"后来说送你回家，你想着可以看见迈儿和转子，也愿意；你万不想到会一走不返的。我送车的时候，你忍不住哭了，说："还不知能不能再见？"可怜，你的心我知道，你满想着好好儿带着六个孩子回来见我的。谦，你那时一定这样想，一定的。

除了孩子，你心里只有我。不错，那时你父亲还在；可是你母亲死了，他另有个女人，你老早就觉得隔了一层似的。出嫁后第一年你虽还一心一意依恋着他老人家，到第二年上我和孩子可就将你的心占住，你再没有多少工夫惦记他了。你还记得第一年我在北京，你在家里。家里来信说你待不住，常回娘家去。我动气了，马上写信责备你。你教人写了一封复信，说家里有事，不能不回去。这是你第一次也可以说第末次的抗议，我从此就没给你写信。暑假时带了一肚子主意回去，但见了面，看你一脸笑，也就拉倒了。打这时候起，你渐渐从你父亲的怀里跑到我这儿。你换了金镯子帮助我的学费，叫我以后还你；但直到你死，我没有还你。你在我家受了许多气，又因为我家的缘故受你家里的气，你都忍着。这全为的是我，我知道。那回我从家乡一个中学半途辞职出走。家里人讽你也走。哪里走！只得硬着头皮往你家去。那时你家像个冰窖子，你们在窖里足足住了三个月。好容易我才将你们领出来了，一同上外省去。小家庭这样组织起来了。你虽不是什么阔小姐，可也是自小娇生惯养的，做起主妇来，什么都得干一两手；你居然做下去了，而且高高兴兴地做下去了。菜照例满是你做，可是吃的都是我们；你至多夹上两三筷子就算了。你的菜做得不坏，有一位老在行大大地夸奖过你。你洗衣服也不错，夏天我的绸大褂大概总是你亲自动手。你在家老不乐意闲着；坐前几个"月子"，老是四五天就起床，说是躺着家里事没条没理的。其实你起来也还不是没条理；咱们家那么多孩子，哪儿来条理？在浙江住的时候，逃过两回兵难，我都在北平。真亏你领着母亲和一群孩子东藏西躲的；末一回还要走多少里路，翻一道大岭。这两回差不多只靠你一个人。你不但带了母亲和孩子们，还带了我一箱箱的书；你知道我是最爱书的。在短短的十二年里，你操的心比人家一辈子还多；谦，你那样身子怎么经得住！你将我的责任一股脑儿担负了去，压死了你；我如何对得起你！

你为我的捞什子书也费了不少神；第一回让你父亲的男佣人从家乡捎到上海去。他说了几句闲话，你气得在你父亲面前哭了。第二回是带着逃难，别人都说你傻子。你有你的想头："没有书怎么教书？况且他又爱这个玩意儿。"其实你没有晓得，那些书丢了也并不可惜；不过教你怎么晓得，我平常从来没和你谈过这些个！总而言之，你的心是可感谢的。这十二年里你为我吃的苦真不少，可是没有过几天好日子。我们在一起住，算来也还不到五个年头。无论日子怎么坏，无论是离是合，你从来没对我发过脾气，连一句怨言也没有。——别说怨我，就是怨命也没有过。老实说，我的脾气可不大好，迁怒的事儿有的是。那些时候你往往抽噎着流眼泪，从不回嘴，也不号啕。不过我也只信得过你一个人，有些话我只和你一个人说，因为世界上只你一个人真关心我，真同情我。你不但为我吃苦，更为我分苦；我之有我现在的精神，大半是你给我培养着的。这些年来我很少生病。但我最不耐烦生病，生了病就呻吟不绝，闹那伺候病的人。你是领教过一回的，那回只一两点钟，可是也够麻烦了。你常生病，却总不开口，挣扎着起来；一来怕搅我，二来怕没人做你那份儿事。我有一个坏脾气，怕听人生病，也是真的。后来你天天发烧，自己还以为南方带来的疟疾，一直瞒着我。明明躺着，听见我的脚步，一骨碌就坐起来。我渐渐有些奇怪，让大夫一瞧，这可糟了，你的一个肺已烂了一个大窟窿了！大夫劝你到西山去静养，你丢不下孩子，又舍不得钱；劝你在家里躺着，你也丢不下那份儿家务。越看越不行了，这才送你回去。明知凶多吉少，想不到只一个月工夫你就完了！本来盼望还见得着你，这一来可拉倒了。你也何尝想到这个？父亲告诉我，你回家独住着一所小住宅，还嫌没有客厅，怕我回去不便哪。

前年夏天回家，上你坟上去了。你睡在祖父母的下首，想来还不孤单的。只是当年祖父母的坟太小了，你正睡在圹底下。这叫作"抗圹"，在生人看来是不安心的；等着想办法哪。那时圹上圹下密密地长着青草，朝露浸湿了我的布鞋。你刚埋了半年多，只有圹下多出一块土，别的全然看不出新坟的样子。我和隐今夏回去，本想到你的坟上来；因为她病了没来成。我们想告诉你，五个孩子都好，我们一定尽心教养他们，让他们对得起死了的母亲——你！谦，好好儿放心安睡吧，你。

这篇悼亡文字，采用和亡妻漫谈的形式，回忆和亡妻一起生活的短暂人生，回忆亡妻全心全意照料丈夫和孩子的种种往事，还有经历的种种苦难，所受的种种委屈。文中的妻，温婉贤惠，体贴勤劳，朱自清情深意切，字字含泪，和亡妻进行一番长谈，让人读出满腹的心酸与不忍，可以说是天下第一等至情文字。从字里行间，也读出了朱自清的"忏悔"。武钟谦病重的时候，只身一人带着四个年幼的孩子回扬州老家养病，仅一个月左右便撒手人寰，而朱自清却因为课多所累，怕误了学生学习未能奔丧回家。这对他来说是莫大的遗憾，也是心里永远的痛。其实，用当代人的眼光来看，再多的课程校方也能找人代理的，学生更会理解老师的处境。所以当即将满孝三年时，朱自清独自面对亡妻的遗照，才有这篇言未出而泪先下的文字。李广田先生说："据一位教过女子中学的朋友说，她每次给学生讲这篇文字，讲到最后，总听到学生中间一片唏嘘声，有多少女孩子且已暗暗把眼睛揉搓的通红了。"（《最完整的人格——哀念朱自清先生》）朱自清也说："在写《给亡妇》那篇是在一个晚上，中间还停笔挥泪一回。情感的痕迹太深刻了，虽然在情感平静的时候写作，还是有些不由自主似的。"（《写作杂谈》）

随着在清华大学的工作日益称心，加上陈竹隐的悉心照料，朱自清的生活又回到了正常的轨道，踏上他事业的又一个高度。

# 清华园曲社

    朱自清不像俞平伯那样热衷于拍曲。但是因为夫人陈竹隐是溥西园的学生，他能唱多折昆曲，也会参加清华园的曲会，有时是和夫人一起参加，有时是他自己也参与其中。

    说朱自清参加曲会，必绕不开俞平伯。

    1924 年底，俞平伯从杭州回到北京，他的工作趋于稳定，一直在几所大学教书、填词、作诗、写文章、做研究，准备写作的《红楼梦新论》还没有开笔就被出版家预订了去。但再忙，他也会抽时间拍曲。拍曲是他最重要的业余生活。俞平伯甚至还抽暇填《倾杯赏芙蓉·咏落叶》南曲一首，由刘凤叔为之谱曲。和刘凤叔还合作有《偕游灵隐寺归鞭一套》。此后，他还自作自谱多首曲，如《江儿水·京寓书怀》，词非常美："绿柳全舒翠，红飞半落苔。感缠绵儿女胭脂态，茫茫歧路莺花界，虚舟来往无牵碍。有修竹天寒人在。旧曲重听，待说与知音能解。"曲美，词美，唱曲人文雅富贵，虽嗓音不好，却也是一种享受啊！这段时间的拍曲，是俞平伯重要抑或说唯一的业余生活。待到1925年8月末，朱自清来到清华园，不久俞平伯也到清华任教，二位好友不可能不谈到拍曲事，或也会参与俞平伯参加的曲会。1927年12月14日，周作人在致江绍原的信中，谈到俞平伯时，有这样的话："平伯在京，一如曩昔，闻佩弦说他仍很热心于拍曲，可以想见他的兴趣不减于当初。"这段话里透出多种信息，涉及拍曲也有三层意思：一是"热心于拍曲"；二是"兴趣""一如曩昔"，而且"不减于当初"；三是周作人是从朱自清那里听说的，并不是俞平伯亲口相告，那么朱自清多多少少也会参与几次吧。

到了1930年10月，俞平伯从老君堂搬出来，搬到清华园南院7号，把自己的书房取名为"秋荔亭"。这下更为自由了，他索性把"秋荔亭"当成了清华昆曲爱好者的活动场所，经常邀请几个同好，到家里拍曲，"秋荔亭"一时曲声悠扬。而此时因原配武钟谦去世，朱自清在俞平伯家搭伙吃饭，想必对于俞平伯家的小型曲会，也是多有了解的。1931年1月3日这天，俞平伯在清华园秋荔亭举行了一场曲会，参加的有冯友兰、浦江清、邹湘乔、杨武之等人。那天俞平伯曲兴很高，唱了两支曲子，《下山》和《惊梦》。还请魏建功给他刻一方印"秋荔亭拍曲"。就在这次雅集度曲几天后，即 1 月 8 日晚上，在清华园西客厅，俞平伯与朱自清、叶公超、叶石荪、顾随、赵万里、钱稻孙、毕树棠等一起出席浦江清的邀宴。席间，大家高谈阔论，由词而谈到昆曲、皮黄、新剧和新文学，朱自清也发表了自己的见解。

昆曲是中国的国粹，历史上有过辉煌——18 世纪之前的 400 年里，昆曲一直是中国的主打戏剧，它以完美的表现方式向人们展示着世间的万般风情，是宫廷相府中的常客，是文人雅士的时尚。正是这种富丽华美的演出氛围，附庸风雅的刻意追求，使得昆曲日益走向文雅、繁难的境地。但这样的文雅、繁难也埋下了衰亡的种子。18 世纪后期，地方戏开始兴起，它们的出现打破了长期以来形成的演出格局，戏曲的发展也由贵族化向大众化过渡，昆曲不可避免地开始走下坡路。到 1850 年前后，昆曲败落之势更为明显，许多昆曲艺人被生活所迫，转行演出流行的京剧去了。到了俞平伯的祖、父辈，昆曲的演出班子已经彻底消失，唱曲除成为一些小众"玩友"雅集的保留节目外，公众场合几乎绝迹。俞平伯远远地望见昆曲消亡的尾巴，同时也拽住了昆曲留下的一点点余音。就是这点余音，使俞平伯的内心起了波澜，要为昆曲的保留和传承做一点微薄的贡献。

机遇出现在 1933 年的 9 月，那是一次难忘的江南之行，对于久居北平的俞平伯夫妇来说，这次江南之行，不仅是游山玩水、访师问友，更是一次愉快的昆曲之旅。杨振华在《"红学家"的昆曲之爱》里介绍道：

俞先生的《癸酉南归日记》随处可见俞氏夫妇在昆曲世界里如鱼得水的情景：9月17日，到苏州，晚饭后，他们找到了一位吹笛人翁松龄，灯前小聚，唱了如下曲子：《折柳》《思凡》《学堂游园》《拾书》。22日，到达上海，午后到大世界"仙霓社"看《荆钗记》及《折柳》。24日下午，又到大世界看《偷诗》……这天晚饭后，还是带了妻子、妻弟去看昆剧，碰上倾盆大雨，到场时《楼会》已演过，观看《宋十回》《活捉》，感到表演水平极高。25日，来到嘉兴，昆曲家陈延甫来接车，天气阴雨，他们不能外出，与喜爱昆曲的旅馆老板郑启澄一起在楼上唱曲。晚饭酒后，还回到房间唱曲，到9点钟才曲散。客人离开后，俞平伯还挑灯校订《认子》的工尺谱。"是日竟日未离曲与笛，亦旅游中一快。"26日，陈延甫来访，又一起拍曲。10月1日，在杭州，应表兄之约唱昆曲，俞平伯度《折柳》"寄生草"一曲，吹笛的是京昆名家俞振飞。3日，看昆剧到凌晨2点半。4日，正好是中秋，到葛荫山庄参加昆曲雅集，他唱了《拾画》一支，以及《惊梦》

和《折柳》。

通过俞平伯的日记，可知俞氏夫妇的"南归"，几乎一直和昆曲相伴，也可见他们对昆曲的痴迷。到了1934年正月，俞平伯做出一个惊人之举，邀请陈延甫来北京。俞的邀请并不是请一个昆曲家来北京游山玩水，而是让他的昆曲才华得以展露。

陈延甫来京后，住在东城遂安伯胡同；第二天，便来到俞家，为俞平伯、许宝驯夫妇所设拍期拍曲、掭笛。后来，为了拍曲方便，陈延甫干脆也住西郊，离清华园近一些，经常在清晨赶往俞平伯家里，其所有工作都和昆曲有关。朱复所撰《昆曲笛师陈延甫简历》中，有一段专门记述陈延甫到俞平伯家拍曲的经历，以及他在北京与昆曲有关的其他活动："凡四载未间断，为俞夫妇习曲《哭宴》《泼水》《惊魂》《冥勘》《错萝》《询图》《草地》《窥醉》《思乡》《北饯》《功宴》《谏父》等一百余折。亦为清华园其他业余曲家所设拍期理曲，如为浦江清拍曲《秋江》《女弹》《北樵》等。次年春，俞平伯联合清华园诸曲家组成谷音社，陈任该社同期、公期主要笛师，俞亲为拟《介绍陈延甫指导昆曲酬例》，广设拍期，鼓励学生习曲，如1935年10月陈为清华学生张宗和、李远义、黄席春、刁鸿翔等拍曲《阳关》等。同年11月21日谷音社主要成员在城内承华阁宴请曲家俞振飞，席间每人唱曲，由陈一人司笛，其中为俞伴奏《乔醋》（太师引）。在日常曲集时，陈亦曾为搭配某角色，如1935年9月28日俞寓秋荔亭曲会，《问病》一曲由张宗和（饰潘必正）、俞平伯（饰老道姑）、陈延甫（饰进安）和许宝驯（饰陈妙常）合唱。陈亦经常为城内各曲社的集唱活动撖笛伴奏，如言咏社、潜卢曲社、珠萦社等。"

有了陈延甫的加盟，"秋荔亭"内雅音不绝。俞平伯对昆曲更是情有独钟，萌发了集社的想法。1934年仲夏，一个月明风轻的夜晚，在水木清华的工字厅水轩，俞平伯牵头，举行了第一次公开的曲集，到场的除了清华园的昆曲爱好者，还有京城其他曲友，大家轮流表演，直至深夜仍不愿散去。就是在这时候，俞平伯开始酝酿曲社。到了第二年正月，还是在水木清华的工字厅，俞平伯再一次召集曲会，亲自演唱了《紫钗记》《单刀会》和《玉簪记》中的曲子各一折，引起现场阵阵热烈掌声。这一次，俞平伯正式确定，把曲社定名为"谷音社"，取"空谷传声，其音不绝"之意，希望昆曲这门艺术发扬光大。但是，好事多磨，已经确定好的"谷音社"直到1935年3月17日，才在清华园俞平伯寓所正式召开成立会。俞平伯亲自撰写了《谷音社社约引言》和《周期细则》，并被推为社长。在社约引言里，他说："夫音歌感人，迹在微眇。涵咏风雅，陶写性情。虽迹近俳优，犹贤于博弈，不为无益，宁遣此有涯。然达者观其领会，则亦进修之一助也。故诗以兴矣，礼以立矣，终曰成于乐；德可据也，仁可依也，又曰游于世；一唱而三欢，岂不可深长思乎。或以为盖有雅郑之殊，古今之别焉。不知器有古今，而声无所谓古今也，乐有雅郑，而兴感群怨之迹不必书异也。磨调作于明之中世，当时虽曰新歌，此日则成古调矣。其宫商管色之配合，虽稍稍凌杂，得非先代之遗声乎。其出字毕韵之试题严，固犹唐宋之旧也。夫以数百年之传，不能永于一旦，虽曰时会使然，亦后起者之责耳。同人爰有谷音社之结集，发议于甲戌之夏，成立于乙亥之春。譬诸空谷传声，虚堂习听，寂寥甚矣，而闻跫然之足音，得无开颜而一笑乎。于是朋簪遂合，针芥焉投，同气相求，苔岑不异。声无哀乐，未必中年，韵有于喁，何分前后；发豪情于宫徵，飞逸兴于管弦。爰标社约，以告同侪。"俞平伯充分发挥了自己的写作特长，历述了歌、诗、曲、乐在陶冶人们性情和操守方面的作用和功绩，简明扼要地概括了昆曲的发展史，明确了谷音社成立的目的和意义，即"涵咏风雅，陶写性情"，"发豪情于宫徵，飞逸兴于管弦"。这篇"引言"用词非常漂亮，是一篇难得的美赋。文中的这些约定，已经明确了自己的职责，就是要承担拯救昆曲的责任。

朱自清先是在俞平伯的影响下，后又在夫人陈竹隐的熏陶下，也会常常被邀请参加清华园的曲会，有时也陪夫人一起参加。如1932年12月10日晚上，和陈竹隐一起参加了清华园曲会，观看了昆曲《三醉》《思凡》《小宴》《骂曹》等，陈竹隐也有登台表演。1933年3月19日，还专门去看望了陈竹隐的曲学老师溥侗，晚上观看了北平艺专的音乐会。1933年5月5日下午，和陈竹隐一起，参加昆曲演唱会，同时参加的，还有俞平伯夫妇和浦江清、许宝驹等。这年的6月3日，朱自清进城时，看望了溥侗、黄节、刘文典等先生。10月8日，朱自清在庆林春宴客，请溥侗、赵万里等人。10月15日，朱自清日记云："下午至四明戏院听高腔戏，《思凡》与昆曲似不同，《夜巡》《相梁刺梁》均佳……"朱自清已经很懂戏了。1934年2月18日，朱自清专程赴北平图书馆，观看戏曲音乐展览会。3月11日下午，进城观看国剧（京剧）展览会。3月16日，听齐如山在清华做"昆曲"的讲演。在不长的时间里，连续观看或听讲关于京剧和昆曲的展览或演讲，也可以看出朱自清对于拍曲已经有了一定的兴趣，并且想多做些了解，提高自己的欣赏水平。那么，朱自清有没有清唱过或登台演出过呢？从现有资料看，没有。可能是朱自清生性拘谨，他不愿意在这种场合展现自己的弱项，或还完全没有入门，也或仅仅是入门而已。但，清华园有拍曲，他还会偶有参与，1935年9月28日，朱自清出席清华大学举行的谷音社昆曲演唱会，俞平伯夫妇等参加了这次演唱会。1936年11月3日晚上，朱自清赴俞平伯家，应邀陪宴。这次家庭聚餐也可看成是谷音社的一场小型活动，席间，俞平伯准备邀请杨荫浏、郭绍虞加入谷音社。那天在座的还有谷音社成员冯友兰、汪健君、浦江清、陈延甫等人。

# 参加诵读会

朱自清参加读诗会，不辞辛苦地从清华园进城，积极参与进去，发表意见，应该与朱光潜有关，或者说，就是响应朱光潜的提倡才参加这种沙龙式的学术聚会的，并且在读诗会上读诗、读散文、听讲座。

早在 1933 年 10 月 8 日早上，朱光潜从欧洲回国不久，朱自清就专程去看望了这位白马湖畔春晖中学时期的老友。本月 15 日中午，朱自清请客聚饮，在座宾客很多，都是著名教授和学者，他们中有杨振声、郑振铎、梁宗岱、徐中舒、李健吾、叶石荪等，其中也有神采奕奕的朱光潜。

早在回国之前，朱光潜就由他当年的高师同班好友徐中舒介绍给北京大学文学院院长胡适，委聘北大西语系教授了。朱光潜甫一回国，便到北大就任，除讲授西方名著选读和文学批评史外，还在北大中文系和清华大学中文系研究班兼课。朱自清和这位昔日的同事，又开始频繁地接触，共同参加各种活动，感情也进一步得到了加深。1934 年 4 月 5 日，林语堂主编的《人世间》在上海创刊，朱自清和朱光潜与当时许多文学界名家一起，共 48 人同时被列为该刊的"特约撰稿人"。1934 年 5 月 22 日晚，朱自清参加了由朱光潜组织的一场朗诵会，朱自清朗诵了《卡尔佛里》和《给亡妇》两篇。朱光潜在《记朱佩弦先生》中说："当时朋友们都觉得语体文必须读得上口，而且读起来一要能表情，二要能悦耳。以往我们中国人在这方面太不讲究，现在要想语体文走上正轨，我们就不能不在这方面讲究，所以大家定期聚会，专门练习朗诵，有时趁便讨论一般文学问题。佩弦先生对于这件事最起劲。语文本是他的兴趣中心，他随时对于一个字的用法或一句话的讲法都潜心玩索，参加过朗诵会的朋友们都还记得，他对于语体文不但写得好，而且也读得好。"

朱自清是主张白话文的，即朱光潜所说的"语体文"。1934 年 8 月 13 日，朱自清在致叶圣陶的信中说："近来文白之争，弟觉无甚意义。随便举一二例即立全称之论，殊为可笑。至大众语，恐非实验不行。"到这年的 11 月 12 日，朱自清写作杂论《文言白话杂论》，反对"白话是美术文，文言却是应用文"的说法。12 月 7 日，朱自清还把这篇文章当作演讲稿，在北京大学女子文理学院做了一次精彩的演讲。后来，朱自清在《语文杂谈》里，更有形象的比喻："古文有点像台步，平常走路，若是掺杂着些台步，岂不蹩扭？目下应用的文言并不是古文，而是一种'常体'（此名系我杜撰），便是书信、公牍、札记等等的文体；只求朴实记事说理，不作姿态。"所以，朱光潜对于朱自清乐于参加用语体文朗诵的各种朗诵会，是持欣赏的态度的。

还有一件事，也可看成朱自清和朱光潜二人交谊的深厚，1934 年 6 月 3 日中午，朱自清应北京大学校长蒋梦麟在北大丰泽园的邀宴，他没有赶着饭点去，而是早早就到了北大，先去看望了朱光潜。到了 6 月 17 日再访朱光潜等人，并商量下学期他在清华大学中文系研究生班的课。

1935 年 1 月 20 日，朱自清专程来到朱光潜家，参加由朱光潜组织的"读诗与文学"讨论会，在座的还有李健吾等。几个月后，即 1935 年 6 月 6 日，朱自清在《语文杂谈》里写道："与采用口语体连着的，便是诵读。听说张仲述先生前回在南大电台广播，诵读徐志摩先生的诗，成绩很好。清华那边也有过两回诵读会。北大教授朱光潜先生也组织了一个诵读会，每月一回。诵读是很有意义的事。有几点可以注意。第一是轻重音的分别，如'的''啦'等都是轻音，应该轻读。这是一个意思。又如读诗，一行里有几个重音（若作者意识到这个，如闻一多先生'满地是白杏儿红樱桃'有三个重音），读时也得注意。这是另一个意思。第二是表情。第三是声调。读旧诗文有差不多一定的腔调，但白话诗文当另找读法。也许将来会找出个标准读法，现在许多人却相信一篇该有一篇的声调。大致语体还好办些；不近口语的却很难。盼望大家多试验。曾听朱湘先生念过他自己的一首诗，是采用戏台上的艺术白；这个方法或者还可以试试。"

沈从文也参加过几次读书会，在《谈朗诵诗（一点历史的回溯）》一文里，也回忆了这段经历："北平地方又有了一群新诗人和几个好事者，产生了一个读诗会。这个集会在北平后门慈慧殿三号朱光潜家中按时举行，参加的人实在不少，北大有梁宗岱、冯至、孙大雨、罗念生、周作人、叶公超、废名、卞之琳、何其芳诸先生，清华有朱自清、俞平伯、王了一、李健吾、林庚、曹葆华诸先生。此外尚有林徽因女士、周熙良先生等。这些人或曾在读诗会上做过有关于诗的谈话，或者曾把新诗、旧诗、外国诗当众诵过、读过、说过、哼过。大家兴致所集中的一件事，就是新诗在诵读上，究竟有无成功可能？新诗在诵读上已经得到多少成功？新诗究竟能否诵读？差不多集所有北方新诗作者和关心者于一处，这个集会可以说是极难得的。这个集会虽名为'读诗会'，我们到末了却发现在诵读上最成功的倒是散文。徐志摩、朱佩弦和老舍先生的散文。——当时长于填词唱曲的俞平伯先生，最明中国语体文字性能的朱自清先生，善法文诗的梁宗岱、李健吾先生，习德文诗的冯至先生，对英文诗富有研究的叶公超、孙大雨、罗念生、周煦良、朱光潜、林徽因诸先生，都轮流读过些诗。朱周二先生且用安徽腔吟诵过几回新诗旧诗，俞先生还用浙江土腔，林徽因女士还用福建土腔同样读过一些诗。"

在朱光潜家的这种文人雅聚，大教授们用各地方言朗诵诗文，倒是个有趣的事，如果朱自清能用扬州方言也朗诵一些新诗旧诗或中外散文，必定也会丰富聚会的气氛。此后，朱自清到朱光潜家参加读书会，只要有时间，必去无疑。1935年2月16日，朱自清赴朱光潜家参加读诗会，在座的有孙大雨、林庚、周培源、唐文鑫等。1935年4月25日，朱自清赴朱光潜家参加读诗会，听顾颉刚做"吴歌"讲演。顾颉刚说："到朱光潜家，为诵诗会讲吴歌。同会者有朱光潜、周作人、朱自清、沈从文、林徽因、李素英、徐芳、卞之琳等。"（顾潮《顾颉刚年谱》）1935年11月10日，朱自清进城，继续参加在朱光潜家举办的读诗会，并做"1927年前诗坛运动"的讲演。1936年4月25日，赴朱光潜宅，再听顾颉刚讲"吴歌"。

朱自清和朱光潜除了在读诗会上常常合作外，在其他场合也都能发出同一种声音，比如1937年春天，朱光潜在筹办《文学杂志》的时候，他们再一次密切合作，朱自清还被列为编委。朱光潜在《作者自传》中说："编委会之中，有杨振声、沈从文、周作人、俞平伯、朱自清、林徽因等人和我。他们看到我初出茅庐，不大为人注目或容易成为靶子，就推我当主编。……《文学杂志》尽管是京派刊物，发表的稿子并不限于京派，有不同程度左派色彩的作家如朱自清、闻一多、冯至、李广田、何其芳、卞之琳等人，也经常出现在文学杂志上。"

朱自清和朱光潜的交谊，在抗日战争爆发的那一年里，暂时中断了，同时中断的，还有那一时期在知识界和学术界有一定影响的"读诗与文学"的聚会。

# 悼匡互生

1933年5月12日，朱自清饱含着悲哀的心情，写了篇追忆散文《哀互生》。

互生，即匡互生。他是湖南邵阳东乡人，生于1891年，幼年在本乡读书。1910年到长沙入省立邵阳中学读书。1915年考入北京高等师范学校，专攻天文学。1919年初将同言社改组为工学会，并出版《工学》杂志。当年的5月4日，他是五四运动的积极参与者。是年夏，匡互生毕业于北京高师，回湖南长沙楚怡小学任教。1920年应聘于湖南省立第一师范学校，任教务主任。1922年到上海中国公学任教。1924年受聘于浙江上虞春晖中学任训育主任，提倡教育改革。朱自清就是在这时候和匡互生成为同事的。当时的白马湖畔春晖中学正是群贤会聚、欣欣向荣的时期，有朱自清、夏丏尊、丰子恺、朱光潜、刘薰宇、匡互生等一大批精英，他们之间的相处更是其乐融融，也经常聚餐、旅行、畅谈，还办了一份《春晖》报纸，朱自清就在《春晖》上发表过几篇文章。离开白马湖以后，朱自清还一直记得那个地方，在多篇诗文中都提到了白马湖和春晖中学，如散文《白采》《儿女》《你我〈自序〉》《看花》《山野掇拾》《春晖的一月》《吴稚晖先生文存》《蒙自杂记》等。在旧诗《中秋》的自序里等，还专门写有同名的一诗一文。在《白马湖》一文中，朱自清对白马湖有一段描写："白马湖并非圆圆的或方方的一个湖，如你所想到的，这是曲曲折折大大小小许多湖的总名。湖水清极了，如你所能想到的，一点儿不含糊，像镜子。沿铁路的水，再没有比这里清的，这是公论。遇到旱年的夏季，别处湖里都长了草，这里却还是一清如故。白马湖最大的，也是最好的一个，便是我们住过的屋的门前那一个。那个湖不算小，但湖口让两面的山包抄住了。外面只见微微的碧波而已，想不到有那么大的一片。湖的尽里头，有一个三四十户人家的村落，叫做西徐岙，因为姓徐的多。这村落与外面本是不相通的，村里人要出来得撑船。后来春晖中学在湖边造了房子，这才造了两座玲珑的小木桥，筑起一道煤屑路，直通到驿亭车站。那是窄窄的一条人行路，蜿蜒曲折的，路上虽常不见人，走起来却不见寂寞。——尤其在微雨的春天，一个初到的来客，他左顾右盼，是只有觉得热闹的。"在写到春晖中学时，朱自清写道："春晖中学在湖的最胜处，我们住过的屋也相去不远，是半西式。湖光山色从门里从墙头进来，到我们窗前、桌上。我们几家接连着……白马湖最好的时候是黄昏。湖上的山笼着一层青色的薄雾，在水里映着参差的模糊的影子。水光微微地暗淡，像是一面古铜镜。轻风吹来，有一两缕波纹，但随即平静了。天上偶见几只归鸟，我们看着它们越飞越远，直到不见为止。这个时候便是我们喝酒的时候。我们说话很少；上了灯话才多些，但大家都已微有醉意，是该回家的时候了。若有月光也许还得徘徊一会；若是黑夜，便在暗里摸索醉着回去。"一首五言诗《白马湖》，更是写出了朱自清对白马湖故人的思念。朱自清是在 1933 年 3 月里接到刘薰宇的信，才知道白马湖时期的老朋友匡互生生病了，这实在是让他吃惊的消息。朱自清在《哀互生》里说："而且是没有希望的病，医生说只好等日子了。四月底在《时事新报》上见到立达学会的通告，想不到这么快互生就殁了！后来听说他病中的光景，那实在太惨；为他想，早点去，少吃些苦头，也未尝不好的。但丢下立达这个学校，这班朋友，这班学生，他一定不甘心，不瞑目！"

朱自清所说的"立达这个学校"，是在春晖中学闹了学潮后，匡互生到了上海，与夏丏尊、丰子恺等春晖中学的旧人一起创办了立达中学。拿主意和跑腿的，都是匡互生一个人。朱自清当时也很犹豫，思想斗争很久，因为家累较重，没有随朋友们去上海，而是在春晖中学又坚持了一个学期。

1925 年秋，匡互生又在江湾租地建舍，改名为立达学园，增办高中，并设农艺科和艺术专修科。朱自清在春晖中学和到清华教书后，因家还在春晖中学，每次去上海时，都会去江湾看望老朋友，并和老朋友一起吃饭喝酒，有时候还住在立达学园。1932 年 8 月初，朱自清从欧洲回到国内，刚到上海，就和陈竹隐一起去拜访了匡互生。朱自清和陈竹隐的结婚宴会上，在众多的老朋友里，也有匡互生。匡互生在文学上没有什么成就，在办学上还是很有办法的，另外他的为人、做事，也是一副老大哥的做派。立达学园在他的操办下，也是欣欣向荣、蒸蒸日上，在学园开辟了农场，学生从事养鸡、养蜂和园艺等方面的学习，并进行生产劳动教育。后来学园添设农村教育科，培养县、区、乡各级行政人员；培养乡校校长、教员和从事推广农业合作、民众教育运动的人员等。1930 年 8 月，农村教育科迁至南翔柴塘，购地 20 余亩，建立立达分园，并设立附属小学。

为了团结人才，共建立达，匡互生还成立了立达学会，叶圣陶、胡愈之、周予同、陈之佛、刘大白、夏衍等都是学会会员。

正当学园办得兴旺之时，一·二八淞沪抗战爆发，江湾、南翔两地校舍先后毁于战火。匡互生不顾身患肠癌，忙于复校，因此未能及时医治。终于于1933年4月22日在上海病逝，仅仅42岁。朱自清在《哀互生》的文章中，高度赞扬了匡互生的品格和工作的态度："互生最叫我们纪念的是他做人的态度。他本来是一副铜筋铁骨，黑皮肤衬着那一套大布之衣，看去像个乡下人。他什么苦都吃得，从不晓得享用，也像乡下人。他心里那一团火，也像乡下人。那一团火是热，是力，是光。他不爱多说话，但常常微笑；那微笑是自然的，温暖的。在他看，人是可以互相爱着的，除了一些成见已深，不愿打开窗户说亮话的。他对这些人却有些憎恶，不肯假借一点颜色。世界上只有能憎的人才能爱；爱憎没有定见，只是毫无作为的角色。互生觉得青年成见还少，希望最多；所以愿意将自己的生命一滴不剩而献给他们，让爱的宗教在他们中间发荣滋长，让他们都走向新世界去。互生不好发议论，只埋着头干干干，是儒家的真正精神。我和他并没有深谈过，但从他的行事看来，相信我是认识他的。"又说："互生办事的专心，少有人及得他。他办立达便饮食坐卧只惦着立达，再不想别的。立达好像他的情人，他的独子。他性情本有些狷介，但为了立达，也常去看一班大人先生，更常去看那些有钱可借的老板之类。他东补西凑地为立达筹款子，还要跑北京，跑南京。有一回他本可以留学去，但丢不下立达，到底没有去。他将生命献给立达，立达也便是他的生命。他办立达这么多年，并没有让多少人知道他个人的名字；他早忘记了自己。现在他那样壮健的身子到底为立达牺牲了。他殉了自己的理想，是有意义的。只是这理想刚在萌芽；我们都该想想，立达怎样才可不死呢？立达不死，互生其实也便不死了。"朱自清对于失去这样一位老朋友感到非常痛惜，在得知匡互生去世的 20 天后，终于写出了这篇深情的悼念文字。

# 支持《文艺副刊》

　　朱自清和天津《大公报》副刊的关系，在《〈清华园日记〉里的朱自清》一章里已经说得较详细了——1929 年，朱自清就成为《大公报》副刊之一《文学副刊》的作者。后来吴宓赴欧洲后，《文学副刊》的风格和以前大致一样。朱自清继续在《文学副刊》上发表作品，1933 年 1 月 23 日，在《文学副刊》第 264 期发表书评《茅盾的近作》，评论了茅盾的两部中篇小说《三人行》和《路》。本年 5 月 14 日，写作书评《三秋草》，发表在 5 月 22 日出版的《文学副刊》第 281 期上。《三秋草》为卞之琳所著的新诗集，朱自清从艺术角度，对诗集做了简约而精到的分析和评价。本年 6 月 21 日作书评《春蚕》，发表在本年 7 月 3 日出版的《文学副刊》第 287 期上。该文着重分析了作者笔下所写的当时农村生活的现状。本年 7 月 29 日、30 日两天，作评论《中国诗词曲之轻重律》《谈美》《行云流水》，三篇文章对三本书做了简单而中肯的评价。朱自清为《大公报》的《文学副刊》所创作的稿件，大都为书评书介类。

就在朱自清热情地给《大公报》写稿期间，有朋友对朱自清的文章提出不同的看法，1933 年 8 月 2 日晚上，叶石荪来访，朱自清在当天的日记里写道：叶石荪"劝勿为《大公报》作稿，此等稿几于人人能作，又雨公未必愿我等为其作稿。余以为然。嗣思作书评本为素志之一，颇冀以此自见，且《大公报》销数好，故此事余殊未能决也"。这里的"雨公"即吴雨僧（吴宓号雨僧）。

1933 年 8 月 15 日，朱自清应杨振声的邀请，参加一场有意义的茶会，商量在《大公报》开辟《文艺副刊》。本月 27 日晚，朱自清赴东兴楼参加郑振铎的邀宴，有可能也谈到《大公报》副刊的事。31 日中午，朱自清应杨振声、沈从文邀宴，再次商量在《大公报》开辟《文艺副刊》的事，在座的还有郑振铎，另有林徽因等人。朱自清此前一直供稿的《大公报》副刊叫《文学副刊》，现在要另出一个《文艺副刊》，一字之别，差别在哪里呢？从后来《大公报》作者阵容和发表的作品看，《文学副刊》的供稿者，还是当年吴宓组建的老班底，内容以学术为主，朱自清的关于现代文学书评的专栏已经算是一种新模式了。而《文艺副刊》是以沈从文等一帮原创文学的作家为

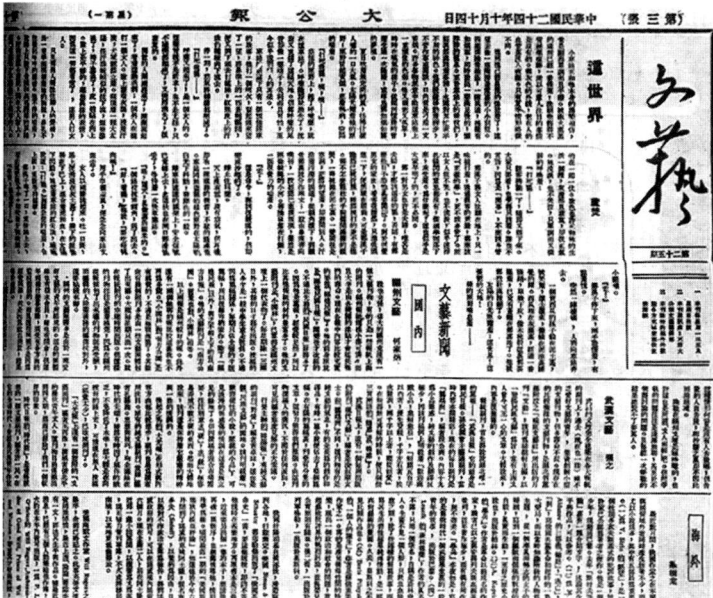

《大公报》的《文艺副刊》

主，主编也是沈从文。但是朱自清在 1933 年 5 月 4 日《大公报》的《文学副刊》上发表的依旧是书评，且是两则，即《这时代》和《解放者》，前者是王统照的诗集，后者为许地山的短篇小说集。本月 5 月 9 日，朱自清赴中山公园水榭，参加沈从文和张兆和的婚礼，见到许多文学界的老朋友。而几天后的 9 月 15 日晚上非常值得一记，朱自清第一次见到了巴金——这是郑振铎组织的一场晚宴，在座的还有冰心、林庚等，是商量出版《文学季刊》的事。朱自清在当天的日记中说："晚振铎宴客，为季刊，晤李巴金，殊年轻，不似其特写。冰心亦在座，瘦极。"当时的巴金28岁，文学创作正处于蒸蒸日上的态势。1933年10月1日，朱自清日记云："赴《文副》聚会。"10月6日，朱自清应沈从文之约，创作散文《谈抽烟》。10月10日，朱自清日记云："容告我今甫拟改《谈抽烟》中'爬'字为'消逝'，从文为余辩护，'消逝'二字似不如'爬'字为好。"隔天，即10月11日出版的《大公报》的《文艺副刊》上，发表了朱自清的《谈抽烟》。沈从文没有约朱自清惯常的对于新文学书籍评价的稿件，而是另约题材，我猜测，就是想把《文艺副刊》和《文学副刊》有一个区别。该文和以前发表在《大公报》上的文章确实不同，有了趣味性。但这种议论式的小品文，显然不是朱自清擅长的（也许也不是沈从文想要的，因为幽默和趣味还不够彻底）。朱自清在《你我》一书的自序中曾说到这篇："《谈抽烟》下笔最艰难，八百字花了两个下午。"本年11月4日，朱自清写作了论文《中国文评流别述略》，发表在11月11日《大公报》的《文艺副刊》上。这篇文章，又回到朱自清习惯的创作思路上了。该文从"比兴""教化""兴趣""渊源""体性""字句"等六个方面，概述了中国文评的六大类型，且叙述沉稳，文字表述精当。本年11月26日，朱自清赴丰泽园，应《大公报》的《文艺副刊》的邀请，参加宴会，在座的有周作人、杨振声、沈从文、俞平伯、李健吾、巴金、郑振铎，还有梁思成和林徽因夫妇。身在上海的巴金连续出现在《文艺副刊》的聚会当中，这是怎么回事呢？

巴金这一阵在北京，住在沈从文家里。沈从文和巴金于1932年在青岛有过一段难忘的友谊，沈从文当时在青岛的山东大学教书，可以住宿舍，就把他在青岛市区的房子让给巴金住，巴金在那里住了一周，写作了短篇小说《爱》等作品。沈从文于1933年8月离开青岛，参加杨振声组织的中小学教科书的编写工作，来到了北京。也是在杨振声的推荐下，接编了《大公报》的《文艺副刊》。巴金是应沈从文的邀请，来到沈家小住的。巴金在回忆沈从文的文章《怀念从文》中，回忆了初到婚后不久的沈从文家的情况："我坐人力车去府右街达子营，门牌号码记不起来了，总之顺利地到了沈家，我只提了一个藤包，两三本书和一些小东西，从文带笑地紧紧握着我的手，说：'你来了。'"巴金在沈从文家住下后，即开始文学创作，短篇小说《雷》就是这时写出来的，后来又写了《雨》等作品，还在沈从文《大公报》的《文艺副刊》上发表短篇小说《别》。所以，这段时间，在《大公报》或正在筹办的《文学季刊》的活动中，朱自清和巴金有过几次见面。

1933年12月16日晚上，朱自清赴忠信堂，参加《大公报》的《文艺副刊》举行的宴会。在座的有周作人、杨振声、沈从文、俞平伯、郑振铎等人。这次没有巴金。但到了1944年1月21日，在丰泽园一个类似的聚餐会上，在座的规格更高，当时在北平的新文学界重要力量几乎全部到场，除朱自清外，还有胡适、周作人、闻一多、梁思成、杨振声、俞平伯、叶公超、余上沅、巴金等，而巴金能来，一定还是沈从文的关系。本月28日，朱自清写作书评《读〈心病〉》，《心病》是李健吾的长篇小说。该文着重评价了《心病》的意识流手法和所刻画的人物的性格等特征。

朱自清忙于学校的教学并时有时无地给《大公报》写稿时，1934年初，由郑振铎、章靳以主编的《文学季刊》创刊了，朱自清和郭绍虞、俞平伯、吴晗、李长之、林庚等人被列为编委。李长之在《杂忆佩弦先生》一文中说："见面最多的时候，是在郑西谛先生在北平，大家共同编《文学季刊》的一段。这时期虽然不太长，可是因为每一星期（多半是星期六的晚上）大家都要在郑先生家里聚谈，并且吃晚饭，所以起码每一星期总会有一个充分的时间会晤的。因为朱先生的公正拘谨，我们现在也不大记起他什么开玩笑的话，同时别人也不大和他开玩笑。只记得他向郑先生总全名全姓地喊着'郑振铎'，脸上发着天真的笑意的光芒，让我们感觉他是在友情里年轻了。"能如此随意地叫郑振铎，主要是他们十几年前就在上海认识了，大家都因为文学而走到一起，所建立的，是在文学基础上的纯真的友谊。李长之接着写道："那时郑先生住在燕京，从燕京到清华是有一段路的。每当我们夜深归来，往往踏着月光，冲破了犬吠，在谈笑声里，越过了不好走的小路，快乐地分手。"

但是，就在《大公报》的《文艺副刊》和《文学季刊》诸位同人共同参与这两份报刊的撰稿时，他们的内部出现了分歧。1934 年 3 月 25 日下午，朱自清赴谭篆卿家，赴《文艺副刊》的邀宴，在座的有郭有守等人。下午遇到郑振铎时，郑振铎告诉朱自清《文学季刊》编辑部内部的矛盾。也是在这一时期，巴金离开了沈从文家，回到了上海。巴金的离开，和《文学季刊》内部的矛盾有无关系呢？在回忆这一段生活时，巴金在《与李辉谈沈从文》一文中可见一斑。文中说到沈从文常和巴金辩论，巴金说："辩论的最厉害的一次是关于我的小说《沉落》，他认为我对周作人的态度不对，很不满意。"沈从文主要是认为巴金小说里的主人公就是以周作人为原型。周作人也是沈从文所编《文艺副刊》的作者，沈从文常在巴金面前用尊敬的口气谈到他。但是，当时巴金对周作人的印象并不算好，巴金曾经表达过，他并不担心周作人的文章，而是周作人的生活和行为。所以和沈从文的观点不合。那么和巴金持同样观点的人还有没有呢？也许这不过是郑振铎所说的他们之间"内部的矛盾"的一点点端倪而已。文人之间的"那点事"，总是说不清楚的。但无论如何，巴金是离开沈从文家了，不再时不时地和朱自清他们一起参加《大公报》的《文艺副刊》和《文学季刊》的聚会了。而朱自清继续和《大公报》的《文艺副刊》发生着联系。

1934年5月27日晨，朱自清和陈竹隐一起进城，赴团城观看了西北文物展览。晚上赴《文艺副刊》的邀宴，在座的依然有周作人，另外还有沈从文、杨振声、李健吾、余上沅等作家。本年6月24日，朱自清赴《文艺副刊》邀宴，商讨在《大公报》上开设《艺术周刊》副刊的事，在座有周作人等作家。本年7月22日，朱自清赴怀仁堂，应沈从文的邀宴。本年8月8日，朱自清在《大公报》的《文艺副刊》上发表散文《论说话的多少》。本年9月22日中午，朱自清赴丰泽园参加《大公报》的《文艺副刊》的邀宴，在座除朱自清、沈从文外，还有周作人、杨振声、郑振铎、俞平伯、闻一多、梁实秋、余上沅等。本年12月14日，沈从文来找朱自清，谈杨振声邀请朱自清共同编辑《中学生国文教科书》的事。这时候，沈从文不再编《大公报》的《文艺副刊》了，后来改由萧乾接编。朱自清和沈从文关于《大公报》的这一段合作，才算告一段落。

# 游潭柘寺、戒坛寺

　　1934年3月31日，朱自清和夫人陈竹隐一起，率中文系学生一行，同游北京郊区的潭柘寺。朱自清在当天的日记里说："与中国文学系同学游潭柘寺，竹亦同往。门头沟至山麓皆运煤路，路多干河底，石子甚多，极难行，上山后雇一驴，风大极，驴几欲吹倒，后因路险，下驴步行，山虽不易走，却有山意，谓丘壑也。至潭柘，在竹林中野餐，竹甚高而密，与大悲庵绝不同，亦有竹意。餐后随喜文殿，觉高下参差，甚为曲折，寺大而静，延清阁寓客最佳之处，惜尚尘封耳（可望寺外远景）。山门外二松盘虬，颇佳。晚餐前至姚少师堂，餐时饮酒猜拳。餐毕步月至龙王庙，山高月小，四望森然。夜中冷极。"第二天，又由潭柘寺赴戒坛寺旅游。朱自清在日记中说："早至西观音洞。早饭毕，付寺僧二十五元，又小费四元（共二十五人）。骑牲口至戒坛，余骑骡，骡背宽，胜于驴也。戒坛之松以卧龙及九龙二株为最奇。戒坛坛顶雕饰极精，胜于潭柘。登千佛阁，并不能见浑河。此处可游之处较少，惟寺僧颇殷勤耳。餐后上观音洞，洞黑暗不见光，持火把入，约半里许，中有海眼、石龟等。惜未至其尽处，不见所谓上天梯者，遗帽于洞上庙内。给戒坛十二元，又小费二元。由戒坛骑骡至长辛店，累不可言，脑涔涔然。归车天黑，不见景物，芦沟桥尚略可见耳。"

在这次旅游之后，朱自清创作了一篇散文《潭柘寺　戒坛寺》。

关于这两座名寺，朱自清在文章开头有一段有趣的铺垫，他是先从一本《北平指南》里看到潭柘寺一幅铜图的，图又小又模糊，并没有引起他的兴趣。但此后不断地听到有人说起这两座寺庙，勾起了他游览的兴味。勾起他兴味的，还有一层缘由，就是"潭柘寺"的名字。朱自清在《潭柘寺　戒坛寺》一文中说："不懂不是？就是不懂的妙。躲懒的人念成'潭拓寺'，那更莫名其妙了。这怕是中国文法的花样；要是来个欧化，说是'潭和柘的寺'，那就用不着咬嚼或吟味了。""柘"字容易念成别字，我也遇到过。我家乡有一个村，叫柘塘，柘塘有名，是因为这里出土了一块几吨重的大水晶，号称"中国水晶大王"，至今还存放在北京地质博物馆里。不少人就念成是"拓塘"村。朱自清决定游览这两座寺庙时，还纠结采用什么交通工具，是轿子，还是驴子。驴子朱自清是骑过的，去八大处，去阳台山大觉寺，都骑过驴子，但是，毕竟到潭柘寺有七八十里地，真要是骑上驴子，朱自清"知道驴子与我都受不了"，最后居然决定步行。这一段路如何呢？朱自清写道："像是河床，怎么也挑不出没有石子的地方，脚底下老是绊来绊去的，教人心烦。又没有树木，甚至于没有一根草。这一带原有煤窑，拉煤的大车往来不绝，尘土里饱和着煤屑。变成黯淡的深灰色，教人看了透不出气来。走一点钟光景。"更为有趣的是，本来想逞能走去的，这时候倒是怀念起驴子来了，"幸而山上下来一头驴，如获至宝似地雇下，骑上去。这一天东风特别大。平常骑驴就不稳，风一大真是祸不单行。山上东西都有路，很窄，下面是斜坡；本来从西边走，驴夫看风势太猛，将驴拉上东路。就这么着，有一回还几乎让风将驴吹倒；若走西边，没有准儿会驴我同归哪。想起从前人画风雪骑驴图，极是雅事；大概那不是上潭柘寺去的。驴背上照例该有些诗意，但是我，下有驴子，上有帽子眼镜，都要照管；又有迎风下泪的毛病，常要掏手巾擦干。当其时真恨不得生出第三只手来才好。"在这种险道上，最后是驴子也骑不得了，只好下来陪驴子一起走，驴夫还调侃说："咳，这不过给您做个伴儿！"好不容易到了潭柘寺，风景又如何呢？朱自清有一段详细的描写：

正殿屋角上两座琉璃瓦的鸱吻，在台阶下看，值得徘徊一下。神话说殿基本是青龙潭，一夕风雨，顿成平地，涌出两鸱吻。只可惜现在的两座太新鲜，与神话的朦胧幽秘的境界不相称。但是还值得看，为的是大得好，在太阳里嫩黄得好，闪亮得好；那拴着的四条黄铜链子也映衬得好。寺里殿很多，层层折折高上去，走起来已经不平凡，每殿大小又不一样，塑像摆设也各出心裁。看完了，还觉得无穷无尽似的。正殿下延清阁是待客的地方，远处群山像屏障似的。屋子结构甚巧，穿来穿去，不知有多少间，好像一所大宅子。可惜尘封不扫，我们住不着。话说回来，这种屋子原也不是预备给我们这么多人挤着住的。寺门前一道深沟，上有石桥；那时没有水，若是现在去，倚在桥上听潺潺的水声，倒也可以忘我忘世。过桥四株马尾松，枝枝覆盖，叶叶交通，另成一个境界。西边小山上有个古观音洞。洞无可看，但上去时在山坡上看潭柘的侧面，宛如仇十洲的《仙山楼阁图》；往下看是陡峭的沟岸，越显得深深无极，潭柘简直有海上蓬莱的意味了。寺以泉水著名，到处有石槽引水长流，倒也涓涓可爱。只是流觞亭雅得那样俗，在石地上楞刻着蚯蚓般的槽；那样流觞，怕只有孩子们愿意干。现在兰亭的"流觞曲水"也和这儿的一鼻孔出气，不过规模大些。晚上因为带的铺盖薄，冻得睁着眼，却听了一夜的泉声；心里想要不冻着，这泉声够多清雅啊！寺里并无一个老道，但那几个和尚，满身铜臭，满眼势利，教人老不能忘记，倒也麻烦的。

我也曾去过潭柘寺，时间是在2008年深秋，是坐大巴车去的，一路上，还想着朱自清的这篇文章，对于潭柘寺的期望也不高，大不了也如朱自清文章里所描述的那样。但是，当大巴车在山间路上盘旋而行时，看到车窗外的山体还是有些绿意的，一闪而过的山涧也有宏伟之势。到了停车场，也要走一截路，碎石板铺成的台阶式路道。现在能回忆起来的，是一个小院子里有一棵上千年的银杏树，当时的银杏叶已呈黄色，像上了一层蜡一样地好看。另外记得在寺门口买了一篮红色的软柿子。这柿子的品种好，我们叫"大盖柿子"，扁形，皮薄，半透明状。卖柿子的山民告之是山上的野柿子，鲜甜，不贵，两块钱一个。平摆在篮子里，也就十来个。我要把一篮子都买下来——我并不是一定要买这么多红柿子，我是看好了那个篮子。篮子是用山上的野生蜡树条编织而成的，几乎没有工艺，粗枝大叶中，却有一种自然、粗犷的别样之美，如果放在宾馆房间里（我们当时要在北京的邮电招待所住一个月），也是一种好看的摆件。最后谈好的价格当然是多花了两三个柿子钱了。我们那次没有去戒坛寺，而是原路返回。

朱自清一行是去了戒坛寺的——第二天清晨，他们每人雇了一头牲口，开始向戒坛寺进发，队伍"颇有浩浩荡荡之势"。朱自清骑了一匹骡子。朱自清说："这是第一回，高高兴兴骑上去。这一路要翻罗喉岭。只是土山，可是道儿窄，又曲折；虽不高，老那么凸凸凹凹的。许多处只容得一匹牲口过去。平心说，是险点儿。想起古来用兵，从间道袭敌人，许也是这种光景吧。"戒坛寺的风景如何呢？朱自清写道：

　　　　戒坛在半山上，山门是向东的。一进去就觉得平旷；南面只有一道低低的砖栏，下边是一片平原，平原尽处才是山，与众山屏蔽的潭柘气象便不同。进二门，更觉得空阔疏朗，仰看正殿前的平台，仿佛汪洋千顷。这平台东西很长，是戒坛最胜处，眼界最宽，教人想起"振衣千仞冈"的诗句。三株名松都在这里。"卧龙松"与"抱塔松"同是偃仆的姿势，身躯奇伟，鳞甲苍然，有飞动之意。"九龙松"老干槎桠，如张牙舞爪一般。若在月光底下，森森然的松影当更有可看。此地最宜低徊流连，不是匆匆一览所可领略。潭柘以层折胜，戒坛以开朗胜；但潭柘似乎更幽静些。戒坛的和尚，春风满面，却远胜于潭柘的；我们之中颇有悔不该住潭柘的。戒坛后山上也有个观音洞。洞宽大而深，大家点了火把嚷嚷闹闹地下去；半里光景的洞满是油烟，满是声音。洞里有石虎，石龟，上天梯，海眼等等，无非是凑凑人的热闹而已。

这次游览，给朱自清留下的印象较深，之前他游览过大钟寺、大觉寺，此后又游览过八大处、太庙等地方，都没有写作散文，这次潭柘寺、戒坛寺之游，不仅是写了文章，最末那一句也很是出彩："还是骑骡子。回到长辛店的时候，两条腿几乎不是我的了。"

# 选编《中国新文学大系·诗集》

1935 年 6 月 30 日，朱自清开始《中国新文学大系·诗集》选编的准备工作。朱自清在当天的日记里说："读完鲁的《论中国诗》，其论诗的艺术效果与诗作诸章甚好，颇成功。第四章论诗人之创作与其对人生态度之关系，亦颇成功。手上湿疹很烦人。开始编《新诗选集》，但觉头脑不爽。"

《中国新文学大系·诗集》的选编人选，开始并不是朱自清，而是中国新诗运动的先驱者之一郭沫若。主持这一庞大工程的上海良友图书出版公司总编赵家璧在《编辑忆旧》里说："经我和伯奇几次商谈，决定请郭老担任诗集编选，他是五四时代的第一个最有贡献的人。于是请伯奇去信日本，很快得到了满意的答复，仅说，身在异域，所需材料全无，这方面要良友负责供应。……由于审查会的坚决反对，诗集的选编者不得不另请他人。经过我们几个人的商谈，特别是请教了茅盾和郑振铎，改请在北平清华大学的朱自清担任。当时我和朱自清还未建立友谊，我在1935年6月间才在北平和他初次见面的。他和郑振铎都在北平执教，这件事，我又函请郑振铎代邀，幸而得到了这位诗人的应允，我立即去信道谢，并送去了约稿合同。"

　　能选编《中国新文学大系·诗集》，朱自清也深知任务艰巨，责任重大，一开始都没有想到如此重要的工作会轮到他来做，在《选诗杂记》里还发了通感慨："这回《新文学大系》的诗选，会轮到我，实在出乎意外。从前虽然也写过一些诗，民十五《诗镌》出来后，早就洗了手了。郑振铎兄大约因为我曾教过文学研究的功课吧，却让赵家璧先生非将这件事放在我手里不可；甚至说找个人多多帮些忙也成。我想帮忙更是缠夹，还是硬着头皮自己动起手来试试看。本来想春假里弄出些眉目的，可是春假真是一眨眼就过去了；直挨到暑假，两只手又来了个'化学烧'，动不得，耽误了十多天。真正起手在七月半；八月十三日全稿成，经过约一个月。"这就是赵家璧在《编辑忆旧》里所说的"6月间才在北平和他初次见面"的经过。

　　赵家璧是1935年6月6日从上海来到北平组稿的，到达的当天，郑振铎就在家设宴，为他接风。被郑振铎请来作陪的就有朱自清，另外还有章靳以。6月8日，朱自清再赴郑振铎的家宴。赵家璧在《和靳以在一起的日子》里有记载："晚六时，振铎在家设宴，把我介绍给几位从未见面的北方作家，有俞平伯、萧乾、毕树棠、王熙珍、高滔等，朱自清和靳以也在座。"

1936年，朱自清（前排左）与友人合影

赵家璧把朱自清和靳以另列，是因为6日已经在郑振铎家见过。
6月11日中午，朱自清又亲自在家设宴，宴请陈铨和赵家璧，
陪同的还有张荫麟、闻一多、顾毓琇、俞平伯、浦江清、毕树
棠。朱自清这次请客，主要是和赵家璧商谈拟由他自己主编的
刊物的出版发行事宜。此前的6月8日，朱自清曾和立达书局
的经理谈过，没有谈妥。这次请客，赵家璧在《和靳以在一起
的日子》里也有记载："午前坐洋车到朱自清家，他在家设宴，
作陪者均为清华教授作家……宴毕，由毕树棠引导参观清华图
书馆。参观毕，由毕陪同去陈铨家进冷饮，朱自清、俞平伯、

浦江清均已在座。"

朱自清在《选诗杂记》里所说的"化学烧",是指他的手患了湿疹,并于 1935 年 7 月 5 日至 10 日入住协和医院进行了治疗。病愈刚一出院,五子朱思俞又出生了,陈竹隐在月子里,他也要忙一阵子。所以直到 7 月 22 日,才抽暇进城,到周作人家,就选编《中国新文学大系·诗集》来拜访周作人,并从周作人处借得新诗多种。8 月 11 日,花费三天工夫写完了《〈中国新文学大系〉诗集导言》,朱自清在《选诗杂记》里说:"这回选诗,采取编年办法……略感困难的是各家集中不但不一定编年排列,并且有全不记年月的。这里颇用了些工夫作小小的考证;也许小题大做,我却只是行其心之所安吧(罢)了。《大系》各集例有导言,我先写的是诗话。为的是自己对于诗学判断力还不足,多引些别人,也许妥当些。写导言的时候,怕空话多,不敢放手,只写了五千来字就打住,但要说的已尽于此,并无遗憾。"而"导言"则全面考察了新文学运动最初十年新诗发生和发展的足迹,以及涌现出来的诗人及其主要作品,指出:"若要强立名目,这十年来的诗坛就不妨分为三派:自由诗派,格律诗派,象征诗派。"如前所述,8 月 13 日这天,《中国新文学大系·诗集》编选完毕,计选诗人五十九家,四百零八首诗。其中,选编了自己的诗十二首,分别是《不足之感》《黑暗》《除夜》《灯光》《独自》《匆匆》《仅存的》《小舱中的现代》《毁灭》《香》《别后》《赠 A.S.》。

1935 年 9 月 5 日，在《中国新文学大系·诗集》交稿后，意犹未尽，又写作《选诗杂记》一篇寄给出版社。该文回顾了自己和新诗的关系和对新诗的看法："民国十年和叶圣陶同在杭州教书。有一晚，谈起新诗之盛，觉得该有人出来选汰一下，印一本诗选，作一般年轻创作家的榜样。我们理想的人，是周启明先生。那时新诗已有两种选本，一是《新诗选》，一是《分类白话诗选》（一名《新诗五百首》），但我们都不知道。这回选诗，承赵家璧先生觅寄，方才得见。这两种选本，大约只是杂凑而成，说不上'选'字；难怪当时没人提及。十一年八月，北社的《新诗年选》出版，就像样得多了。书中专选民八的诗；每篇注明出处，并时有评语按语。按语只署'编者'，评语却有粟如、溟冷、愚庵三个名字。据胡适之先生评《草儿》文，愚庵当是康白情先生（文中引康先生评他的诗'自具一种有以异乎人的美'，即《年选》里愚庵评语）。"开场白之后，朱自清才就选诗的过程、方法和标准，做了详细的说明。1935 年 10 月 15 日，《中国新文学大系·诗集》由上海良友图书出版公司出版，除朱自清写作的"序言"外，还附有他写作的《编选凡例》《编选用诗集及期刊目录》《选诗杂记》和《诗话》。

附带多说点。朱自清选编别人的诗，他的其他作品也被别的选家所选——在 1935 年 5 月 15 日由茅盾选编、出版的《中国新文学大系·小说一集》里收有朱自清的两篇小说《笑的历史》和《别》。在这年 8 月 30 日由郁达夫选编、出版的《中国新文学大系·散文二集》里，收有朱自清的散文八篇，分别是《桨声灯影里的秦淮河》、《温州的踪迹》（一、二）、《〈背影〉自序》、《背影》、《荷塘月色》、《一封信》、《海行杂记》。郁达夫在《选编导言》中说："朱自清虽则是一个诗人，可是他的散文，仍能够满贮着那一种诗意，文学研究会的散文作家中，除冰心女士外，文字之美，要算他了。以江北人的坚忍的头脑，能写出江南风景似的秀丽的文章来者，大约是因为他在浙江各地住久了的缘故。"

此外，由上海光明书局出版、阿英选编的《现代十六家小品》里，也收有朱自清的文章五篇，分别是《论现代中国的小品散文》《桨声灯影里的秦淮河》《白种人——上帝的骄子！》《执政府大屠杀记》《儿女》。

# 从松堂到树村

　　1935 年 5 月 7 日，朱自清在日记中说："为周刊写一篇关于松堂的短文。"这便是那篇《松堂游记》，文章开头就说："去年夏天，我们和 S 君夫妇在松堂住了三日。难得这三日的闲，我们约好了什么事不管，只玩儿，也带了两本书，却只是预备闲得真没办法时消消遣的。"

　　这里的"S 君"，就是叶石荪。

　　叶石荪比朱自清大 5 岁，生于 1893 年，他考上北京大学要比朱自清晚，成为上下级的同学。叶石荪在《悼佩弦》一文中说："他与我同是新潮社底社员，因此彼此都知道。我只在听胡适之先生或梁漱溟先生的课时，在人丛中偶尔看到他。亿是一个矮小的人。白白的一张脸。一个很高广的前额，浓眉。在浓眉之下，透过眼镜，我们可以看见一双难以形容的眼睛……一个不大不小，正直的鼻子，两片薄薄的嘴唇。他的举止安详，态度从容，说话缓慢。声音带一点扬州腔调。"这是所有回忆朱自清的文章中，对青年朱自清的容貌描写较详细的一篇。

叶石荪到清华大学任教比朱自清晚，是1930年留法回来后被聘为教授的。从此，两位北大时期的老同学便在清华园里相遇并成为同事了。这次同游松堂，在朱自清的日记中也有记录，1934年6月30日日记云："昨夜大雨，颇怅怅，因定今日往历山松堂也，幸早间放晴……石荪夫妇同来。石荪谓少年时兴致好，来必携棍游山，今不能矣，余以为然。"时隔近一年以后，朱自清写作此文时，大约是查阅了自己的日记的，文中有相近的描写："出发的前夜，忽然雷雨大作。枕上颇为怅怅，难道天公这么不作美吗！第二天清早，一看却是个大晴天。上了车，一路树木带着宿雨，绿得发亮，地下只有一些水塘，没有一点尘土，行人也不多。又静，又干净。"带着这样的好心情，躲过恶犬的狂吼，穿过两道小门，来到了松堂。松堂的景色如何呢？文中有这样的描写：

　　……一眼先是亭亭直上，又刚健又婀娜的白皮松。白皮松不算奇，多得好，你挤着我我挤着你也不算奇，疏得好，要像住宅的院子里，四角上各来上一棵，疏不是？谁爱看？这儿就是院子大得好，就是四方八面都来得好。中

1935 年，朱自清（左二）、陈竹隐（左六）与冯友兰（左三）、叶石荪夫妇等在清华园合影

间便是松堂，原是一座石亭子改造的，这座亭子高大轩敞，对得起那四围的松树，大理石柱，大理石栏杆，都还好好的，白，滑，冷。白皮松没有多少影子，堂中明窗净几，坐下来清清楚楚觉得自己真太小，在这样高的屋顶下。树影子少，可不热，廊下端详那些松树灵秀的姿态，洁白的皮肤，隐隐的一丝儿凉意便袭上心头。

堂后一座假山，石头并不好，堆叠得还不算傻瓜。里头藏着个小洞，有神龛，石桌，石凳之类。可是外边看，不仔细看不出。得费点心去发现。假山上满可以爬过去，不顶容易，也不顶难。后山有座无梁殿，红墙，各色琉璃砖瓦，屋脊上三个瓶子，太阳里古艳照人。殿在半山，岿然独立，有俯视八极气象。天坛的无梁殿太小，南京灵谷寺的太黯淡，又都在平地上。山上还残留着些旧碉堡，是乾隆打金川时在西山练健锐云梯营用的，在阴雨天或斜阳中看最有味。又有座白玉石牌坊，和碧云寺塔院前那一座一般，不知怎样，前年春天倒下了，看着怪不好过的。

可惜我们来的还不是时候，晚饭后在廊下黑暗里等月亮，月亮老不上，我们什么都谈，又赌背诗词，有时也沉默一会儿。黑暗也有黑暗的好处，松树的长影子阴森森的有点像鬼物拿土。但是这么看的话，松堂的院子还差得远，白皮松也太秀气，我想起郭沫若君《夜步十里松原》那首诗，那才够阴森森的味儿——而且得独自一个人。好了，月亮上来了，却又让云遮去了一半，老远的躲在树缝里，像个乡下姑娘，羞答答的。从前人说："千呼万唤始出来，犹抱琵琶半遮面。"真有点儿！云越来越厚，由他罢，懒得去管了。可是想，若是一个秋夜，刮点西风也好。虽不是真松树，但那奔腾澎湃的"涛"声也该得听吧。

西风自然是不会来的。临睡时，我们在堂中点上了两三支洋蜡。怯怯的焰子让大屋顶压着，喘不出气来。我们隔着烛光彼此相看，也像蒙着一层烟雾。外面是连天漫地一片黑，海似的。只有远近几声犬吠，教我们知道还在人间世里。

这是一篇很从容的散文，是一篇纯粹的游记小品，对松堂采用白描的手法，进行一番大致的概括，白皮松，石亭子，亭子的石柱、栏杆，还有假山、无梁殿，红墙，各色琉璃砖瓦和周遭的环境，都通过朱自清简练的笔触呈现了出来。而夜晚的月光、云影、灯色，又是另外一番风姿。整篇文章，给人的感觉是作者、友人和所处的环境融为了一体，甚至连几声犬吠也具有人间的烟火气。

不久之后，即1935年10月，朱自清又写作了另一篇散文《欢喜老墓碑》。这篇散文也是回忆一年多前的一次游历，居然也和叶石荪有关。朱自清在 1934 年 2 月 25 日日记中云："下午与石荪、竹隐同至树村，访欢喜老墓碑……此游甚畅，但石荪心中有事，颇不能释耳。"在《欢喜老墓碑》一文中也说："直到去年夏末秋初，一个朋友为了一个什么人苦闷得走投无路；我们夫妇想起树村，便约他去走走，解闷儿。"这里的"夏末秋初"应该是朱自清记忆有误。而"苦闷得走投无路"的朋友就是叶石荪。因什么事而苦闷呢？朱自清日记也有记录，1933 年4 月 7 日日记云："下午访石荪，承详告其夫人将回国事。又述其伉俪平日生活经过。大抵石荪人甚诚笃，然太注意琐碎处，致其夫人觉处处受干涉，此殆因其从艰苦中来而然。余自问亦颇有此病，竹亦谓应当改之。石荪仍盼留其夫人，但难也。"日记中所述的叶石荪的夫人是法国人，后终因和叶石荪不合而回国了，朱自清 1933 年下半年日记中多有所记。到了 1934 年春，才有这次树村寻访欢喜老墓碑的游历。朱自清在文章开头就抄录了老墓碑原文：

　　欢喜老者，莫知其所从来，或云蓟州人。姓贾氏。山居岩处，人至其前，无贵贱老幼，恒嘻嘻说欢喜语不绝口，人人称为"欢喜老"，故名字莫得而知焉。居常好唱太平歌，歌多鄙俚；或涉儒墨，或涉黄老，语无伦次。人问之，益入于无稽，而莫知其所指。然味其辞，皆与父言慈，与子言孝，劝人安分为善以寻欢乐。故王公大人亦爱而近之。示之书，日不识字；不知果识与否也。素性淡泊，与之鲜衣美食，亦不甚却，余则以周贫乏。得果饵，间袖以啖小儿。所至村童牧竖皆相随歌舞以为乐，遇大寒大暑，不火不扇。拂逆窘穷，喜笑如常。盖尘世间之荣枯得丧，了不足以犯其灵台者，数十年如一日也。于康熙六十年岁次辛丑七月二十三日，无疾而终，寿九十有四岁。此老也，殆得春气之多者欤？或曰，人禀五行之气而生，不可偏胜；太喜毗于阳，有道者不若是。余曰，不然。庄子云，人上寿百岁，中寿八十，下寿六十。除病瘦死丧尤患，其中开口而笑者，四五日而已。而此老独能无日不笑。余又闻之抱朴子云，人主有道，国有善政，则四七从度，五星不逆，霜不秋繁，雪不冬泄，喜瑞并臻，灾厉寝灭。此则天喜。今此老生天喜之世，继"歌衢""击壤"之流，斯陶斯咏于化日之下者，将及百年，非有道者而能若是乎！今葬于树村大佛寺之后，建塔其上。恐其日久而渐泯也，乃刻石而揭之原。六十一年壬寅四月初二日，善庆主人记。

长长的碑文记述了一个笑口常开的老人欢喜的一生，朱自清和陈竹隐、叶石荪所访的就是这块墓碑。寻访的目的，一来朱自清也想看看这块碑及碑文，另外，就是暗示叶石荪不要愁闷，要像欢喜老寿星一样乐观地看待生活。那么朱自清是怎么知道有这块墓碑的呢？原来是同样喜欢散步的另一个同事叶公超发现的，他告诉朱自清，有这么一个树村，村里一块"欢喜老墓碑"很好。朱自清一行经过一番不算曲折的寻找，欢喜老墓碑还是找到了，原来"碑就在庙后面田里"。朱自清在文中说："碑身约高四五尺，座子约高三尺。额上雕着二龙戏珠，嵌着一个'寿'字，雕工粗糙得很。字近乎赵体，刻得很浅很随便。碑文有公安派气息；欢喜老是个游戏人间的人，他的墓碑也是游戏三昧——所谓文如其人，大约可以这么解吧。那时许多孩子围着；我们看碑，他们看我们。将花生送给他们吃，有的接，有的不接；一个十四五岁小姑娘还红了脸，我们那朋友说，她知道害羞呢。"

朱自清在看过墓碑后，又于1935年夏天，"教大儿和一个仆人同去抄那碑文。回来告诉，碑已经斜了；孩子们都问他们从那儿来，是谁让来的；说有一回这块碑几乎让人偷走了"。朱自清看了儿子抄回来的碑文有几个字不清楚，于1935年9月29日和陈竹隐一起又"去校了一回。碑果然斜了，但我疑心是土松了的缘故，未必真有这样雅贼"。

朱自清和叶石荪两次同游的经历，本是先去看欢喜老墓碑而后才去游松堂的，写作时间却反了过来，先写《松堂游记》而后写《欢喜老墓碑》，倒也是没有什么深意。这里可以补充的是，叶石荪在和法国夫人分手后，又和邓昭仪结婚，时间是在1934年6月20日，朱自清日记云："晚入城参与石荪婚礼，济济一堂有二百余人，晚归。"从这则日记看，《欢喜老墓碑》一文中所说叶石荪苦闷的时间是"去年夏末秋初"，就更不对了，因为去年的6月20日叶石荪就和新夫人举办婚礼了。

朱自清这两篇文章，在他的散文中并不特别重要，但因为都和叶石荪有关，就别有一番人情味了，也更能说明朱自清为人的厚道和笃诚了。

朱自清并不知道，树村这个不起眼的城中村，几十年以后，突然因为摇滚（流行）音乐而火了一阵子，成为中国的"纽约的东村"，来自全国各地的地下音乐人会聚在树村，各种流行歌手、乐队也进驻这里，让树村一时成为北京的一个时尚元素。我的长篇小说《像素》就是受其时尚元素的影响而创作的，并且为了更加真实地了解树村，也曾坐公交车，两次来树村游玩。

# 不安定的"黄金五年"

## 1

　　如果说，早先的江南五年是朱自清颠簸、奋斗的五年，也是他历经辛劳和磨砺并取得成功的五年，那么从欧洲回国的1932年夏天继续担任中文系代理主任开始（1933年9月正式就任），到1937年七七事变中国抗日战争的全面爆发，这五年里，从年龄上讲，正是他的"黄金岁月"（34—39岁），事业上也应该是朱自清的黄金五年——重新建立了家庭，有稳定的工作，可以安心研究学问了。但是，对于处在内忧外患形势下的朱自清，又如何能发挥自己的才干呢？虽然他很想在事业上更进一步，并且有了自己的计划，但终究让更多的事务占据了他的时间，加上国内外险恶的环境，也直接影响了他的心情。

在朱自清出国游学期间，中文系主任由刘文典代理。刘文典其貌不扬，却是鼎鼎大名的老派学者，当年跟蒋介石对骂、拍桌子，为此章太炎为他撰联，鲁迅也写文赞许。此人精通国学，还熟悉多国外语，学问高深，讲课也受欢迎。但对新文学却一直瞧不起。而当时的清华中文系，偏偏又有许多新文学作家，朱自清、俞平伯、闻一多等等都是一时俊彦。让刘文典代理中文系主任，一半是因为他的资历老——他跟陈独秀、陈寅恪是一个辈分的，另一半也是仰他的名。但是他终究不是主任的合适人选。所以尽管朱自清再三辞请（1932年8月21日，从国外刚回到上海，就致电辞职。9月3日回校，又找冯友兰，力辞代理中文系主任），学校方面就是不同意，朱自清只好就职。

## 2

朱自清主政的中文系，继续当年他和杨振声商定的办学思路，即"新旧接轨、中外融合"的大方向。

他本人开设的课中，有"古今诗选""歌谣""中国新文学研究"等。在欧洲游学中，他对英国歌谣的关注，再次触动了他的思维，在原先《歌谣发凡》的基础上，又补写了两章，即《歌谣的历史》和《歌谣的修辞》。而他讲的"中国新文学研究"就更受学生欢迎了。不仅本校的学生，在兼职的北师大，也很受推崇，每堂课都是坐满学生。当年听过朱自清这门课的张清常回忆说："他这个课安排在星期六下午。这个时间上课，在当时的'大学堂'里是很稀奇的。平时就常有人缺课，何况在星期六下午！……何况这课是选修，更是听凭自便。出人意料的是选课听讲的特别多，只好安排在礼堂上课。一个学年从头到尾都是座无虚席。这个号召力可真大！这是国文系一个系的选修课呀。"(《怀念佩弦老师》)

课上得好，主要是因为做事认真，肯付出更多的精力。多年后许多学生和同事都不能忘记清华图书馆楼下西侧一间小屋里勤奋工作的佩弦先生，那是他的研究室，也是系主任办公室。这间小屋的环境很好，若是夏秋季节，窗外的墙上爬满了郁郁葱葱的爬山虎，整个墙面都变成了绿色，有几片调皮的叶子，会冲着窗户探头探脑，偷窥主人的阅读或写作，抑或是对小屋里的架子上、地板上的书感兴趣。是的，朱自清除了睡觉、吃饭的时间，其他时间都在工作室里。陈竹隐回忆说：早上"喝一杯牛奶就到图书馆去。中午回家吃饭，饭后看报。图书馆一开门便又去了。吃罢晚饭，还要去图书馆，直到闭馆才回家。进家门便又摆上东西写，一直到 11 点休息"（《追忆朱自清》）。朱自清还像中学生一样给自己拟订读书计划，而且勉力执行。1932 年 10 月 25 日，他拟了一个每周工作、读书时间安排表：

每日读《诗经》，诵诗、词、曲、新诗（诗每周居四日）。
二、四、六上午准备功课。
一、三、五上午读专书。
一、三、五下午读专书、治事。
饭后读报及杂志。
晚作文及读小书。

# 3

有一段时间，他兼任图书馆馆长，操心的事更多了，从辞退不合格的馆员，到多次给校领导写信，要给馆员加薪。甚至，在他即将卸任图书馆代理馆长时，把一个不合格的馆员辞退了。他说不能把确实不能胜任工作的人留给继任馆长去辞退，我做好人而让继任馆长做恶人。朱自清这样认真严肃的工作作风，并没有因此而真的开罪什么人，事后大家都能心服口服。比如他的好友也是同事俞平伯，给朱自清写信，要求加薪。此事发生在1933年4月上旬，收到信的朱自清很为难，论个人交情，实在推脱不过，论俞平伯个人能力，俞平伯也是清华的名教授了，但综合各方面因素，也不是非加薪不可。朱自清考虑再三，于5月31日晚，拉上文学院院长冯友兰，一起去俞平伯家里，商谈加薪问题。具体内容不得而知，大概是听俞平伯再次陈述一次加薪的理由吧。几天后，即6月5日下午，朱自清再次到俞平伯家里，告知加薪不成。晚上又和冯友兰一起并把校长梅贻琦搬了出来，冒雨再次到俞平伯家，谈无法加薪的理由。俞平伯听后表示理解。还有一例，是发生在语言学家王力身上的。王力在《怀念朱自清先生》一文中披露，他当年从法国留学回来，受聘为清华大学中文系专任讲师（相当于副教授）。王力一开始只知道朱自清是个新文学作家，接触时间多了，才发觉朱自清不仅是文学家，还是一位"学术渊博，作风正派，同事们都尊重他，学生们都敬爱他"的学者。按清华的惯例和章程，专任讲师任职满两年，可升为教授。但是当王力任职两年期满后，新的聘书发下来时，还是专任讲师。王力不解，就去找朱自清，询问此事。朱自清只是"笑而不答"。王力深知朱自清的为人，觉得此事不是校方也不是朱自清的事，还得自己反思。王力反躬自问，想想两年来的教学工作，教的课是"普通语言学"和"中国音韵学",算是正常的科目。但又"不务正业"地利用大量课余时间翻译了《莫里哀全集》,和专业似有不符,而在语言学研究方面又并没有什么长进。在意识到自己的问题后,虽然未得晋升心中不快,但在公正的尺度面前,也只能接受。接下来王力认真研究汉语语法,写出了《中国文法学初探》的重要论文后,顺利地得以晋升。

朱自清认真负责,凡事都要考虑周全,请名教授兼课或演讲,比如请胡适到清华演讲,请钱玄同到清华兼课,都是亲力亲为。当然也会遇到一些阻力,比如 1932 年 11 月期间请鲁迅演讲不成的那次经历(参看本书《和鲁迅的交往》)。

4

朱自清尽管严厉、认真,但也不是刻板的书呆子。比如在大考问题上,他就有过通融,还代钱玄同受过。起因是这样的,清华教务部门有硬性规定,每次大考后,教师必须在规定日期内,把学生成绩送到教务部门,违者罚款扣薪。但钱玄同是他请来兼课的,课上得好,一上讲台就全神贯注、口若悬河,很吸引学生。但他不知道清华大学有此规定,所以就误了改卷时间。教务部门如果因此而扣除这位大学者大教授的讲课费，也说得过去。但朱自清不这么认为，不仅因为钱玄同是他的老师、北师大国文系主任，而且对于不知规定的大学者实在是一种不敬。为了解决此事，他只好代老师受过，还向老师道了歉。

但在原则问题上，朱自清却是寸步不让。比如在补考一事上，差点和学生闹翻，甚至发展到了全体教授辞职。原因是这样的，1935 年 12 月 9 日，北平各大中学校 1 万余人，为了抗议冀东汉奸政府和变相伪政权"冀察政务委员会"的设立，举行了声势浩大的爱国游行。游行中，学生冲破军警的皮鞭、棍棒、水龙和闪亮的刺刀的阻拦，涌上了大街。学生们高呼"打倒日本帝国主义""反对自治运动"等口号，提出"停止一切内战，共同对外"的要求。16 日爆发了更大规模的游行示威，共有 3 万多人走上街头，反对"冀察政务委员会"的成立。学生组成五路游行大队，高喊："反对华北自治，争取民族自由！"清华大学的学生也加入了游行的队伍，并且同军警们开始搏斗，由西便门冲入城内。朱自清和物理学家吴有训奉命赶到西便门劝阻学生返校。朱自清在当天的日记中写道："但当我们到了现场，他们正在捣毁火车站大门。我们认为在此情况下，我们最好缄默不语。"朱自清经历过几年前的三一八惨案，担心学生的安全，也随学生进了城。当他当天晚上听说学生有多人受伤时，深感"最近二次游行中，地方政府对爱国学生之手段，殊过残酷"。在这次示威游行中，朱自清情感上是偏向学生的。但作为中文系主任，游行结束后，该考试还得考试。

所以，在1936年2月19日新学期开学后的清华教授会临时会议上，赞成必须补上上学期期末因游行未能进行的大考。这个决议激怒了学生。朱自清在当天的日记中写道："学生们绕校内主要通道游行，并在科学楼三层我们会议室门口喊口号。教务长宣布教授会决定后，学生们企图拥进会议室。走廊里有一帮人。教授们受不了这种骚乱，我们决定立即辞职。在我们要退出时，学生们不放我们走。他们首先要求我们考虑撤回辞职，并将考试延期。他们说教授们与学生必须合作。我们未接受。一小时后，他们离去，我们得到了自由。晚上七名理事集会，通过一个声明，写了辞呈和供报纸登载的消息。"教授们还推选了辞职委员会，朱自清和冯友兰、俞平伯、萧公权、萧叔玉、潘光旦、张奚若为委员，张奚若为召集人。学生们看事情闹大了，也冷静下来进行认真思考。当20日教授们纷纷在《国立清华大学教授辞职宣言》上签字后，学生们同意举行补考，师生关系缓和。这也能看出来朱自清是一个多么坚持原则的人。因为在学生补考一事上，和钱玄同拖了改卷时间完全是不同性质的事。而且朱自清在补考事件中，又给校长梅贻琦写信，要辞去教授和图书馆代理主任职。当学生同意补考后，又收回了辞呈。

就在清华大学因为补考，师生之间闹了风波期间，发生了一件大事，北平军警到学校抓人来了。1936年2月29日早上和中午，都有大批军警进校，搜查学生宿舍，凡上了他们黑名单的学生都要抓，学生领袖蒋南翔、姚依林等三人被抓了起来。清华学生是有斗争传统的，大家奋起反抗，硬是从军警手中，把蒋、姚夺了回来。到了晚上，事态更为严重，驻北平的宋哲元二十九军数千士兵突然进入清华园，强行带走学生二十一人。韦毓梅、韦君宜、王作民等六个女生躲到了朱自清的家里，姚依林躲在冯友兰家，蒋南翔躲进了锅炉房。还有许多学生躲在体育馆，灭了灯，关紧门，不敢吭声。这次部队介入，虽然抓走不少人，但学运领袖都得以脱险，所以不久就把学生放了回来。几天后，躲在朱自清家的几个女生，又专门到朱家表示感谢。

从这件事情更可看出，朱自清在大是大非面前，有着自己坚定的立场和主张。因为一二·九运动反对的是日本帝国主义，是冀东的卖国政府。朱自清曾在《北平消息》里说，这回知识分子最为苦闷。他出席救国会主办的时事座谈会，了解学生对时局的态度和打算。他还积极在《平津文化界对时局的宣言》上签字，该宣言对国民党政府的软弱表示强烈的不满，说："去秋以来，情形更急，冀东叛变，津门倡乱，察北失陷，绥东危急，丰台撤兵，祸患联骈而至，未闻我政府抗议一辞，增援一卒，大惧全国领土，无在不可断送于日人一声威吓之中。"

# 5

在动荡不安的 1936 年，日本侵略者在中国土地上到处煽风点火，挑起战乱。11 月 3 日这天，更是有日本军人在北京游行示威。此流氓行径，激起了中国人的愤怒。中午，朱自清和清华全体师生集中在大礼堂前举行半旗礼，并宣誓："中华民国二十五年十一月三日，大批日军演习之余入北平市游行示威，此等非法军事行动，辱国丧权，忍无可忍。我清华全体师生，愿以致诚，促成全民族大团结，保护国土，维护主权。此誓。"得寸进尺的日本人看中了国民党政府的软弱无能，更是策动伪蒙军队，胆大妄为地进攻中国的绥远省。中国军队在绥远省政府主席傅作义的率领下，奋起迎战，取得了红格尔图战斗的胜利，并一举收复被伪蒙军占据的百灵庙。这次胜利，极大地鼓舞了全国军民，很多地方掀起了援助绥远抗战、慰问抗日将士的群众运动。11 月 18 日这天，朱自清被清华大学选为唯一的教职员代表，和学生代表、清华学生自治会主席王达仁一

1936 年，朱自清（左三）等清华师生赴绥慰问

起，携带教职员工会捐赠的 2000 元钱，会同燕京大学教职员代表梅贻宝和学生代表共五人，组成清华燕京师生代表赴绥慰问团，当晚动身，赴绥东前线，慰问抗日将士。

时光过去几十年之后，当我想起朱自清此举时，依然禁不住唏嘘，感佩朱自清人格的伟大和超乎寻常的勇气，那么大的清华园，那么多的教职员工，只派朱自清上前线慰问，要知道，这可是冒着生命危险的，而且还要和亲日派为敌，甚至慰问结束回来后，有可能被北平的日伪特务跟踪下毒手。但朱自清毫不畏惧，想的只是国家民族的危亡。这可不是唱唱高调的口头表演，是带款带人亲自上去了！而且在途中，确实看到从战场上运下来的伤员。

第二天上午，朱自清一行冒着风险，到达了绥远的归绥（呼和浩特）。朱自清在日记中写道："十二时许抵绥，将行李送至绥新旅社，及至饭馆用午饭，并邀请归绥中学霍世林校长至饭馆谈话。霍先生系本校研究院毕业同学。霍先生来时，梅先生及托其代约新闻记者及各校校长，于晚八时至旅社茶会。"午饭后，朱自清一行赴绥远省政府会晤省府秘书长，得知了此次战势。下午又接受了英国记者的采访。可见朱自清一行并没有因旅途劳累而休息，直接就开展了工作。这次慰问历时数天，不但到了前线，还到野战医院慰问伤员，到学校演讲，出席学生救国会会议等，一直到22日早上才回到清华园。

　　西安事变爆发，全国震惊，清华园同样震惊。朱自清在日记中云："此真一大不幸。"1936年12月15日清华大学发布了《清华大学教授会为张学良叛变事宣言》，并由朱自清、冯友兰、张奚若、吴有训、陈岱孙、萧公权、闻一多等七人组成通电委员会，朱自清担任召集人。宣言措辞严厉，称张学良是叛变，"假抗日这美名"，是"破坏统一""罪恶昭著"。16日，教授会临时会议议决致电太原阎锡山、绥远傅作义，鼓励克服西安事变影响，坚持抗战，朱自清又被推举为起草文稿人之一。对于朱自清等人的讨张"决议"，评论界曾有争议，有人甚至说朱自清"弄不清是非""站到错误的、反动的方面去"。通过几十年的沉淀，朱自清等清华教授们的所作所为，越来越被人们理解和接受。正如关坤英在《朱自清评传》里所说："大敌当前，谁也不愿意发生'兄弟阋墙'之事，'内讧'将使亲者痛、仇者快。这是一般人都容易想到的。张杨的目的是逼蒋抗日，但事态如继续沿着已成事实发展下去，那将难以设想会出现怎样的局面？不然为什么周恩来代表中共中央亲赴西安，将此事变'和平解决'呢？社会是一个复杂的多面体，朱自清等人当时只是生活在国统区的文化人，在急遽变化的政治风云中，他们不可能了解一切'详细情形'，他们从一般的道理认识议决某一问题，自认为有其合理性。他们不愿意国内出现分裂、内乱、纷争的局面，为抗击日本侵略者，中国内必须统一、安全和联合，或许这是他们考虑问题的出发点。"这样的论述是很有道理的。从这个角度来考量，朱自清等清华教授的目的，最终也是想确立统一的抗日联合体，为中华民族的独立、自由和富强贡献自己的一腔热血。

<h1 style="text-align:center">6</h1>

在如此动荡不安的局势中，朱自清度过了他人生中的黄金五年。虽然他内心时时感受着强烈的不安，仍难得地保持着知

识分子的自持和清醒，造就了他独特的人格和坚强的毅力，成为清华的中坚。在这五年中，虽然把主要精力用在学术研究上，但创作依然没有停下，还不断有新作品问世，比如写作了一本《欧游杂记》和一本《伦敦杂记》，并在《中学生》上不定期连载。还有书评《茅盾的近作》，散文《春》，杂论《赠言》，论文《与黄晦闻先生论清商曲书》，书评《伦敦竹枝词》，新诗《无题》（《初夏一片绿》）和《玉兰花》。这两首新诗值得一说，可以明显看出来，是受到他研究的歌谣的影响，或者就是"仿歌谣体"。这两首新诗并没有发表，而且是以日记形式记在日记里的，也没有标题。为了体现朱自清那一时期轻松愉快的心情，将《无题》照录如下：

初夏一片绿，

浩浩大海水，

粼粼起细波；

甜风亲波嘴，

嘴里慢声歌。


纤新照黄昏，

苗条杨柳叶；

孩子的掐痕，

村姑的笑靥。


画布上妖娇，
酒杯里烧刀；
老蒙古身上，
成年成月的脂膏。


　　朱自清在这一时期的创作，虽然不像在江南的五年和初到清华的几年那么频繁和量大，但实际上数量也不少，特别是很多书评，就创作于这一时期，仅茅盾的作品，他就写了好几篇书评，而《你我》里的一些散文，也大多写于这一时期，如《你我》《谈抽烟》《冬天》《择偶记》《潭柘寺　戒坛寺》《南京》等。还有未收集的散文如《说扬州》（本已经编入《你我》中，出版时被抽下）、《买书》、《五四琐记》、《欢喜老墓碑》、《初到清华记》、《十一月十一日》、《绥行记略》等。

# 暂别清华园

1937年7月7日，日本帝国主义在北平近郊宛平城制造了震惊中外的卢沟桥事变，引起全国各地军民的强烈反响。七七事变的第二天，中国共产党中央委员会就通电全国，呼吁："全中国的同胞们，平津危急！华北危急！中华民族危急！只有全民族实行抗战，才是我们的出路！"并且提出了"不让日本帝国主义占领中国寸土！""为保卫国土流最后一滴血！"的响亮口号。

在日本侵略军的步步进逼下，各种消息传来，清华园很不安静。1937年7月24日，朱自清出席校方的宣传会议，起草拒绝北平为不设防城市的建议的讲话稿。本月26日在致杨树达信中，朱自清继续对事变深感担忧。信中说："北方局面日来原稍缓和，近日又趋紧张，究竟如何，颇难逆睹。校长尚未回校，校方暂时尚不拟作任何计划，一切照常进行。两校招生，报考人不及去年之半数（不及三千）。此间间有人迁徙，但大多数尚安静。"杨树达是清华大学教授。卢沟桥事变发生以后，暂回老家长沙。此信是报告校方态势的。其实就在朱自清写此信的下午，日本侵略者向我守军第二十九军发出最后通牒，要求中国守军于28日前全部撤出平津地区，否则将采取行动。宋哲元严词拒绝，并于27日向全国发表自卫守土通电，坚决守土抗战。这天下午，朱自清和陈竹隐带着采芷、乔森和思俞匆匆进城，住进西单兴隆街21号张明英宅内。28日，北平沦陷。两年以后的1939年6月，身在昆明西南联大的朱自清感于北平沦陷的悲愤，根据记忆，创作了《北平沦陷那一天》，回忆了当时的经过和感受，启示自己永远不能忘却。全文如下：

　　二十六年七月二十七日的下午，风声很紧，我们从西郊搬到西单牌楼左近胡同里朋友的屋子里。朋友全家回南，只住着他的一位同乡和几个仆人。我们进了城，城门就关上了。街上有点儿乱，但是大体上还平静。听说敌人有哀的美敦书给我们北平的当局，限二十八日答复，实在就是叫咱们非投降不可。要不然，二十八日他们便要动手。我们那时虽然还猜不透当局的意思。但是看光景，背城一战是不可免的。

二十八日那一天，在床上便听见隆隆的声音。我们想，大概是轰炸西苑兵营了。赶紧起来，到胡同口买报去。胡同口正冲着西长安街。这儿有西城到东城的电车道，可是这当儿两头都不见电车的影子。只剩两条电车轨在闪闪的发光。街上洋车也少，行人也少。那么长一条街，显得空空的，静静的。胡同口，街两边走道儿上却站着不少闲人，东望望，西望望，都不作声，像等着什么消息似的。街中间站着一个警察，沉着脸不说话。有一个骑车的警察，扶着车和他咬了几句耳朵，又匆匆上车走了。

　　报上看出咱们是决定打了。我匆匆拿着报看着回到住的地方。隆隆的声音还在稀疏地响着。午饭匆匆地吃了。门口接二连三的叫"号外！号外！"买进来抢着看，起先说咱们抢回丰台，抢回天津老站了，后来说咱们抢回廊坊了，最后说咱们打进通州了。这一下午，屋里的电话铃也直响。有的朋友报告消息，有的朋友打听消息。报告的消息有的从地方政府里得来，有的从外交界得来，都和"号外"里说得差不多。我们眼睛忙着看号外，耳朵忙着听电话，可是忙得高兴极了。

　　六点钟的样子，忽然有一架飞机嗡嗡地出现在高空中。大家都到院子里仰起头看，想看看是不是咱们中央的。飞机绕着弯儿，随着弯儿，均匀地撒着一搭一搭的纸片儿，像个长尾巴似的。纸片儿马上散开了，纷纷扬扬的像蝴蝶儿乱飞。我们明白了，这是敌人打得不好，派飞机来撒传单冤人了。仆人们开门出去，在胡同里捡了两张进来，果然是的。满纸荒谬的劝降的话。我们略看一看，便撕掉扔了。

天黑了，白天里稀疏的隆隆的声音却密起来了。这时候屋里的电话铃也响得密起来了。大家在电话里猜着，是敌人在进攻西苑了，是敌人在进攻南苑了。这是炮声，一下一下响的是咱们的，两下两下响的是他们的。可是敌人怎么就能够打到西苑或南苑呢？谁都在闷葫芦里！一会儿警察挨家通知，叫塞严了窗户跟门儿什么的，还得准备些土，拌上尿跟葱，说是夜里敌人的飞机许来放毒气。我们不相信敌人敢在北平城里放毒气。但是仆人们照着警察吩咐的办了。我们焦急地等着电话里的好消息，直到十二点才睡。睡得不坏，模糊地凌乱地做着胜利的梦。

二十九日天刚亮，电话铃响了。一个朋友用确定的口气说，宋哲元、秦德纯昨儿夜里都走了！北平的局面变了！就算归了敌人了！他说昨儿的好消息也不是全没影儿，可是说得太热闹些。他说我们现在像从天顶上摔下来了，可是别灰心！瞧昨儿个大家那么焦急地盼望胜利的消息，那么热烈地接受胜利的消息，可见北平的人心是不死的。

只要人心不死，最后的胜利终究是咱们的！等着瞧罢，北平是不会平静下去的，总有那么一天，咱们会更热闹一下。那就是咱们得着决定的胜利的日子！这个日子不久就会到来的！我相信我的朋友的话句句都不错！

躲在朋友的宅子里，朱自清一家惶惶不安地过了两天，7月29日，朱自清接钱稻孙电话，得悉清华园目前已经十分危险，便和王化成等人一起，急访冯友兰，并到警察局请求帮助，又冒险雇汽车回清华园察看。本年8月5日，日军占领了清华园。朱自清和陈竹隐一起返回清华园收拾衣物。11日，将长子朱迈先托叶公超带回扬州老家。当天又访俞平伯，商讨下一步的行动。本月17日，迁居至东斜街新租的房子里。到了30日，再次迁居至黄米胡同，与孙国华同寓。本年9月13日，国立长沙临时大学筹备委员会举行第一次全体会议。自此，国立长沙临时大学开始运转，该大学由清华、北大、南开三所大学合组而成，临时大学的内部保留三校自身的建制，这也是为以后的复员做好准备。朱自清得到这一消息后，也是百感交集，大学还能办下去，师生又能团聚，是值得欣慰的，同时离开北平已成定局，又让他极其不甘。但家国沦陷，目前的方法无疑是最佳选择。本月17日，黄子卿来访，商量何时动身去湖南长沙临大。黄子卿是广东梅县人，1921年清华毕业后去美国留学，曾先后获得威斯康星大学、康奈尔大学、麻省理工学院学士、硕士、博士学位，回国后任清华大学化学系教授。两位清华同事商量的结果，应该是分头行动，这样目标小，便于安全，到达天津后再会合。

1937年9月22日这天，朱自清只身一人，启程赴天津。这天的朱自清日记云："车站检查行李甚严。中国警察之凶，令人悚然。抵天津，平安出站，住六国饭店。见友人甚多。"天津是南下中转站，许多南下的学者都在此中转，所以见到许多友人。陈竹隐在《追忆朱自清》一文中说："北平沦陷后，梅贻琦校长先带一部职员南下长沙，不久来电报叫佩弦也去，于是佩弦马上南下了。走的那天，他戴着一副眼镜，提了一个讲课用不起眼的旧皮包，加上他个子也不高，没有引起日本人的注意，总算躲过了日本人的搜查。"朱自清在天津待了两三天后，于25日自塘沽登船赴青岛。吴大猷在《回忆》里记述了这段经历："我们离津所乘的轮船，是在近海行驶的二千吨左右的小船。同舱房的有饶毓泰老师夫妇、清华大学化学系教授黄子卿、清华大学文学系教授朱自清。房间在船尾，船颠得很厉害，船舱内空气极为浑浊，即使经常在海上航行的人也要呕吐。独朱自清仍能每餐进几匙鱼肝油，真使人既敬佩又羡慕。"朱自清不晕船，这可能和他小时候生活在扬州有关，扬州临近大运河和长江，又遍布湖泊和河流，出门乘船是主要的交通工具，加上他在江南任教的五年间，长年乘各种船，所以练就了不晕船的本领。28日早上，才抵达青岛，宿新亚大旅社。于30日乘火车抵达济南，旋即换乘津浦线火车，半夜到达徐州。10月1日凌晨三时许，换乘陇海路火车赴陈桥，又换乘平汉路火车，于10月2日早上抵达汉口，宿扬子江旅馆。这一路下来，昼夜兼程，真是历经了辛苦。

稍事休息后，朱自清于10月2日赴武汉大学访老朋友陈源。陈源此时任武汉大学文学院院长。朱自清和陈源略做谈话，告知一路南行的目的，又去磨石街25号访另一位老朋友闻一多，少不了商谈清华大学中文系以后的形势。更为巧合的是，这天还巧遇了三弟朱国华，劫后相逢，百感交集。朱自清有诗记此事：

> 同生四兄弟，汝最与我亲。
>
> 念汝生不永，吾家方患贫。
>
> 弱冠执教鞭，三载含酸辛。
>
> 不耻恶衣食，锱铢黾朝昏。
>
> 辞家就闻学，读律期致身。
>
> 学成厕下僚，有志未得申。
>
> 兄弟天一方，劳苦仅相闻。
>
> 军兴过汉上，执手展殷勤。

相视杂悲喜，面目侵风尘。

小聚还复别，临歧久谆谆。

……


　　这首诗名曰"寄三弟叙永"，是朱自清 1945 年 5 月 27 日写的。朱自清在当天的日记中说："下午作《寄三弟》诗，至晚始成。"叙永是四川南部的一个县，朱自清从昆明至四川往返中，叙永是必经之地，常在这里停留。该诗就是在叙永写的。从诗中，能够读出这次武汉偶遇的心情。朱自清在武汉待了一宿两天后，于 1937 年 10 月 3 日晚上离开长沙，卧铺票也是朱国华代买的，在当天日记中，朱自清写道："晚乘武长线车，三弟代买卧铺票，甚感。"此后九年多，朱自清历经长沙临时大学到昆明西南联大的难舍历程。

# 下 篇

（1946—1948）

# 再回北平

1946年10月7日，当朱自清携全家飞抵北平上空时，从飞机上看到北平，朱自清心潮起伏，不能平静，虽有忧虑，还是喜悦的——自1937年9月22日于战火中逃离北平，一别九年多，历经各种生活，终于又回来了。在《回来杂记》里，朱自清说："去年刚一胜利，不用说是想回来的。可是这一年来的情形使我回来的心淡了，想象中的北平，物价像潮水一般涨，整个的北平也像在潮水里晃荡着。然而我终于回来了。飞机过北平城上时，那棋盘似的房屋，那点缀着的绿树，那紫禁城，那一片黄琉璃瓦，在晚秋的夕阳里，真美。在飞机上看北平市，我还是第一次。这一看使我连带地想起北平的多少老好处，我忘怀一切，重新爱起北平来了。"

因清华大学正在修缮房屋，朱自清一家暂时住在国会街北京大学四院。回来的第二天，草草安顿过后，即于1946年10月8日，他就匆匆出门，奔波一天，分别拜访了陈雪屏、周炳琳、郑天挺、杨振声、汤用彤、胡适、陈岱孙、梅贻琦、陈福田、沈从文、冯至、闻家驷、俞平伯等。这些人当中，有朋友，有领导，有抗日战争时期苦居北平的旧友，也有一起在西南联大共同战斗的同事。一天跑这么多路，看了这么多人，足以可见朱自清急于见到他们的心情。见领导和同事，可能是对即将开学的工作要做沟通和安排；见朋友是要叙友情；见苦居北平的俞平伯，更是诉说九年多的别离之痛。在见过陈福田后，还答应陈福田第二天的邀宴，于全聚德吃了一次烤鸭。这大约是朱自清离开北平之后，第一次吃到正宗的北平烤鸭了。

有往就有来，1946 年 10 月 12 日，李长之来看朱自清了。李长之曾在清华大学生物系读书，两年后转哲学系。1934 年后曾主编或创办《清华周刊》文艺栏、《文学评论》双月刊和《益世报》副刊，写诗，也写评论，1936 年出版《鲁迅批判》而产生影响，清华大学毕业后曾留校任教，后任教于云南大学、重庆中央大学等高校，1946 年 10 月，任北京师范大学副教授，并参与《时报》《世界日报》的编务工作。在得知朱自清回来后，特地来看朱自清。朱自清逝世以后，李长之曾写悼念文字《杂忆佩弦先生》，在回忆和朱自清的交往之后，也说到了这次见面："在他还没有搬出城的时候，我就去看他，那是国会街的临时招待所。我见了他，却又有些黯然了。他分外的憔悴，身体已经没有从前那么挺拔，眼睛见风就流泪，他随时用手巾拂拭着，发着红。我们没能谈什么文艺，他很关切地问到我的母亲、太太、小孩等。宛然是一个老人所关切的事了！"这天，送别李长之后，朱自清即赶赴俞平伯的邀宴，晚上又参加了陈岱孙的吃请。到本月 18 日，朱自清又分别拜访和接待了张清常、常风瑑、梅贻琦、赵万里夫妇等，和张清常谈语音教学的事，和梅贻琦再次商量清华大学中文系系务。18 日这天晚上，应《新生报》社长李诚毅等邀宴，谈在《新生报》开设《语言与文学》副刊的事，并答应为专栏写稿，以一周一话的形式，谈语言和文学方面的一个话题。

《新生报》的社址在东单西总部胡同 30 号，朱自清在和他们商谈了专栏内容和形式后，即于第二天（19 日）开始写作第一篇《周话》，实际上这篇《周话》，也是"代发刊词"。朱自清在文中先是回忆了十年前，北平清华大学中国文学会编的一种刊物，也叫《语言与文学》，准备出季刊，由中华书局代为发行的。没想到刚出了第一期，卢沟桥事变就发生了。那这现在的《语言与文学》和以前有什么区别呢？朱自清写道："从前的《语言与文学》以大学生为对象。这里的《语言与文学》，我们打算以大中学生和对中国语言和文学有兴趣的常人为对象。这固然因为日报上的周刊得顾到一般的读者，也因为我们愿意多做一点普及的工作。一国的语言和文学反映着民族的过去和现在，这是文化的一部分也是所谓社会的上层机构之一。这又是我们的自我的一部分，简单地说，这是'我们的'。一个人不能离开语言而生活，而文学是记录生活的语言；说语言和文学是'我们的'，就是说语言和文学是跟我们的生活分不开的。谁都愿意了解自我。按理说，该是谁都对自己的言语和文学发生兴趣，看看民间文艺的流行以及其中接字谐声等表现，这个理是有的。但是经过了学者和文人的手，语言和文学越来越复杂越精细了，这就跟一般人的生活脱了节。普及的工作就是要恢复一般人对于语言和文学的兴趣，让他们觉得这是生活的必需，如水与火似的。"朱自清接着说，《新生报》的这个副刊的名字，当年作为杂志名时，是译成"语史学和文学"。"按创刊那一期的材料看，可以说是'语史学和文学史'。这里的'语言与文学'讨论的大概也不出这个范围，但不以古代为限，而要延展到现代。讨论到古代的时候，也打算着重语言和文学在整个文化里的作用，在时代生活里的作用，而使古代跟现代活泼的连续起来，不那么远迢迢的，冷冰冰的。这是闻一多先生近年治学的态度，我们觉着值得发扬。一方面我们又打算在这里忽略精细的考证而着重解释与批评，这也可以使我们对古代感到亲切些。但是我们最亲切的自然是现代。现代语言和文学的发展、国语和方言、作品和译文等等，我们有机会都愿意讨论。而语文的教学，正是普及的工作，又正是我们的本行，我们自然也愿意参加意见。"从这些话中，《新生报》上的《语言与文学》副刊的宗旨和目的都说得很明白了。最后，朱自清又谦虚地说："我们才力薄，人手少，极欢迎各方面的朋友合作；这块小小的园地是公开的。"这篇"代发刊词"正式发表于1946年10月21日创刊的第1期《语言与文学》上，该副刊由朱自清任主编，余冠英正式任编辑。在此后短短的几年间，该副刊团结了一大批学术界中青年骨干，为北京学术界送来一股清风，同时也是一块重要的学术阵地。

刚回到北京不久的朱自清，还于本月19日这天晚上带着家人去西单转了转——毕竟孩子们还没有逛过北京城，西单又是商业区，得让孩子们开开眼界。但是这天却遇到了险情，在朱自清带着乔森先回家后，陈竹隐和两个孩子在返回时，差一点遭遇歹徒的抢劫。朱自清在本月28日写作的《回来杂记》中回忆了这一段惊险的经过："我太太有一晚九点来钟带着两个孩子走进宣武门里一个小胡同，刚进口不远，就听见一声：'站住！'向前一看，十步外站着一个人，正在从黑色的上装里掏什么，说时迟，那时快，顺着灯光一瞥，掏出来的乃是一把明晃晃的尖刀！我太太大声怪叫，赶紧转身向胡同口跑，孩子们也跟着怪叫，跟着跑。绊了石头，母子三个都摔倒；起来回头一看，那人也转了身向胡同里跑。这个人穿得似乎还不寒碜，白白的脸，年轻轻的。想来是刚走这个道儿，要不然，他该在胡同中间等着，等来人近身再喊'站住！'这也许真是到

1947 年，朱自清与家人在清华园北院旧居前留影（左起依次为朱
迈先、陈竹隐、朱蓉隽、朱自清、朱思俞、朱乔森）

了无可奈何才来走险的。近来报上常见路劫的记载，想来这种新手该不少罢。从前自然也有路劫，可没有听说这么多。北平是不一样了。"在这篇文章里，朱自清还讲述了许多和从前的北平不一样的北平的文化和学术："北平早就被称为'大学城'和'文化城'，这原是旧调重弹，不过似乎弹得更响了。学校消息多，也许还可以认为有点生意经；也许北平学生多，这么着报可以多销些？副刊多却决不是生意经，因为有些副刊的有些论文似乎只有一些大学教授和研究院学生能懂。这种论文原应该出现在专门杂志上，但目前出不起专门杂志，只好暂时委屈在日报的余幅上：这在编副刊的人是有理由的。在报馆方面，反正可以登载的材料不多，北平的广告又未必太多，多来它几个副刊，一面配合着这古城里看重读书人的传统，一面也可以镇静镇静这多少有点儿晃荡的北平市，自然也不错。学校消息多，似乎也有点儿配合着看重读书人的传统的意思。研究学术本来要悠闲，这古城里向来看重的读书人正是那悠闲的读书人。我也爱北平的学术空气，自己也只是一个悠闲的读书人，并且最近也主编了一个带学术性的副刊，不过还是觉得这么多的这么学术的副刊确是北平特有的闲味儿。"接着又借古董铺，来说和从前的不一样："从前买古董玩器送礼，可以巴结个一官半职的。现在据说懂得爱古董玩器的就太少了。礼还是得送，可是上了句古话，什么人爱钞，什么人都爱钞了。这一来倒是简单明了，不过不是老味道了。古董玩器的冷落还不足奇，更使我注意的是中山公园和北海等名胜的地方，也萧条起来了。我刚回来的时候，天气还不冷，有一天带着孩子们去逛北海。大礼拜的，漪澜堂的茶座上却只寥寥的几个人。听隔家茶座的伙计在向一位客人说没有点心卖，他说因为客人少，不敢预备。这些原是中等经济的人物常到的地方；他们少来，大概是手头不宽心头也不宽了吧。"

1946 年 10 月 22 日，朱自清一家正式搬回清华园，仍住在北院 16 号旧居里。回到北平，回到旧居，感觉必定是愉悦和快慰的，朱自清也做好了心理准备，在文学创作和学术研究上大干一场。在为《语言与文学》副刊接连创作数篇"周话"后，关于闻一多遗稿的整理工作也正式提上了议事日程。

# 《闻一多全集》

　　1946 年 11 月 29 日，朱自清主持了"纪念闻一多先生遗著委员会"第一次会议。该委员会成员还有雷海宗、潘光旦、吴晗、浦江清、余冠英等，朱自清被梅贻琦任命为召集人。这个召集人，可不是挂挂名，是实实在在干活的主力军，除了正常的教学、著文外，朱自清把大部分业余时间都投入闻一多遗稿的整理上。经过一段时间的整理、编订、查证，朱自清在 1947 年 1 月 15 日举行的"纪念闻一多先生遗著委员会"会议上，通过了他整理的《闻一多全集》的目录。又历时几个月，在各方面共同努力下，《闻一多全集》的校样打印出来了。

　　1947 年 4 月 9 日晚，在清华园，朱自清赴大礼堂，出席清华新诗社成立三周年纪念举办的"诗与歌"晚会，并做"闻一多先生与诗"讲演。演讲稿发表于本月 14 日《燕京新闻》第

13卷第21期上。又以"闻一多先生与新诗"为题载本月15日《清华周刊》第8期上。这篇演讲稿不长，全文照录如下：

今天是新诗社三周年的纪念日，闻一多先生又是新诗社的导师，所以我选择这个题目来讲。

闻先生是一位爱国诗人，二十年以前，他是"新月派"的诗人，但是在诗的意见上，闻先生并不完全和他们相同。当时徐志摩就不大赞成闻先生的爱国诗，觉得那是太狭义了。可是闻先生仍旧热诚地去创作这方面的新诗。我曾经说过，闻先生是当时新诗作家中唯一的爱国诗人，他活着的时候，对这批评，觉得很正确。

他的诗集《死水》中，有许多是爱国诗。《洗衣歌》是写华侨在美国洗衣并不是下贱的工作，而是要洗去污秽。这对华侨是很好的鼓励。从另一方面说，他很早就是一个写实的诗人，"新月派"为艺术而艺术，但闻先生不是。他虽然也歌颂恋爱，可是并不多。他描写死水的丑恶，使人明白之后，而能取消这丑恶，可见他对现实的关心比别人深。在人道主义的作品上，闻先生写得更为具体，如《荒村》序中，他记载的是对一大群人的苦难的同情，而不是对于一个人。

在闻先生遭杀害的前两年，对诗的看法就已经变了。

他对《红烛》非常不满，而且很懊悔，甚至不愿承认是他作的。那是带有唯美派写法的诗。但写《红烛》时，正当"五四"时代，脱离旧礼教束缚，而走向浪漫的发展；《死水》却是写在兵荒马乱时，所以写了丑恶、霉湿、阴暗，因为当时是那样的一个时代。他深切地感到那压迫，他要揭发出来，由那里得到新的生活。这与徐志摩的感觉不一样。

对中国传统的看法，他一向最赞美人民的诗人杜甫。因为杜甫这位作家最关心人民的痛苦，例如当时征兵的痛苦，并能在诗中表现出来。"朱门酒肉臭，路有冻死骨"，也是千古不朽的名句。这说明了他对人生的热爱和对统治者的反抗。他本想做宰相来拯救人民脱离痛苦，但是没有达到目的。闻先生是最推崇杜甫的，虽然也有人反对杜甫，说他不能超然，可见闻先生与杜甫的这种人生态度是一致的。

律诗从唐兴起，一向无人怀疑它是中国诗中的精粹诗体，可是闻先生开始怀疑了。他认为古诗是接近人民的，而律诗则发展得不健康。在"新月派"时期，他写诗固然也有格律，可是后来改变了，他的新诗多半揭发着丑恶。他在昆明讲诗与舞时说，诗和原始人、小孩、疯人是一样的，是一种力的表现。他最讨厌柔得没劲的诗，也不欢喜

"词"中的那种靡靡之音。他说力量的表现是在团体中，原始人举火把歌舞是一种力量。所以他要的是粗线条的诗。他提倡田间的诗，他说那像鼓声一样，不是弦乐，而是刺激的情调。

对诗的批评方面，他说新诗越写越纤细，使人们都不容易懂了，所以，应该作粗线条的诗。不管是诗也好，诉之大众的也好，不叫诗也好，总之，要以新的尺度去创造新诗，并从理论上把它建立起来。

闻先生很喜欢朗诵诗。在昆明西南联大，有一次他朗诵艾青的《大堰河》，这首诗是艾青早年的作品，是怀念一个奶妈的诗，写得并不顶好。可是由于闻先生那适于大庭广众的声调，却把作者原来没能表现出的意思都朗诵出来了。

卅一年，他写了八首诗，是写八位教授的，我见过一首，作风改变得很厉害，是自由的诗体。在他未死前，曾想把《楚辞》中的《九歌》现代化，写成歌舞剧体，把农民耕种的艰难苦痛写出来，预备要在"诗人节"写好。可是，他没能实现这个愿望，就被刺了。（这部遗稿正在运北平途中）

他的态度是一贯诉诸大众的，帮助大众进步的。他在"新月派"时代也曾宣言不愿忘记了大众。《静夜》一首诗里，他写出了家庭中的幸福和安适，但他说，他不能受幸福的贿赂，而忘记了苦难的一群。他始终愿意做一个人民的诗人。

1947年5月25日这天，朱自清率清华大学中文系十二位同人，集体校对闻一多的遗稿，朱自清还重新编排了《闻一多全集》的目录。朱自清在当天的日记中写道："一切均甚仓促，恐不能做得很好。但环境又需早日出版，实无他法。"第二天，在给叶圣陶的信中，则说："一多集正在赶编，只好一集一集交吴公转奉。因为弟实在忙，这编的事又得自己过目。最费时间的还是抄写、校对和搜寻文篇。但弟竭力赶办。两三周内，打算将大部分课馀时间用在这上头。"正如吴晗在《闻一多全集·跋》里所说："佩弦先生是一多十几年来的老友和同事，为了这部书，他花费了一年的时间，搜集遗文，编缀校正，遗稿由昆明北运时，有一部分遭了水渍，请人逐一揭开，请人抄写。他拟定了目录，选编了尽牍，发表了许多未刊的遗著……一句话，没有佩弦先生的劳力和主持，这集子是不可能编集的。"朱自清逝世以后，吴晗在《悼朱佩弦先生》中又说："我记得，这两年内，为了一篇文章，一句话，一封信，为了书名的题署，为了编纂人员的列名，以及一切细微末节，你总是写信来同我商量。只有我才能完全知道你对亡友著作所费的劳力、心血。"朱自清甚至还把闻一多的一篇口述的写作提纲，连缀成文发表。文末有朱自清的注："闻一多先生暑假前曾经口头向清华大学提出这个建议，但是一时还不能够施行。这篇文章不幸未能完成，可是纲要是完成了的。他的建议很值得大家讨论，所以我将原稿连缀成篇发表。"什么叫朋友，什么叫负责，从朱自清主编《闻一多全集》中，就可看出了。

1947 年 7 月 9 日，朱自清写作了《〈闻一多全集〉编后记》，发表于本月 20 日《大公报》副刊《星期文艺》第 41 期上。该文详细介绍了《闻一多全集》的缘起和编辑过程。本年 7 月 20 日，朱自清出席闻一多被害一周年纪念会。会后与张奚若、吴晗、潘光旦、余冠英、许维遹、李广田、闻一多夫人高孝贞等人合影。由《清华周刊》社为纪念会专门编辑出版的《闻一多先生死难周年纪念特刊》上，发表了朱自清撰写的《〈闻一多全集〉编辑记和拟目》。

在 1947 年 8 月的整个上半月里，朱自清都在写作《闻一多全集》的序言。在反复修改后，这篇凝聚着朱自清心血的序言，以《〈闻一多全集〉序》之名，发表在本年 10 月出版的《文学杂志》第 2 卷第 5 期上。在《闻一多全集》正式出版时，这篇序言改为《闻一多先生怎样走着中国文学的道路——〈闻一多全集〉序》。

1948 年 7 月 15 日，离朱自清逝世不到一个月时，他在召集闻一多先生遗著委员会会议上，做《纪念闻一多先生遗著委员会报告》讲话，决定结束该委员会工作。当晚，赴同方部出席清华学生自治委员会举办的闻一多遇害两周年纪念会，这一天很热，朱自清和吴晗等坐在第一排。电灯关了，两束烛光，背后是栩栩如生、长须飘拂、含着烟斗的闻一多画像。清瘦的朱自清缓缓走出座位，站在台下，用低沉的声调，向与会者报告了《闻一多全集》编辑和出版的过程。

1947年7月，闻一多遇害一周年纪念会后合影（右起依次为余冠英、许维遹、李广田、朱自清、潘光旦、张奚若、吴晗、闻一多夫人高孝贞等）

就在朱自清逝世的 1948 年 8 月，由朱自清作《序》和《编后记》的四卷本的《闻一多全集》出版了。可惜，花费朱自清晚年极大心血的全集，他自己没有看到。朱自清在《闻一多全集》的序里写道："闻一多先生为民主运动贡献了他的生命，他是一个斗士。但是他又是一个诗人和学者。这三重人格集合在他身上，因时期的不同而或隐或现。大概从民国十四年参加《北平晨报》的诗刊到十八年任教青岛大学，可以说是他的诗人时期，这以后直到三十三年参加昆明西南联合大学的五四历史晚会，可以说是他的学者时期，再以后这两年多，是他的斗士时期。学者的时期最长，斗士的时期最短，然而他始终不失为一个诗人，而在诗人和学者的时期，他也始终不失为一个斗士。"

　　朱自清赞赏闻一多是斗士，他自己何尝不是一个斗士呢！更让人唏嘘的是，朱自清还要和病魔抗争！

# 冲刺，捞补逝去的时光

回到熟悉的清华园了，可以在安逸的书香氛围中教书、写作、做研究了。朱自清有太多的事要做，有太多的书要编，有自己一大堆的计划要施行——多年的动荡、漂泊，损耗了他太多的精力和时间，也损耗了他的身体。虽然没有明确表达，从他复员后两年中所做的工作看，他是要把损失的时光捞回来。

是的，朱自清比任何时候都要勤奋。他一边著书、写文，一边把自己过去零星的散篇编辑成书，陆续交出版社排版付印。季镇淮在回忆中如是说："复员以来，朱先生工作更多更勤了，身体更消瘦了，专题讲演会、时事座谈会、学术讨论会之外，几乎每日都伏案写作。"（《回忆朱佩弦自清先生》）每日伏案工作，成为朱自清最后两年的日常状态。为了勉励自己，他还在自己书桌的玻璃板下边，压着两句诗："但得夕阳无限好，何须惆怅近黄昏。"这是他亲自书写的近人的诗句。朱自清还不到 50 岁，写此句，可见他的心思和心境。一方面觉得身体不行，虽然未进入老境，但心里还是隐约地担心；另一方面，也是主要方面，还是不能再消停了，惆怅是没有用处的，得抓紧工作了。

朱自清拟订的写作计划也很清楚，除偶尔写一两篇散文外（如《回来杂记》），主要是语言文字方面的杂论及其他研究文章，这可能与他担任《新生报》的副刊《语言与文学》的主编有关。1946 年 10 月 16 日晚上，朱自清应《新生报》社长李诚毅的邀请，讨论了在该报开设副刊的事。朱自清对这个副刊兴趣很高，商定了栏目后，第二天，朱自清就写了发刊词《周话》，该文叙述了《语言与文学》副刊的发刊缘起和宗旨，指出"语言与文学"之间的关系，并说："不以古代为限，而要延展到现代。讨论到古代的时候，也打算着重语言和文学在整个文化里的作用，在时代生活里的作用，而使古代跟现代活泼的连续起来，不那么远迢迢的，冷冰冰的。"朱自清在《回来杂记》中也说道："研究学术本来要悠闲，这古城里向来看重的读书人正是那悠闲的读书人。我也爱北平的学术空气。自己也只是一个悠闲的读书人，并且最近也主编了一个带学术性的副刊，不过还是觉得这么多的这么学术的副刊确是北平特有的闲味儿。"这里的闲，不是闲人的无所事事的闲，是要有时间的闲，静下来做研究的闲暇时间，如果天天奔忙于生活，天天为琐事操心，哪有时间躲进书斋写作呢？

所以，从 10 月 22 日开始，朱自清在《新生报·语言与文学》上开始了专栏式的写作《周话》——"一周一话"之意（这些周话在收入杂文集《标准与尺度》时，都重加了标题），在不长的时间内，朱自清就写作了十多篇，其中有《语文学常谈》《什么是文学？》《鲁迅先生的中国语文观》《低级趣味》《诵读教学》《什么是文学的"生路"？》等，这些文章，成为他杂文集《标准与尺度》里的主要篇目，也是他这一段时间最切实的工作实绩。可以说，《标准与尺度》是朱自清复员后的最新创作集。该书还收入他的其他一些书评和杂论，如《论标语口号》《论通俗化》《论严肃》《论吃饭》等。徐中玉在《评朱自清著〈标准与尺度〉》里中肯地说："本书文章很杂，但统贯全书的一致的观点却仍分明可见。这一致的观点就是'民主'二字。但这并非一个口号，或一个号召，他讨论问题，往往从历史上说起，原原本本，使人没法栽诬说这是平地起哄；又从当前的社会环境说其所以如此，或不得不如此的理由，更使人没法否认这实在是一条自然的——无可避免的出路，即民主的尺度仍是自然必然的尺度，能够如此说法便绝非捕风捉影之谈。"这也是朱自清行文的风范，上至古代，下至当下，相互映照，把"理"说得很透彻，如书中的《论气节》一文，在分析批判了传统读书人的立身处世之道"气节"中，指出了有所不为的"节"，实际上是一种消极的人生观，"忠节"至多造就一些失败的英雄，"高节更只能造就一些明哲保身的自了汉，甚至于一些虚无主义者"。他又进一步分析了现代知识分子的"气节"状况："知识阶级开头凭着集团的力量勇猛直前，打倒种种传统，那时候是敢作敢为一股气。可是这个集团并不大，在中国尤其如此，力量到底有限，而与民众打成一片又不容易，于是碰到集中的武力，甚至加上外来的压力，就抵挡不住。而一方面广大的民众抬头要饭吃，他们也没法满足这些饥饿的民众。他们于是失去了领导的地位，逗留在这夹缝中间，渐渐感觉着不自由，闹了个'四大金刚悬空八只脚'。他们于是只能保守着自己，这也算是节罢；也想缓缓地落下地去，可是气不足，得等着瞧。可是这里的是偏于中年一代。青年代的知识分子却不如此，他们无视传统的'气节'，特别是那种消极的'节'，替代的是'正义感'，接着'正义感'的是'行动'，其实'正义感'是合并了'气'和'节'，'行动'还是'气'。这是他们的新的做人的尺度。等到这个尺度成为标准，知识阶级大概是还要变质的罢？"可以看出朱自清这篇文章写的是多么的用心，其观点的拿捏又是多么的恰如其分。

虽然抓紧时间写作，但朱自清对待作品依然一丝不苟。《标准与尺度》里有一篇《论诵读》，写于 1946 年 12 月 22 日，费时四天才写成。该文论述了诵读对于培养学生的理解和写作能力的意义及作用，是一篇通俗易懂的文章。当时沈从文担任《大公报》副刊《星期文艺》的编辑。朱自清把稿子写好后，寄给了沈从文。没想到沈从文回信说，稿子好像没写完，让朱自清去看看。1947 年 1 月 4 日朱自清到了沈从文的家里，拿到稿子一看，发现是缺了半页。沈从文当天就要发稿，"让我在他书房里补写那半页。说写完了就在他家吃午饭。这更是逼着赶了。等我写完，却在沈先生的窗台上发现那缺了的末半页！沈先生笑着抱歉说：'真折磨了你！'但是补稿居然比原来详明些，我就用了补稿。(《标准与尺度·自序》)"这也算是小插曲吧。《标准与尺度》一书中，许多稿子都是经沈从文之手首发在《大公报》的《星期文艺》上的。

在写作《标准与尺度》一书的同时，朱自清还编辑、完善了另外几本书的写作：

——《语文零拾》是朱自清多年来创作的书评、书话、读书笔记、译文等文章的汇编，写作时间的跨度也较长，是复员那年的暑假才有机会汇编成书的，"序言"写于"三十五年七月，成都"，可见是在成都已经编好了书稿，并交给了钱实甫先生代交给名山书局出版发行的。

自从移家成都，朱自清每年的暑假都到天府名城度假，结识了成都的一批文人学者，除了老友如叶圣陶等外，还有就是钱实甫。钱实甫毕业于北平大学法学院，当时在国立四川大学任教，他和名山书局有交往，朱自清的《语文零拾》经他介绍后，在该社出版了。名山书局出了不少书，其中就有民国著名女作家赵清阁的《流水飞花》《诗槐冷月》等书，当然也有钱实甫和缪振鹏合著的《美苏战争的推测》。名山书局可能是一家小书局，不少书都是委托了"大东书局总发售"的，不过朱自清《语文零拾》，却是自己家总发行，可见书局对这本书的重视。

但是，这本书出版以后，却引起朱自清些许不愉快。起因是这样的，原来收入书中的，有一篇重要文章《新的语言》，这篇文章发表时，还一度引起讨论，语言学家吕叔湘专门写了长篇文章，对朱自清文中的观点进行了指正。朱自清在把《新的语言》收入该书时，还根据吕叔湘的意见，进行了仔细的修订和补充。但是该书出版后，朱自清发现独独缺少了这篇文章，他也不知何故被出版社抽出去了。对于"小书店"如此的不负责任，朱自清很失望，觉得"很可恨"。但是，这本书依然得到了徐中玉很高的评价，他说："朱先生不仅是一个成功的散文家，他更是一位渊博的学者，单从这本小书，我们就会惊异他所涉猎的范围竟如此的广大；又不仅涉猎广大，而且朱先生都有他新锐妥帖的见解。从文字到语言，从古代到今天——甚至明天，从书本到生活，从思想到战斗，朱先生的'慧眼'光芒四射，应该照到的地方他都没有遗漏，有些地方他所以没有充分发挥，那是由于机会不合适。……朱先生的对于现实的非常，也可以说是越来越坚定的态度，那表情的姿势也不是公式化的，切实而不宽泛，不是感情用事的狂呼疾走，而是慎思明辨、理性思量的自然必然的结果。"(《评朱自清著〈语文零拾〉》)

《语文零拾》共收《陶诗的深度——评古直〈陶靖节诗笺定本〉(〈层冰堂五种〉之三)》《什么是宋诗的精华——评石遗老人（陈衍）评点〈宋诗精华录〉》《诗文评的发展——评罗根泽〈中国文学批评史〉第一、二、三分册:〈周秦两汉文学批评史〉〈魏晋六朝文学批评史〉〈隋唐文学批评史〉与朱东润〈中国文学批评史大纲〉》等文章 14 篇，如果算上被遗漏的《新的语言》，应该是 15 篇。朱自清在该书序中开宗明义:"我是研究文学的，这些文字讨论的不外乎文学与语言，尤其是中国文学与中国语言。我在大学里教授中国文学批评和陶渊明诗、宋诗等。这些评可见出我的意见，够不够'心得'，我不敢说，但总是自己的一些意见。因为研究批评和诗，我就注意到语言文字的达意和表情的作用。这里说'达意'和'表情'，因为照现代的看法，达意和表情可以分为两种作用，不该混为一谈。我们说达意，指的是字面或话面;说表情，指的是字里行间或话里有话。"朱自清写这篇序文，至今已经 70 多年了，现代白话文发展怎么样呢？"中国语达意表情的方式在变化中，新的国语在创造中。这种变化的趋势，这种创造的历程，可以概括的称为'欧化'和'现代化'"，这段论述可以说是白话汉语发展的必然之路，我们读文章，往往会遇到"欧化"的语言和传统的白话文语言，我们读茅盾的文章和读沈从文的文章，"达意"和"表情"就是完全不一样的，茅盾的更"欧化"，沈从文的更"中国化"，也就是乡土化。所以，现代白话文在这方面的研究依然不够，可以说空间很大。

——《敝帚集》是朱自清一本旧作集，收拟古诗、律、绝、词，还有译诗。1947 年 5 月，朱自清在创作、研究、教学之余，花了大力气，对这些作品进行编辑分类，共分为四部分：第一部分为拟古诗，第二部分为旧体诗，第三部分为拟古词，第四部分为译诗。众所周知，朱自清刚进入清华园时，因为教学需要，对中国古典诗词做了大量的研究，并创作了数量可观的拟古诗词。《敝帚集》中的第一、三部分，分别收诗三十二题四十二首、词十八题十九首，第二部分的旧体诗数量亦不少，计三十九题五十首。第四部分共计五首译诗，虽然单薄一些，却是一个新品种，所以要另立一部。《敝帚集》和《犹贤博弈斋诗钞》是朱自清古典诗词的集大成之作。

——《诗言志辨》是由上海开明书店出版的一本专题论文集，收四篇正文和一篇序文，是朱自清重要的一部学术著作。

四篇论文分别是《诗言志》《比兴》《诗教》《正变》。朱自清在序中说："本书原拟名为'诗论释辞'，'辞'指词句而言。后来因为书中四篇论文是一套，而以'诗言志'一个意念为中心，所以改为今名。"是书出版后，在文学界和知识界产生了广泛的影响，引来好评如潮，李广田在《朱自清先生的道路》中说其是"朱先生历时最久、功力最深的一部书"。1935年9月，朱自清在清华中国文学系开设新课"中国文学批评"时，编了一册《诗文评钞》，书中收历代各家诗文评论集，分"比兴""模拟""文笔""声病""神气"和"品藻"六编，这大概是他撰写《诗言志辨》的滥觞。书中最后一篇《正变》则发表于1945年8月《文史杂志》第5卷第7、8期合刊上，名为《诗正变说》。由此可知，《诗言志辨》也是"十年磨一剑"之作。对于该书的研究宗旨和方法，朱自清特别强调："现在我们固然愿意有些人去试写中国文学批评史，但更愿意有许多人分头来搜集材料，寻出各个批评的意念如何发生，如何演变——寻出它们的史迹。这个得认真的仔细的考辨，一个字不放松，像汉学家考辨经史子书。这是从小处下手。"朱光潜在《朱佩弦先生的〈诗言志辨〉》中评介道："佩弦先生的《诗言志辨》之所以成为一个重要底贡献，也就因为它替文学批评史指点出一个正当底路径和一个有成效底方法。第一是他能从大处着眼。在中国和在其他各国一样，诗是最原始而普遍底文学体裁，重要底文艺思想都从诗论出发（在欧洲从古希腊一直到文艺复兴，主要的批评著作都是诗论），佩弦先生单提出诗来说，正是提纲挈领。再就诗论来说，每个民族都有几个中心观念——或者说基本问题——在历史过程中生展演变，这就成为所谓'传统'——或则说文艺批评者的传家衣钵。……佩弦先生看清了这个道理，在中国诗论里抓住了四大中心观念来纵横解剖，理清脉络。……在表面上他虽似只弄清了这四大问题，在实际上他以大处落墨底办法画出全部中国文学批评史的轮廓。"吴小如说："《诗言志辨》虽是论文，却有宋人注疏体的气息，朴实然而清新，同时也谨言有法度，兼具西洋人写科学论文的条分缕析、纲举目张。但作者又能在行云流水般的语言中见出层次井然、眉清目朗的疏宕处，既不枯燥又不啰嗦。这确实是一种似旧实新的文章作法，绝无晚近写论文者的故作诘曲、以洋味十足文其浅陋的讨厌习气。而先生气度冲淡雍容，更无板起面孔训人'虎'人的嫌疑。"（《读朱自清先生〈诗言志辨〉》）

——《论雅俗共赏》的写作起手于1947年8月19日，第一篇叫《论朗诵诗》，共花费了五天时间，不可谓不专心。该文对抗战以来兴起的朗诵诗，做了详细的分析和论述。朗诵诗具有号召性、战斗性和鼓舞性的特征，节奏感强，老百姓能听得懂，可以激发人的思想。朱自清在该文中指出其内容特征在于表达了群众的心声，其艺术特点在于火爆简练，其作用是宣传的工具和战斗的武器。像朗诵诗这种形式，应该就是属于雅俗共赏型的吧。和《标准与尺度》一样，《论雅俗共赏》也是一本新创作的杂文论文集。在新学期开学后的一段时间里，朱自清开始密集地创作：10月10日作《论百读百厌》；10月15日作《鲁迅先生的杂感》；10月26日作《论雅俗共赏》，该篇从雅俗共赏这一成语入手，分析了自唐宋以来，中国民间社会的士大夫文艺和民间流传的通俗文艺相互影响的关系和趋势，指出抗战以来从通俗化运动到大众化运动的发展过程，使现代文艺走向没有"雅俗"，只有"共赏"的局面。从上述这些文章来看，朱自清并没有躲进书斋，写那些高头讲章，而是和现实生活相互挂钩和映照，文章为时代所用。特别是费时四天于11月15日完成的《论书生的酸气》一文，在剖析了中国传统知识分子"寒酸"的弱点后，一针见血地说："至于近代的知识分子，让时代逼得不能读死书或死读书，因此也就不再执着那些古书。文言渐渐改了白话，吟诵用不上了；代替吟诵的是又分又合的朗诵和唱歌。最重要的是他们看清楚了自己，自己是在人民之中，不能再自命不凡了。他们虽然还有些闲，可是要'常得无事'却也不易。他们渐渐丢了那空架子，脚踏实地向前走去。早些时还不免带着感伤的气氛，自爱自怜，一把眼泪一把鼻涕的；这也算是酸气，虽然念诵的不是古书而是洋书。可是这几年时代逼得更紧了，大家只得抹干了鼻涕眼泪走上前去。这才真是'洗尽书生气味酸'了。"12月，朱自清一个月内写作各种文章九篇，其中有四篇收在《论雅俗共赏》里，计《歌谣里的重叠》、《〈语文通论〉〈学文示例〉》（收入《论雅俗共赏》时改题为"中国文的三种型——评郭绍虞编著的《语文通论》与《学文示例》"）、《禅家的语言》、《诗与话》。朱自清这么一路写下来，到1948年2月28日，他写作序言时，《论雅俗共赏》一书已经编好，收入杂论十四篇。朱自清在序中说："所谓现代的立场，按我的了解，可以说就是'雅俗共赏'的立场，也可以说是偏重俗人或常人的立场，也可以说是近于人民的立场。书中各篇论文都在朝这个方面说话。《论雅俗共赏》放在第一篇，并且用作书名，用意也在此。"该书于这年的5月出版，正是朱自清胃病加重之时。

——《语文影及其他》是朱自清旧作的汇编。1948年3月间，朱自清胃病时好时坏，3月19日至25日，几乎每日呕吐。在给次子朱闰生的信中说："我最近又病了六天，还是胃病，不能吃东西，现在复原了。这回瘦了很多，以后真得小心了。"也是在这个月里，朱自清抱病开始编辑《语文影及其他》并写了序言。这本书里的大部分文章，都是写于西南联大时期，第一篇《是勒吗》作为"语文影之一"写于1939年5月31日，距编书时间长达九年。朱自清在"序"中叙述了这本书的缘起和内容，称原打算写两部书，一部谈"语言文字的意义"，"但是这类文章里不免夹着玩世的气氛，后来渐渐不喜欢这种气氛了，就搁了笔"。另一部"站在'一角'上冷眼看人生"，也沾着玩世的味儿。可是，"时代越来越沉重，简直压得人喘不过气，哪里还会再有什么闲情逸致呢！我计划的两部书终于都在半路上'打住'了。这儿这本拼凑起来的小书，只算是留下的一段'路影子'罢了"。序文里，还叙述了第一篇《是勒吗》闹的小插曲："这篇文章却挨了云南人的骂，因为里面说'是勒吗'这句话是强调，有些不客气。那时云南人和外省人间的了解不够，所以我会觉得这句话本质上有些不客气，后来才知道这句话已经不是强调，平常说着并不带着不客气。当时云南人却觉着我不客气，纷纷地骂我；有些位读过我的文章来骂我，有些位似乎并没有读到我的文章，只是响应骂我的文章来骂我，这种骂更骂得厉害些。我却感谢一位署名'西'字的先生的一篇短短的平心静气的讨论，我不知道他是哪里人。他指出了我的错误，说这句话应该写成'是喽嘛'才对，他是对的。这回我编辑本书，参照他的意见和材料将这篇文改写了一部分，题目里跟本文里的'勒吗'也都改过了。"又说："《是喽嘛》之后，我又陆续地写了一些。曾经打算写得很多，《语文影》之外，还要出《语文续影》、《语文三影》。"可惜这些计划都没有完成。对于书名中的"及其他"，朱自清也做了说明，"书名的另一半《及其他》，指的是《人生的一角之辑》，《人生的一角》也是计划了而没完成的一部书。我没有发表过这个书名，只跟一两位朋友谈起过。这一类文章应该说是从《论诚意》起头，本来打算叫作《世情书》，'世情'是'世故人情'的意思。后来恐怕有人误解'世情'为'炎凉'的'世态'，而且'世情书'的名字也似乎太大，自己配不上，就改了《人生的一角》。'一角'就是'一斑'，我说的种种话只算是'管见'；一方面我只是站在'一角'上冷眼看人生，并不曾跑到人生的中心去。这个冷眼，有玩世的味儿。《正义》一篇，写在二十五年前，也沾着这个味儿，是这回编书，忽然想到，就将它一起排比进去"。这本书编辑不久，朱自清就去世了。

——《新诗杂话》的出版对于朱自清来说是意外之喜，该书本不是这两年里编就的，更不是新的创作。但是因为出版于1947年12月，也算这两年里的成果了。该书由作家书屋出版，内收诗论及随笔十五篇。李广田说："……这本书的编定在三十三年十月，书稿交出后便石沉大海，中间一度传说稿子被书店失落了，朱先生常常提到这件事，现出非常伤心的神色，以为这本书再也不会与世人相见了。不料事隔三年有余，书竟然出版了……"朱自清是1948年1月23日拿到样书的，在一天时间里常常翻看，不时流露出欣喜之情，还在样书的书目后题写道："盼望了三年多，担心了三年多，今天总算见到了这本书！辛辛苦苦写出的这些随笔，总算没有丢向东海大洋！真

是高兴！一天里翻了足有十来遍，改了一些错字。我不讳言我
'爱不释手'。'邂逅相遇，适我愿兮！'说是'敝帚自珍'也
罢，'舐犊情深'也罢，我认了！"

——《开明新编高级国文课本》是受叶圣陶委托编的教
材。关于这套教材的编写，叶圣陶来信和他商量过。1947年12
月，朱自清经过慎重考虑，致信叶圣陶，接受叶提出的与叶圣
陶、吕叔湘共同编写《开明新编高级国文课本》和《开明文言
读本》的建议。此两套教材，每套拟编六册，三人协商确定体
例、篇目，互相审阅稿件，共同署名。在具体分工上，朱自
清承担了编写《开明新编高级国文课本》的工作。1948年7
月9日，朱自清紧锣密鼓地把这项工作完成了，共花费他半
年的时间，除病倒不能工作外，几乎每天都伏案书写。11日，
又着手第二册的编写工作。可惜这项工作，朱自清最终也没能
完成。

从复员到去世短短两年时间里，朱自清创作、编成和出版
了《标准与尺度》《语文零拾》《敝帚集》《诗言志辨》《论
雅俗共赏》《语文影及其他》《新诗杂话》等书，还有一本
《开明新编高级国文课本》，另外还有数十篇零星文章和诗词。
就是在生命的最后时刻，他还有一篇未完成的文章——《论白
话》，该文写于1948年7月27日，只写了三页，因身体虚弱没
有能够继续下去，这是他留在世上的最后一篇文章。

朱自清留在世上的最后一封信是 1948 年 8 月 3 日致雷梦水的信，请雷帮忙访书。也是在这一天，他写了最后一篇日记。即便是到了这时候，内心意志十分强大的朱自清，都没有料到死神已经降临，以为生命还将继续，工作还将继续……

# 抗争中的不甘

　　和胃病抗争，是朱自清生命最后两年最虐心的事，不仅影响到他的健康和日常生活，也影响到他的教学和创作。甚至给他的内心留下了阴影，他知道生物系教授吴韫珍就是因胃溃疡开刀不治身亡的，在参加吴的入殓仪式时，心理上受到了很大的影响。余冠英说，这些年来，朱自清的"心境确是常常不舒，……也许在他的胃病较重的时候常常想到死。三十二年，清华大学生物系教授吴韫珍先生在昆明患胃溃疡开刀不治，给他刺激很深。有一次我陪他在黑龙潭公园黑水祠前小坐，他谈到吴先生，也谈到死，他说人生上寿百年也还嫌短，百年之内做不出多少事来。这也许是他抑郁的原因"（《佩弦先生的性情嗜好和他的病》）。到了1947年末，他又去探访刚刚动过胃溃疡手术的燕树棠，怕是也没少向其家属咨询燕树棠的病情吧。

追溯朱自清的胃病，最先是在西南联大时期发作的——1939 年 10 月 26 日他写信请辞联大中文系主任和联大师院国文系主任时，原因就是胃病。大约在 1940 年上半年，朱自清致吴组缃的信中是这样说的："我这些年担任系务，越来越腻味。去年因胃病摆脱了联大一部分系务，但还有清华的缠着。行政不论范围大小，都有些麻烦琐碎，耽误自己的工作很大。"这是朱自清胃病初发期老实人说的老实话，也是和友人第一次在信中谈及自己的胃病。1941 年 12 月 8 日，在得悉太平洋战争爆发、美国参战的消息后，反法西斯战争的阵营力量更加强大，日本侵略者末日就要到来了，高兴之余，开怀畅饮。大约是饮酒过量，致使胃病发作，闹得一夜未眠。这是胃疾以来较重的一次发作，引起了朱自清的警觉，他在《胃疾自儆》中写道："孤影狰狞镜里看，摩霄意气凛冰寒。肥甘腊毒频贪味，肠胃生疼信素餐。尚赖仔肩承老幼，剩凭瘦骨挂悲欢。异时亦自堂堂地，饕餮何容蚀五官。"可见他已经知道胃病对于身体的伤害，也让他心境是何等的低落和糟糕。

　　对胃病稍有了解的人都知道，胃病是慢性病，致发的原因很多。而且一旦得了胃病，很难根除，不仅饮酒、辛辣等有刺激性的食物可以诱导胃病的发作，就连冷暖、饱饿也会让胃部不适。胃不好，导致营养不良。这也很伤朱自清的情绪，在和朋友的交流和通信中，时常流露出心中的失落。1941 年 4 月 16

日在致俞平伯信中说："弟近来胃病大发，精力颇不如前。大约营养亦差也。肉食虽不至太缺，然已见肉心喜，思之可笑。离家半年，客中生涯也不至太寂寞。"朋友们对他的病情自然也很挂念，叶圣陶在《西行日记》里说到朱自清时，不无忧心地说："佩弦病胃甚久，至今未愈，本为圆脸，今呈尖形，皮色亦苍老，鬓多白发，云在此（成都）将访问医生，希得治愈，两月之后将回昆明。仍不得长叙，未免怅然。"胃病不仅影响朱自清的日常生活，也严重影响他的工作，很多时候，朱自清会因为胃疼而放下手里正在写作的文稿，就是有学校或机构邀请演讲，他也只得放弃，这对于一个手不释卷、热爱写作的学者无异于剥夺了他写作的权利，其中痛苦非同行难以想象。

　　朱自清在和胃病搏斗了数年后，迎来了中国抗日战争的伟大胜利。青春做伴好还乡，大致是描写一种心情的——1946年10月，当朱自清回到阔别九年的北京时，已经由一个青壮年渐入老态了。10月12日那天，李长之在得知朱自清回来后，特地到他临时居住的国会街北京大学四院看他，甫一照面，吓了李长之一跳："我见了他，却又有些黯然了。他分外的憔悴，身体已经没有从前那么挺拔，眼睛见风就流泪，他随时用手巾拂拭着，发着红。我们没能谈什么文艺，他很关切地问到我的母亲、太太、小孩等。宛然是一个老人所关切的事了！"是啊，胃疾让朱自清的身体每况愈下。他开始意识到生命的宝贵和时间的重要，一方面想方设法改善自己的生活习惯，维护身体的健康；另一方面开始有计划地多做工作，在紧锣密鼓主持、编写《闻一多全集》的同时，按计划创作几本新书之后，还有序地整理过去的旧作。在病情相对稳定的 1947 年，朱自清的创作量大得惊人，完成了《标准与尺度》《论雅俗共赏》两本书稿的大部分篇目，还创作了十数篇未收入文集的文章，编辑了《敝帚集》《诗言志辨》等书稿。

但是，在刚刚进入的 1948 年的 1 月 2 日，他的胃病再次发作了。这次是他胃疾以来最为严重的一次发作，胃疼难忍，不能握笔，不能工作，连说话都困难，大部分时间都卧床休息，而且一病就是十天，到了 11 日才稍有好转。病中，朱自清依然思考着新一年的工作计划，惦记着许多没有完成的工作，同时也没有忘记对朋友和学生的提携。大病初愈，他就和吴晗商量、解决闻一多文集出版中遇到的事，还读了吴晗的论文《明初的学校》。对于这篇论文，朱自清认为，"内容为学术之研究，且颇富趣味，但措辞似太尖锐。应送《清华学报》刊载，可稍调和学院派之气氛"（《朱自清全集》）。吴晗在《关于朱自清不领美国"救济粮"》一文中也说过，《清华学报》虽然是学术性刊物，但有的编辑是国民党员，对学报中的观点持不同意见。不肯发表，还认为不是学术论文，"我和朱自清先生谈起，他也是学报的编辑委员，极力主张发表，写信给主编，终于发表了这篇文章"。

这个月的末尾，发生了一件事，对朱自清的刺激不可谓不小，这便是吴景超的夫人龚业雅写了一篇散文，题目叫"老境"。文章写好后，请她崇拜的新文学散文创作的代表人物朱自清斧削润饰。文中有这样的话："我是刚迈进老境的人。脸上刻出了很多皱纹……坐久了腰酸，劳累了背疼。睡眠时间缩短，天还没亮就会醒来。这些现象，都是使人苦恼的。"又说，"人到了老境，心情很难活跃，尤其当孩子的翅膀硬了，一个个飞离自己的时候，你会感到一种难以言说的寂寞……"朱自清看完文章后，感触很深，可以说触动了他内心的隐痛。老境，多大岁数算老呢？龚业雅写作此文时才45岁，朱自清此时刚刚五十，不是也早就有老境之感了吗？朱自清想得多了，想得复杂了，因胃不好，胃口本来就不香，现在更是睡不安稳了，诗情禁不住涌上心头，连夜写了一首《夜不成寐，忆业雅〈老境〉一文，感而有作，即以示之》一诗，以抒发内心的烦闷和忧患：

中年便易伤哀乐，老境何当计短长。
衰疾常防儿辈觉，童真岂识我生忙。
室人相敬水同味，亲友时看星坠光。
笔妙启予宵不寐，羡君行健尚南强。

在当天的日记里，朱自清说："凌晨三点一刻醒后失眠，起来作诗一首答吴，以表达暮年心情，关键在第五句。"这里的"暮年"二字，是朱自清的真实想法，从中可以读出他的心境，也更深地理解了朱自清的情感世界和精神世界。日记中说"关键在第五句"是什么意思呢？和上一联"衰病常防儿辈觉，童真岂识我生忙"联系起来，就很明了了，病魔缠身还常常设防不让孩子们知道，就是在妻子面前，也要隐瞒病情。这里体现的是朱自清对家人的爱。但朱自清在诗里抒发的，毕竟是他复杂的情怀，"伤哀乐"，实则是哀多乐少，或者根本就乐不起来。大学毕业都三十年了，孙辈也有了，人生况味，可谓尝遍，都有可以回顾的资本了，可谁知道人生的苦趣和忙碌呢？"何当计短长"，也许不是真心话，说不计较，其实如何不计较？努力是必须的，奋斗是必须的，因为那么多要做的事还没有做啊！朱自清还把这首诗抄给了俞平伯看，俞平伯又写信告诉了叶圣陶并也附上了这首诗。叶圣陶在日记中写道："得平伯寄示慰佩弦一律，粘之。承告佩弦《不寐抒怀》这前四句，'中年便易伤哀乐，老境何当计短长。衰疾常防儿辈觉，童真岂识我生忙。'其意想甚萧飒，为之不怡。"不久之后，叶圣陶还专门写了一篇文章《谈佩弦的一首诗》，文中对朱自清的心态表示担忧，很有感触地说："人到中年，经历多了，涉世深了不免有种种烦怨愤慨。其人如果是有旧教养的读书人，就自然而然想到谢安'中年以来伤于哀乐'的话。这个话虽然是'哀乐'的对举，过分的快乐虽然也足以破坏身心的均衡，究竟偏于'哀'的方面居多。"朱自清逝世以后很多年，梁实秋在《旧笺拾零》一文中说："……我为天津《益世报》编一副刊，名为"星期小品"，每星期六出版。有一期我登了一篇小文，业雅写的《老境》……朱自清和业雅当时都住在清华，他看了业雅的文章，感慨系之，因为他自己已经到了衰老之境，遂赋七律一首，并寄给我一读。"可见朱自清当时不仅寄给了俞平伯，还寄给了编者梁实秋。不过梁实秋所说朱自清看到业雅之文是在《益世报》副刊上，应该记忆有误，或不了解实情。朱自清夜不能寐写了这首诗，确实是自己真实心情的体现。一直以来，特别是近年，朱自清一面担心生命的短促，需要拼命做事，又担心自己的病情，担心自己的身体。而事实上，身体已经给他敲响了警钟，眼看着一天天瘦弱下去，体力、精力都大不如前。还好，这学期一结束，他就可以休假了。脱开繁重的事务和教学，也许会稍松一口气，也许每况愈下的身体可以好好调理一番了，也可利用休假，把计划中的事情做做了。朱自清热爱生活，喜欢和几个好友玩玩桥牌，爱听交响乐，甚至在晚年还学扭秧歌，说明他多么希望调理好自己的心情和生活啊！

1948年2月8日，身体刚刚复原的朱自清，就又开始执笔写作了。虽然人生在世，未必一定要如屈原所说的"恐修名之不立"，但也真心如叶圣陶说的那样，怕自己的成绩太少，"只盼成绩多一点好一点，能够工作就尽量工作"。所以病情一好转，就把十多年前的一篇旧作《论逼真与如画》拿出来修改，也可能是精力不能集中，也可能是正处春节期间，这篇原稿已经有两千字的文章，朱自清一改就是十天，一直到2月18日方才竣工，文章也扩充到了近五千字，而且还加了一个副标题"关于传统的对于自然和艺术的态度的一个考察"，朱自清在谈到这篇文章的重写动机时说："……这回重读那篇小文，仔细思考，觉得有些不同的意见；又将《佩文韵府》引的材料与原书核对，竟发现有一条是错的，有一条是靠不住的。"这也从一面反映了朱自清的严谨和考究。另外，重读这篇小文并重写，大约还有另一层因素，即他写作的《论雅俗共赏》一书需要加入这篇文章，因为十天以后，他就写好了《论雅俗共赏》的序言，并于24日写了一篇《论老实话》。需要说明的是，他加紧写作，赶时间，抢时间，并不是不讲原则、谁求都应的，比如有一个刊物，叫《新路》，出高稿费向他约稿，被朱自清拒绝了。《新路》的主编是吴景超，隶属于"中国社会经济研究会"。关于这本刊物，胡适在日记里说："吴景超来谈。他说，钱昌照拿出钱来，请他们办一个刊物。要吴半农主编，景超任社会，刘大中任经济，钱端升任政治，萧乾任文艺。"按说，应杂志邀请写稿，没有什么不妥。但朱自清了解到这个杂志创办者是一批"由美国培养的民主个人主义者"、奉行"中间路线"之后，经慎重考虑，决定不为他们写稿。

1948年对于朱自清来说，是个特殊的年份，这一年，是他50周岁生日，也是他创作30周年，早在1947年11月22日他50虚岁生日时，俞平伯就提议为他过寿。但朱自清明年才是真正满五十，要过也要到明年再过。1948年2月26日这天李广田、范宁、王瑶来访问闲谈，再次提议为他庆贺从事文学活动三十周年暨五十寿辰，意外地被他谢辞了，还虚心地说自己并没有什么值得庆贺的成绩。但是几天之后，朱自清从李广田那儿得知杨晦过50岁生日，他反而去贺喜。杨晦是他在北大哲学系读书时的一个同班同学，1920年毕业后，二人就几乎从未见过面。当他从李广田处得知杨晦也从事文艺创作与批评时，十分兴奋，立即给杨晦去信祝贺：

慧修学兄大鉴：

这里您的一个同班同学在给您写信，庆祝您的五十寿辰，庆祝您创作和批评的成绩，庆祝您的进步！

……

我喜欢您的创作，恬静而深刻，喜欢您的批评，明确而精细，早就想向您表示我的欣慰和敬佩，只可惜没有找到一个适宜的机会动笔。今天广田兄告诉我，说是您的五十寿辰，我真高兴，我能以赶上给您写这封祝寿的信！敬祝长寿多福！

弟自清

一九四八年三月十九日北平清华园

他热情祝贺别人五十寿辰，自己却轻描淡写地说生日是在10月，到时请客小聚好了。其实俞平伯去年的提议是最有道理的，在中国民间传统观念里，逢十都是大寿，而且都是过九不过十，或过虚不过实，朱自清不愿意祝寿，其中原因不好猜测，但大致和自己生活窘困、身体不适、成就不够突出等事有关。他虽然告诉朋友说到时"小聚好了"，真到时候也许会有别的理由来推托。但是让人唏嘘不已的是，他哪里想到造物主忌才，竟不让他挨到"小聚"那一天——朱自清写给杨晦的祝贺信是3月19日，大约是在当日夜间或20日凌晨，他胃病又发了："胃病复发，呕吐剧烈。夜痛苦更甚，倦极。较一月前发病时身体又瘦弱。"（3月20日日记）这一病又是好几天，直折磨到25日才稍稍好转。朱自清越发对自己的身体和当下的环境担忧了，28日在给余中英、朱梅君信中说："北平今年春日气候殊不正，既多阴，复沍寒，上周犹降雪，至今舍下犹未敢撤尽煤火也。春象如此，人心亦因物价不能舒愉。近两日始盎然有暖意，然物价上涨如故，人生实难，今日更觉其语之切。"气候、春象如此不正，加上连连上涨的物价和身体多病，朱自清如何能安得下心来？这一时期，养病、治病成为朱自清的主要工作了，5月8日在给次子朱闰生的信中说："胃病第二次发作后，恢复极缓。因此从上周起又去详细检查，结果下星期可知道。"话是这样说的，其实不能工作和写作，如何让他心甘？他还有许多计划中的研究未能完成啊，当胃部疼痛在6月2日更凶猛地又一次发作时，虽然情感和精神上尚能挺住，但朱自清的身体差不多被病魔击垮了。他再一次给次子的信中，也流露出了这样的担忧："我透视的结果，医生认为还是十二指肠溃疡，结疤处痉挛。但透视过两三天，因为吃多了，又大吐，睡到今天共九天才起床。这回因为第二次并未复原，又来一下，人更瘦了。"信写得看起来是轻松的，其实透露的可是严重的病情，结果是"人更瘦"。更瘦是多重呢？是八十八磅，换算成公斤，还不到40公斤。至于所谓的"吃多了"，其实也是很少的食物。

就在朱自清一心一意养病期间，发生了"不领美国救济粮"的抗议活动。关于这次活动，起因是这样的，中国抗日战争胜利和世界反法西斯战争胜利后，美国政府为了自身的需要，提供很多物资，大力扶植日本政府，帮助日本恢复经济，此举引起中国人民的警觉和愤怒。1948年5月，上海各校学生展开反美扶日的集会和游行签名活动。美国驻上海总领事连续发表演说，攻击学生受奸人迷惑，是忘恩负义的行为。6月4日，美国驻华大使又发表声明，攻击学生的行动是阴谋，还恐吓说"鼓励与参与反美扶日政策，……必须承受行动之结果"。北平学生闻风而动，为了声援上海学生的斗争，于9日冲破国民党军警的封锁，进行了示威游行。清华大学部分学生遂以行动来表明自己的立场。18日，朱自清在日记中写道："我在《拒绝"美援"和"美援"面粉的宣言》上签了名，这意味着每月使家中损失六百万法币，对全家生活影响颇大；但下午认真思索的结果，坚信我的签名之举是正确的。因为我们既然反对美国扶植日本的政策，就应采取直接的行动，就不应逃避个人的责任。"吴晗在《关于朱自清不领美国"救济粮"》一文中更清楚地写道："这时候，他的胃病已经很沉重了，只能吃很少的东西，多一点就要吐。面庞瘦削，说话声音低沉。他有大大小小七个孩子，日子比谁过得都困难。但他一看了稿子，毫不迟疑，立刻签了名。"

就这样，1948年春夏之际，朱自清不仅和病魔抗争，和病魔抢时间，为自己能够留下更多的作品和成果做极大的努力。就是在民族抗争中，他也不甘人后，哪怕贫病交迫，他也从不低头。

# 最后的日子

　　1948年6月14日，叶圣陶在《东归日记》里说："佩弦前日曾来信，言胃病发作，拟编成白话二册后，即解去编务。余复信谓且从缓议，此次合作，仍望如在蜀时之始终其事也。"这里的"白话"，是指开明书店拟出版的一套国文教本的白话文部分，该课本由叶圣陶提议，由朱自清和吕叔湘共同选编。据当时的商定，这套课本采用新体例，文言文六册，白话文六册，共十二册，选文660篇。文言文由吕叔湘编选注释，白话文由朱自清编选注释，最后由叶圣陶统校定夺。而首批课本——按叶圣陶计划起码白话文一册、文言文两册，暑假后供学生使用。叶圣陶知道工作量很大，所以有言说"亦甚费心血也"。

　　朱自清担任的白话文部分，由于自知身体不行，工作越来越力不从心，所以才给叶圣陶写信，表示完成两册后，即退出。这就是朱自清的行事风格，应承的事，不会中途放弃或放松，实在是身体原因，也要编好两册后再退出。该课本，朱自清是从 4 月 1 日开始动手的，在编好第一册目录后，就开始紧张而繁细地注释，他采取的办法是随编、随注、随寄。在上海开明书店的叶圣陶接到朱自清的书稿后，也是一边校阅、改批，一边付排校对。这段时期的工作，从叶圣陶日记中，可约略知道他们合作的进度：

> 1948 年 5 月 25 日星期二仍修订已注各篇。又校阅佩弦稿，续排一部分……
>
> 5 月 28 日星期五竟日校对佩弦所撰之白话第一册，计 50 面，头昏眼花。
>
> 6 月 25 日星期五下午看佩弦寄来注释稿……
>
> 6 月 29 日星期二叔湘以文言读本之例言寄来，长 2600 字。余为缮写一通，将寄与佩弦观之，以此书署三人之名，共同负责也。
>
> 7 月 8 日星期四……佩弦寄来续稿，阅之。

到 7 月 10 日，朱自清给叶圣陶写信，谈《开明新编高级国文课本》及《开明文言读本》的相关情况。至此，他的第一册编辑工作正式完工。从 12 日开始，他负责的"白话"第二册正式开工。

清华中文系1948级毕业生与教师留影（二排左五为朱自清）

　　7月15日早上，在闻一多先生殉难两周年之际，他主持召开了《整理闻一多先生遗著报告》并讲了话。这也是关于《闻一多全集》的最后一次会议，向全体委员报告文集整理与出版的经过，宣布委员会解散。接着召开系务会，向代理系主任浦江清交代系务。这也是他最后一次主持系务会。下午又参加教授会，审核毕业生名单。晚上9时，学生自治会在清华同方部举行闻一多先生殉难两周年纪念会。此时朱自清已经极度疲倦，但他仍然做了发言，用低沉的声音向学生们报告《闻一多全集》编辑的经过，告诉同学们《闻一多全集》即将出版了。会后，由两位学生陪着他离去。在场的许多同学，看到他们敬爱的老师，挂着拐杖缓缓离去的疲弱的背影，心里不禁多了一份担心，朱先生"衰老"了吗？真的，病魔已经伤害了朱自清的健康。但年轻的学生谁也不会想到"衰老"与"死亡"离得有多近！

7月23日早上，《中建》半月刊在清华工字厅举行"知识分子今天的任务"座谈会。朱自清在吴晗的邀请下，抱病出席。那天天气特别闷热，朱自清从清华北院的家走到工字厅时，走得很慢。吴晗说："他走一会儿停一会儿，断断续续地对我说：'你们是对的，道路走对了。……'"（《关于朱自清不领美国"救济粮"》）朱自清就在走路都费力的情况下，来到了会场，还发了言：

过去士大夫的知识都用在政治上，用来做官。现在则除了做官之外，知识分子还有别的路可走。……士大夫是从封建社会来的，与从工业化的都市产生的新知识分子不同。旧知识分子——士大夫，是靠着皇帝生存的，新知识分子则不一定靠皇帝（或军阀）生存，所以新知识分子是比较自由的。

……

知识分子的道路有两条：一条是帮闲帮凶，向上爬的，封建社会和资本主义社会都有这种人；一条是向下的。知识分子是可上可下的，所以是一个阶层而不是一个阶级。

　　……要许多知识分子每人都丢开既得利益不是容易的事，现在我们过群众生活还过不来。这也不是理性上不愿意接受；理性上是知道该接受的，是习惯上变不过来。所以我对学生说，要教育我们得慢慢地来。


　　座谈会为期一天，还有许多名教授共50多人参加。朱自清因身体虚弱，只参加了半天就回家了。

　　7月28日，朱自清又开始坐在桌前写作了，题目是"论白话"，写到三页纸时，搁笔休息，和来访的李继侗聊了会儿。第二天，王瑶来访，这时的朱自清，兴致、精神都还不错，在和王瑶的谈话中，"从闻一多师的《全集》谈到出版界的情形……以后又谈到时局，谈到陶渊明的世系和年岁、《全唐诗人事迹汇编》的编纂体例，他一直都在娓娓地讲述，兴致很好"（《朱自清先生未完成的一篇序文——〈中古文学史论〉后记》）。8月1日在致缪钺的信中，也谈到自己近期的研究工作，当然还有病情和时局了，朱自清说："弟半年来连发胃疾三次，骨如柴立。下年度休假，须小心静养，冀可复原。但时事紧张，日日在神经战中，欲真得静养，亦殊不易耳。稍暇拟草考证与批评一文，介绍美国近年历史的、批评的方法，说明治学不当以冷静琐屑之考证自限。"当晚，他还出席中文系读书晚会。而接下来的两三天，都做了与书和研究有关的工作，2日进城去了一趟琉璃厂，买了书，第二天又写信给雷梦水，请雷梦水帮忙访书。自己去书肆淘书，又托朋友帮忙，说明是他研究工作的需要，是不是前边提到的那篇考证与批评一文也未可知。但不管怎么说，这几天，朱自清感觉自己的身体是可以做点工作了，访友、访书、写信、写作、接待客人，一切似乎都在向好的方面转变。8月5日这天，他的学生吴晓铃去访问他，从窗户里看见他坐在一张帆布床上，还向吴招手。吴晓铃来到朱自清家里，看到的是什么样的情形呢？在《佩弦先生纪念》一文中，吴晓铃回忆说：

　　……出城到清华园有一点事儿要接洽——其实这事也不妨公开，就是朱佩弦先生几次要我整个儿或部分地加入他的中国语文学系里工作，……于是去商量一下时间和课程的名目。……书房里的陈设依旧，木板钉成的沙发是我们在昆明居住时的发明。沙发前面的矮凳上搁着最近出版的《观察》和《知识与生活》等等期刊，非常整齐。靠墙有几架子书，我只注意到那部破了皮的《国学基本丛书》本的一百二十回《水浒》。
　　……
　　"又病了！"他的声音低闷而含混。

"还是老毛病?"

"嗯。"他把一些白色的药粉从右手拿着的盒子里倒在左手掌心,吃了下去,又喝了一点儿水。

"您得好好儿地检查一次!"

"没有检查出什么毛病。你见到浦先生了吗?"他还在惦念着这件事儿。

"见到了,而且都定规好啦!"

"我总是希望你能来帮我们!对不起——"他必须躺下才舒服些。

"您今年休假,可以出去换换环境。"

"走不动哇!经济也不许可,环境也不许可!"


朱自清说的是实情,他真的走不动了。

还是这天下午,2时半,吴晗陪一位南方来的友人来到朱自清家,这位朋友替他带来了一件衣服,另一件似乎是雨靴。说好了不必打扰朱先生,为了让他好好养息,把东西交给朱太太就可以了。但朱先生听说远道友人来,还是挣扎着出来见了一面,这一活动又出了一身虚汗,"只在这半分钟内,我看他,面庞瘦削得只剩下骨头,脸色苍白,说话声音细弱,穿一件整洁的睡衣。开始感觉到病态的严重"(吴晗《悼朱佩弦先生》)。

谁知道这竟是朱自清在家中最后一次接待客人。

这天深夜，也就是 8 月 6 日凌晨 4 时，朱自清胃部突然剧烈地疼痛，呕吐不止。陈竹隐送他到校医处检查，10 时又急送北大附属医院，诊断为胃溃疡穿孔。下午 2 时开刀手术，手术仅 40 分钟。术后情况尚好，但需要住院治疗。

朱自清住院的消息，很快在朋友间和清华、北大等校园传遍了，甚至报纸上还登了消息。认识和不认识的人都在为他担忧。北大附属医院的院子里更是会聚了很多人。医务人员之间也在传讲着他的病情，大家普遍的观点是，手术后的情况良好。听到的人都松了口气，但又马上想到他瘦弱的身体怕是经不起手术的折腾啊。朋友们都想来看他，又怕惊扰他。余冠英和吴晓铃二位早年的学生、如今的同事还想到，是不是请院方多些关照呢？于是他们便想到了大名鼎鼎的胡适之先生。二人便瞒着朱自清及家人，拜访了胡适。胡适本来也要去探望朱自清的，经余冠英一说，知道朱自清此时很虚弱，不便探视，便签了一张名片由余、吴二位带给北大附属医院院长胡传揆大夫，希望院方想尽一切办法救人救命。

手术后的朱自清神志一直很清醒。第二天，李广田去看他，"他本来是睡着的，却忽然醒了，醒来后，两眼里充满了泪水。我不敢惊扰他，但心里却激动得厉害，我一句话说不出来。他问到大学里阅新生试卷的事，他还关心到他应该负责的研究生试卷。他见我无话可说，就说：'请回去吧，谢谢！'"（李广田

《记朱佩弦先生》）王瑶说："他安静地躺在病房里，鼻子里有医生插着的管子，说话很不方便；但仍然在说话，神志很清楚。他听医生说十二指肠可能还有毛病，深恐这次开刀不能断根；又嘱咐说研究院的试卷请浦江清先生评阅；对外边的许多事都很关心。"（《十日间——朱佩弦师逝世前后记》）冯友兰去看他，他还不无幽默地说："别人是少不更事，我是老不更事。"

　　7日、8日、9日三天都没什么大问题，但人人都提着心。10日这天，"他那双眼睛已经陷下去，时而闭上，时而又便挣着张开；颤抖的唇一掀一掀，想说什么，但又很吃力，最后，他断断续续地对我说了这样两句话：'我……已……拒绝……美援，不要……去……买……配售……的……美国……面粉。'"（陈竹隐《忆自清》）这一天，远在上海的叶圣陶接到朱自清儿子的信："忽得佩弦之子来信，言乃父胃痛大作，入北大医院开刀，经过尚好，而未脱危险期。闻之不胜遥念。佩弦为胃疾折磨已久，时好时坏，今又大发，至于剖腹，不知体力能否胜。"（《东归日记》）老友的担心应验了，朱自清那过度虚弱的身体，终于没能抗住炎症的步步侵袭，这一天，肾脏发炎，失去排泄机能，出现尿中毒症状。到了11日又胃部少量出血，肺部并发炎症。

　　8月12日清晨，俞平伯等人到医院看望时，朱自清已经处于昏迷状态。

1948 年 8 月 12 日上午 11 时 40 分，这位清华名教授、新文学运动以来著名的诗人、散文作家、语文教育家，在万分不舍的亲人面前，永远离开了他无限眷恋的人世！

8 月 13 日，俞平伯、冯友兰、李广田等清华、北大师生 100 多人，聚集在北大附属医院为朱自清送行。午 11 时出殡。前为灵车，李广田等人护灵。亲友和学生乘四部汽车随在后面。近午时，灵车缓缓地驶进阜成门外广济寺下院的"五蕴皆空"的神龛里准备火化。王瑶回忆了那天火化过程："就在这个荒凉的古寺里，将棺木安置在那个嵌着'五蕴皆空'的匾额的砖龛中，用泥和砖封

朱自清追悼会

起前面来，龛顶上有一个烟囱；在冯友兰先生主祭下，大家举行了一个简单的仪式，开始在下面举火了。前面肃立着一百多人，啜泣的，失声的；烟一缕缕地从龛顶上冒出，逐渐多也逐渐浓了。就这样完结了一个人的最后存在……"

8月16日，清华大学在同方部礼堂举行追悼会。从早晨开始，陈竹隐率子女举行家祭，然后各团体公祭。朱自清的生前好友梅贻琦、冯友兰、俞平伯、汤用彤、朱光潜、沈从文、余冠英等五六百人参加了公祭，人们脚步缓慢、心情沉重地走过柏枝扎起的灵堂门，走到一幅墨画的朱自清遗像前，一一行礼，四周是无数花圈、挽帐。夫人陈竹隐女士的挽联摆放在最显眼的位置：

十七年患难夫妻，何期中道崩颓，撒手人寰成永诀

八九岁可怜儿女，岂意髫龄失恃，伤心此日恨长留

10时55分追悼仪式开始，清华大家唱合唱团齐唱挽歌，许多人不能自禁，纷纷泪下，有人拿着手帕频频擦拭。追悼会主席冯友兰致悼词：

数十年来，朱先生对中国文艺的贡献和学术上的贡献极大。他的病，他的死，都是由于生活上的清苦和不能获得休

息……本校中文系，在闻一多先生和朱先生领导下，发现了自己的正确道路，两位先生都不幸相继逝世，但中文系今后仍将循着这条道路为发展中国新文学而努力。朱先生二十多岁就开始写作，写，写，一直写到死，他苦了一辈子，但从不说句穷，我们决定为他汇编一部完整的全集留为纪念……

追悼会上，浦江清介绍了朱自清的生平，梅贻琦校长、清华大学学生代表、北京大学教职员代表罗常培、燕京大学代表陆志韦等人陆续致辞。

梅贻琦连日来为保卫学校、保护学生到处奔走。疲惫、烦恼、担忧与失去好友、同事的悲哀使他失去了往日的神采。他致辞的声调极其缓慢："朱先生对人谦和而虚心，但大原则却能坚持到底，所以是一位好老师、好同事和诚挚的友人。二十多年来，为了责任，丢了身体，今年本该是休假，为了要把系里的事交待清楚，把就医的时间都拖后了，不幸竟因此而不起……"他哽咽着说不下去了，沉默片刻又说："希望大家以后多多注意身体，不要再因此造成无可补偿的损失，别再给人以无限的悲痛。"梅贻琦强忍的泪水还是涌出眼眶，人群中啜泣声响成一片。

追悼会结束后，人们来到遗物展览室，展览室四壁挂满了挽联。在各种简朴的日常生活用品和众多的著作文稿中，那篇未完成的《论白话》也陈列其中，只写了三页半稿纸……

10月24日，朱自清先生遗骨葬于北京西山万安公墓，家人为之筑成衣冠冢。冯友兰书写了墓碑。一代名师入土为安了，而留下的"背影"却永远为世人所怀念。

附 录

# 关于《背影》

## ——《背影》新版编后记

《背影》收入作者散文 15 篇，初版于 1928 年 10 月，出版者为上海开明书店。到 1949 年，再版了十余次。

该书共分为甲、乙两辑。甲辑收散文 12 篇，乙辑只有 3 篇。无论以篇数或字数算，都不够等量。或许正如作者所说，是"风格有些不同"吧。但乙辑 3 篇里有 2 篇是旅行中的杂记，而另一篇又可归小品文一类。此种分法，可能 2 篇更显单薄，3 篇或可一卖吧。

甲辑第一篇《女人》写于 1925 年 2 月 15 日，朱自清还在上虞白马湖春晖中学教书。此时，他和俞平伯编辑出版的《我们的七月》由上海亚东图书馆出版后，受到读者和朋友们的积极好评，他和俞平伯也信心满满，正准备再接再厉编写《我们的六月》。其实这两本带有期刊性质的书，内容均出自朱、俞二人之手。在朱自清来说，或许正是《我们的七月》出版成功，又经常去上海，和叶圣陶、沈雁冰、胡愈之、周予同、郑振铎、王伯祥、俞平伯等人交谊日深，加上春晖中学闹了风潮，使他萌生了想换个职业的想法。在1925年1月30日给俞平伯的信中说："我颇想脱离教育界，在商务觅一事，不知如何？也想到北京去……如有相当机会，尚且为我留意。"《女人》的写作，虽然与他想"脱离教育界"没有什么关联，但要想到"商务"或得到"相当"的机会，必须要创作更多的作品才有说服力。该文以一个叫白水的人的口吻，叙述了对于女性的感受和欣赏，文笔细腻、温婉，分析、议论都具有相当的说服力。《白种人——上帝的骄子！》写于1925年6月19日，是写上一年的暑假在上海电车上受到白人儿童轻蔑的事。此事虽小，对他的刺激却很大，白人骨子里轻视中国人的嘴脸跃然纸上。这篇文章也是有背景的，就在不到二十天前的5月30日，上海发生了五卅惨案，英租界的巡捕开枪打死打伤了数十位参与抗议游行的中国工人和学生。因新闻传播闭塞，6月1日朱自清才听到惨案的消息，这让他十分震惊，直到多年后在写《你我》的"自序"时，还称惨案是"惊天动地"的大事件。惨案发生后不久的6月10日，朱自清的心情还不能平静，挥笔写作了新诗《血歌——为五卅惨剧作》，诗中对帝国主义者屠杀中国人民的暴行表示了极大的愤慨，号召同胞起来抗争。所以，"去年暑假"发生在电车上的这件小事，才又涌上他的心头。《背影》写于1925年10月，朱自清从白马湖畔来到清华大学教书约有两个月了。已经有两年多不曾见面的父亲得知他"北来后"，给他写了一封信，信中述说了自己的病情，有"大约去之期不远矣"的感叹，这才勾起他对父亲的怀念，牵连地想起七八年前，他还在北京大学读书时，父亲遭遇的家庭变故致使祖母去世，他来到徐州和父亲一起回家奔丧的往事。《阿河》写于1926年1月，此篇和《女人》略有联系，《阿河》中的"我"是一位姓白的老师，而《女人》中的讲故事人白水，也出现在该文中。朱自清在序言中所说的"其中有两篇，也许有些像小说"，就是指《阿河》和《飘零》。如果把《阿河》当作小说来读，这是一篇非常成功的小说，作者塑造了一个年轻美丽、性格鲜明的女佣阿河，为了抗争不幸福的婚姻、追求幸福生活的故事。文中对乡村别墅周围环境的描写，"我"被阿河的美丽所吸引的大量的心理描写，都堪称杰作。《哀韦杰三君》写于1926年4月2日。韦杰三是清华学校大学部的学生，在三一八惨案中连中四弹不治而亡。朱自清在文中回忆了和韦杰三的交往过程，感情真挚动人。1926年暑假期间，朱自清从北京回到上虞白马湖畔度夏，7月20日写作了《飘零》，这一篇带有意识流和现代派的风格，虽然文中的"W"是指汪敬熙，有散文的元素，当作小说来读似乎更有味。在暑假里，他又接连写作了关于白采的两篇文章，一篇是 8 月 27 日完稿的书评《白采的诗〈赢疾者的爱〉》，另一篇就是收在《背影》里的《白采》。写作《白采》时，假期即将结束，朱自清于 8 月 29 日到达上海，住在立达学园，并和叶圣陶见了面。第二天，朱自清赴消闲别墅，参加一场盛大晚宴，同席的有鲁迅、郑振铎、刘大白、夏丏尊、陈望道、沈雁冰、胡愈之、叶圣陶、王伯祥、周予同、章锡琛、刘薰宇、周建人等，据王伯祥日记记载："公宴鲁迅于消闲别墅，兼为佩弦饯行。佩弦昨由白马湖来，明日后将北行也。"由此推测，《白采》写作时间应在 29 日晚间和 30 日、31 日。和《白采》相关的，是《〈梅花〉后记》。从《白采》一文中，我们得知，一是，白采和《梅花》的作者李芳也是熟悉的，并且知道李芳已经将诗集交给朱自清删改了。二是，白采并不知道朱自清的地址，却知道俞平伯的通联方式，才请俞平伯转信。三是，白采写小说《作诗的儿子》，一来悼念好友，二来是用来"讥讽"朱自清的。四是，朱自清虽然致白采一封长信，却没能得到白采的谅解或理解，只说了几句"半冷半热的话"。也正是有了这些元素，才让朱自清在上海的旅途中，把《白采》赶了出来。同时，朱自清也挂记着《梅花》，而且一直念念不忘。到了 1928 年，因了他和开明书店的关系，《梅花》才得以在该书店出版，朱自清这才有机会写成《〈梅花〉后记》。虽然《梅花》找到了归宿，朱自清的心情却并不轻松，"倒像有几分秋意似的"。值得一说的是，夏丏尊、俞平伯等人均写过关于白采的文章。俞平伯的《与白采书》，文中还称赞白采的诗是"近来诗坛中杰作之一"。《荷塘月色》写于1927年7月，正值暑假。朱自清是在这年的1月中旬，由北京去白马湖的，1月24日，将家一分为二，把迈先、逯先交家人带回扬州，自己和夫人带采芷、闰生北上，先住在清华园西院16号。到了这年的6、7月，国内政局不稳，学校提前放暑假，朱自清在接连写了几首拟古词之后，感情受到政局的触动，写作了《荷塘月色》，借环境渲染，表达了对政局变幻的担忧。同样的担忧，在散文《一封信》里也有流露，而且连续多天没有走出这样的情绪。到了1928年2月7日，在书信体散文《那里走》里，经过彷徨后痛苦地思索，确立了自己的生活准则："我在petty bourgeoisie里活了三十年，我的情调，嗜好，思想，伦理，与行为的方式，在在都是petty bourgeoisie的；我彻头彻尾，沦肌浃髓是petty bourgeoisie的。离开了petty bourgeoisie，我没有血与肉。……我既不能参加革命或反革命，总得找一个依据，才可姑作安心地过日子。我是想找一件事，钻了进去，消磨了这一生。我终于在国学里找着了一个题目，开始像小儿的学步。"由此，朱自清遁入了书斋，开始他的学问人生。《怀魏握青君》写于1928年5月25日，对魏握青的特立独行的性格做了细致的描写。《儿女》写于 1928 年 6 月 24 日。这年的 1 月 11 日，朱自清的三女儿朱效武（《儿女》中的阿毛）出生于北京，家中孩子多达五个，其乐融融的大家庭和孩子们稚拙可爱的种种情态给他带来辛苦也带来快乐，字里行间透出浓浓的喜嗔忧乐和父子亲情。

乙辑里的三篇，第一篇《旅行杂记》写作年代最早，文分三节，前两节大约写于 1924 年 7 月上旬，7 月 14 日和 8 月 11 日分两次在《时事新报》副刊《文学周报》第 130 期和第 134 期发表，未续完，发表时署名 P.S.。到了这年的 11 月 10 日，又写作第三节《第三人称》。《海行杂记》是朱自清在 1926 年 6 月 29 日由天津乘通州海轮回白马湖度夏时在船上的遭遇和见闻，述说了茶房的势利和"行路难"的感受。《说梦》一文写于 1925 年 10 月。该文的写作，我一直以为是受俞平伯发表在《我们的六月》上的《芝田留梦记》《芝田留梦行》的影响。俞平伯在和朱自清合作《我们的七月》《我们的六月》时，少不了常谈"梦"。俞平伯对"梦"越陷越深，陆续有《梦游》《梦记》等，后来还专门写了本《古槐梦遇》。俞平伯的谈梦，连带也影响了朱自清，写一篇《说梦》也就不奇怪了。

《背影》所收的文章，时间上跨度不大，最早的一篇《旅行杂记》写于 1924 年 7 月上旬，最迟的一篇《儿女》写于 1928

年 6 月。但是在朱自清的思想上，跨度却不小，主要体现在
1927 年初夏到秋天开始的始于南方的那场风暴，《荷塘月色》
和《一封信》可以看成是思想转变的分界线。

2018 年 3 月 5 日于燕郊

# 关于《你我》

## ——《你我》新版编后记

    1934 年 12 月，朱自清为散文集《你我》写作了序言。朱自清在序文中说，作为"文学研究会创作丛书"之一的《你我》，是"郑振铎兄让我将零碎的文字编起来"的。

    这里所说的"零碎"文字，要从 1924 年 8 月 17 日为俞平伯诗集《忆》写"跋"说起。《忆》是俞平伯一本回忆童年美好时光的新诗集，由丰子恺插图。朱自清在写这篇跋文时，显然最了解俞平伯作此诗集时的心情，他俩不仅是大学前后届的同学，同是《新潮》的作者，还是知交好友，多次一同出游，相邀写同题散文，甚至在西湖划船三天三夜。朱自清读了《忆》之后，也是感同身受，"跋文"洋洋洒洒一挥而就，朱自清说："平伯君有他的好时光……子恺君又画出了它的轮廓，我们深深领受的时候，就当是我们自己所有的好了。'你的就是我的，我的就是你的'，岂止'慰情聊胜无'呢？培根说：'读书使人充实'；在另一意义上，你容我说吧，这本小小的书确已使我充实了！"又说："你想那颗一丝不挂却又爱着一切的童心，眼见得在那隐约的朝雾里，凭你怎样招着你的手儿，总是不回到腔子里来；这是多么'缺'呢？于是平伯君觉着闷得慌，便老老实实地，像春日的轻风在绿树间微语一般，低低地，密密地将他可忆而不可捉的'儿时'诉给你。"从这篇《〈忆〉跋》开始，陆续是《"海阔天空"与"古今中外"》（1925年5月9日，初发于这年6月出版的《我们的六月》),《山野掇拾》（1925年6月2日，初发于这年6月出版的《我们的六月》),《〈子恺漫画〉代序》（1925年11月2日，初发于这年11月23日《语丝》第54期），《白采的诗〈羸疾者的爱〉》（1926年8月27日，初发于这年10月5日出版的《一般》10月号第2期),《〈萍因遗稿〉跋》（1926年11月10日，初发于这年12月5日出版的《文学周刊》第253期),《〈子恺画集〉跋》（1926年11月10日，初发于这年12月5日出版的《文学周刊》第253期),《〈粤东之风〉序》（1928年5月31日，初发于这年11月28日出版的《民俗》第36期),《〈燕知草〉序》（1928年7月31日，初发于这年9月3日出版的《语丝》第4卷第36期）。写到这里，我发现一个有趣的现象（或者是疑问），在写作《〈燕知草〉序》同一天，朱自清也写作了《〈背影〉序》。《燕知草》是俞平伯的一本散文集，《背影》是朱自清自己的散文集。也就是说，朱自清的《背影》，大致于这天或此前的某天编成，再来检索一下《背影》所收的文章，基本上和《你我》里所收的上述列举的文章写作于同一时期，如《女人》，写作于 1925 年 2 月 15 日；《白种人——上帝的骄子！》，写作于 1925 年 6 月 19 日；《背影》，写作于 1925 年 10 月；《阿河》，发表于 1926 年 1 月 11 日；《哀韦杰三君》，写作于 1926 年 4 月 2 日；《飘零》，写作于 1926 年 7 月 20 日；《海行杂记》，写作于 1926 年 7 月；《白采》，写作于 1926 年 8 月底；《荷塘月色》，发表于《小说月报》第 18 卷第 7 号；《一封信》，写作于 1927 年 9 月 27 日；《〈梅花〉后记》，写作于 1928 年 5 月 9 日；《怀魏握青君》，写作于 1928 年 5 月 25 日；《儿女》，写作于 1928 年 6 月 24 日。至此，《背影》一书里的所有文章基本收集齐全，而且全部写于这一时期。我的疑问是，《背影》那么单薄的一本小册子，为什么不把后来收在《你我》里属于散文的那部分收入呢？应该说，这一时期朱自清的散文随笔是一脉相承的，他的文章的变化（更趋于理性），虽然《你我》里已经显现了出来，较大变化应该是在出版《你我》之后。不过，也许正如朱自清在《自序》里所说："因为自己作文向不保存，日子久了便会忘却，搜寻起来大是苦事。"所以编《背影》时只是随手选择的。为了强调"遗忘"，作者又说："稿子交出了，才想起了《我所见的叶圣陶》，《叶圣陶的短篇小说》，《冬天》，《〈欧游杂记〉自序》；稿子寄走了，才又想起了《择偶记》，想起了《〈老张的哲学〉与〈赵子曰〉》。偶尔翻旧报纸，才又发见了《论无话可说》；早已忘记得没有影子，重逢真是意外——本书里作者最中意的就是这篇文字。"但单纯说是遗忘，也似乎让人不太服气，比如有两篇文章，写作时间只相隔几天，或在同一个月里，却先选进了《背影》，而把另一篇留了下来，待十几年后又选进了《你我》里。记忆也许是个怪东西，会在十几年后重新恢复也未可知。

　　《你我》有两篇关于小说的书评，一篇是《给〈一个兵和他的老婆〉的作者——李健吾先生》，另一篇就是《〈老张的哲学〉与〈赵子曰〉》。李健吾的这篇小说，部分章节发表在1927年12月出版的《清华文艺》第5期上，有作者的一个前言和自序。朱自清的这篇书评写于1928年12月4日，是以口语对话体的风格简评这篇小说的，这种写法是书评中的一个创造，闲散而轻松，这或许是李健吾是他的学生的缘故吧。二人的关系一直很好，以后也保持相当长的一段时间（比如二人曾结伴去欧洲旅行、学习），朱自清在日记中多有记述，如1933

年 9 月 21 日日记云："健吾下午来，谈甚欢。先言外国诸友情形，秦君甚苦，吴君成绩极佳，已在法就事。又谈在沪遇茅盾情形，茅开口讲社会问题。健吾开口讲艺术（技巧），默揣两方谈话情形，甚有味，而圣翁则默坐一旁，偶一噫气而已。又谈其评弗罗贝尔，先述一书来历，次述故事，次批评；谓孟实、同舟来时，甚盼其用同样方法批评《红楼梦》等书云。又述其翻译计划。健吾兴致谈吐一如当年，但亦略有老成气矣。其谈小剧院事，理想甚好。论《子夜》谓太啰嗦又句法写法变化太少。"《老张的哲学》和《赵子曰》是老舍的早期作品，前者写于 1925 年在英国伦敦一所学校做华语教员期间，在 1926 年 12 月 10 日出版的《小说月报》第 17 卷第 7 号上开始连载，商务印书馆 1928 年 1 月出单行本。《赵子曰》写于稍后的 1926 年，1927 年 3 月 10 日在《小说月报》第 18 卷第 3 号上开始连载，商务印书馆 1928 年 4 月出单行本。这两部小说初步显现了老舍讽刺、幽默的写作风格。朱自清对这两部小说的结构、描写和叙事风格进行了解读和剖析。此后，朱自清又创作了《中年》（未收入《你我》）、《白马湖》（未收入《你我》）、《扬州的夏日》、《看花》、《南行通信（一）》（未收入《你我》）、《我所见的叶圣陶》、《叶圣陶的短篇小说》、《论无话可说》等散文。从 1930 年夏天开始，朱自清的散文随笔创作明显减少了，除收在《你我》中的《〈谈美〉序》《给亡妇》外，自 1933 年下半年才又多起来，至1934年10月，相继写了《你我》《〈文心〉序》《潭柘寺 戒坛寺》《说扬州》等篇，《谈抽烟》和《南京》两篇是应沈从文和叶圣陶之约写的，另外还有散文《春》（未收集）和多篇未收集的书评、论文，这段时间里，主要精力都用在写《欧游杂记》和《伦敦杂记》里的文章了。另外需要说明的是，《说扬州》一篇，原是收在《你我》里的，出版社在编辑该书时，临时把这篇抽掉了。该篇有作者对扬州好的一面和坏的一面的印象，还是比较客观的，出版社怕再生一个"易君左案"，为了保险起见，只好割爱。朱自清在《我是扬州人》里有记述："我曾经写过一篇短文，指出扬州人这些毛病。后来要将这篇散文收入散文集《你我》里，商务印书馆不肯，怕再闹出'扬州闲话'的案子。"

《你我》分甲、乙两辑，朱自清在自序里说"甲辑是随笔，乙辑是序跋和读书录"。"乙辑是序跋和读书录"没错，说"甲辑是随笔"，多少有些成疑。随笔和散文虽然向来不好区分，但大致还是能分的。严格地说，《"海阔天空"与"古今中外"》《论无话可说》《你我》《谈抽烟》等作为随笔是没错的，《扬州的夏日》《看花》《冬天》《择偶记》等就是地地道道的散文了，说这几篇是随笔实在勉强。朱自清早期的散文大都收在《踪迹》《背影》里了，《你我》所收的散文，从1924年第一篇《〈忆〉跋》至最后一篇《南京》，历时十余年，处在从早期到中期的过渡时期，是朱自清散文随笔的精髓之一，作品的风格也发生了细微的变化，由早期的真挚清幽，渐渐过渡为说理议论，用笔也更加老到了。

该书由商务印书馆于 1936 年 3 月出版。

2018 年 3 月 28 日于燕郊

# 关于《论雅俗共赏》

——《论雅俗共赏》新版编后记

进入 1948 年，朱自清的胃病越来越严重了。在元旦这天，清华大学中文系师生在余冠英的住宅举行新年同乐会，事实上就是一场私人性质的晚会，朱自清也参加了。据参加晚会的柏生先生在《纪念朱自清师逝世二周年》一文中回忆说："当时从解放区带过来的秧歌，已经在清华园里流行。那天的晚会主要节目就是扭秧歌。自清老师带着病，但是还兴致勃勃地和同学们在一起热烈地扭起来。同学们给他化了装，穿上一件红红绿绿的衣服，头上戴了一朵大红花。他愉快地兴奋地和同学们扭在一个行列里，而且扭得最认真。他这种精神使许多师生受了感动。"文中提到的"带着病"，就是指他的胃病。带病扭秧歌，我私自猜测，除了对这种新生事物的接受，更多的还是想着锻炼身体。早在 1947 年 10 月 24 日，朱自清日记曰："晚参加中国文学会之迎新会，学扭秧歌。晚会甚有趣。惟梦家的话令人不快。"朱自清不是一个保守派，对扭秧歌之事，觉得"甚有趣"，很愿意接纳。但陈梦家却说了一些风凉话。陈梦家说了些什么呢？据朱自清学生周华回忆，陈梦家认为是很可笑的、"无法明了"的事。但是，在同学们看，却不是这样，"在我们初想到这样一个瘦瘦的五十岁的人，挤在男女学生一起，也进三步退三步地舞起来，似乎觉得不很习惯。可是，只要我们不肯停顿这最表面浮浅的看法，只要我们还有一点理智来明了这中年的精神，那么，当我们看到这种向一个新时代学习的态度，这种对人生负责的严肃态度，应该不胜钦敬罢"（《由哀悼死者想起》，作者周华，载 1948 年 8 月《大公报》）。朱自清的日常生活，就是教学和写作，在胃病折磨他的那些日子里，他会想到自己的身体，会想到如何强身健体，扭扭秧歌，适当地运动运动，舒展一下筋骨，应该就是很实在的动因吧。朱自清复员回京后，在日记里，多次有关于写文章的记录，如 1947 年 10 月 1 日，连续 10 天，都在写文章。此外也有多次关于胃病发作或"甚倦""疲倦""甚疲""疲甚""倦极"的记载，如 1947 年 12 月 27 日日记云："读《西沃尼》杂志。疲倦。"29 日日记云："参加庆祝梅先生诞辰的晚餐会，饮酒甚多。"或许是饮酒多又加写作的缘由吧，30 日日记云："写成《诗与话》一文。疲甚。"1948年1月2日朱自清胃病发作，当日日记写道："胃不适，似痛非痛，持续约十二小时，最后痉挛，整夜呕水。"3日日记有"看病"的记录。4日日记云："下午不得不卧床，整夜呕水，苦不堪言。"5日日记云："休息。不能进食。"6日日记云："仍病卧。"7日日记仍"休息"。8日日记云："饮藕粉少许，立即呕吐。"9日日记云："饮牛乳，但甚痛苦。"10日日记云："无进步。"11日日记云："稍好转，欲起床。"连续十多天的病，对于一个体重只有40多公斤的人来说，实在是难以抵挡啊！在和病魔抗争中，他的文章照写不误。比如1948年2月10日的日记云："下午出去拜年，不过还是忙里偷闲为昨日开始的文章写了一页纸。"11日、12日、13日都在写文章和改文章，16日也有"继续写文章"的记录。18日，"完成文章"。19日，"修改文章"。22日日记云，"开始写《说老实话》一文"，到了24日方"写完文章"。一边生病，一边写文章，这还不算写信、日常事务和教学工作。这样写着病着，病着写着，到了3月7日，病情加重了，当天的日记曰："晚大量呕水。"10日"胃病恶化"。11日："午饭食过量，胃胀。……胃痛又犯，整夜呕吐不能入睡。此上月以来第二次发作。"12日："减食。开始写《文物·旧书·毛笔》一文。仍感胃痛。"19日："胃极不舒。……晚胃痛并呕吐。"20日至23日也有"呕吐""仍呕吐不止""仍呕吐""倦甚"等记录。25日日记云："卧病多日，今日始下床。每隔两小时吃一次东西，且不能与孩子同桌进食，实一生中最危急关头。"读到此处，真让人倍感痛惜。陈竹隐在《忆佩弦》一文中也说"他五十一岁了""身体更加衰老""带着一身重病，拼着命多写文章，经常写到深夜甚至天明"。

《论雅俗共赏》一书，就这样，在病痛中写作、编成了。

朱自清如此的勤奋，生怕蹉跎了岁月，耽误了时光，在1947年12月写作《标准与尺度》的自序里，更是直白地说："我得多写些，写得快些，随便些，容易懂些。"就在编辑《论雅俗共赏》期间，还写了一首带有自勉性质的旧诗："中年便易伤哀乐，老境何当计短长。衰疾常防儿辈觉，童真岂识我生忙。室人相敬水同味，亲友时看星坠光。笔妙启予宵不寐，羡君行健尚南强。"自注说："夜不成寐，忆业雅《老境》一文，感而有作，即以示之。"

《论雅俗共赏》的编选原则，朱自清在"序"中说得很明白了，"其中《美国的朗诵诗》和《常识的诗》作于三十四年"，即1945年。《美国的朗诵诗》就发表在1945年出版的《时与潮文艺》上，该杂志是1943年创刊的，老舍、臧克家等人都在该杂志发表过作品。《时与潮文艺》是中国抗日战争时期一份质量较高的比较文学和世界文学专业期刊。《常识的诗》发表在1945年的《文聚》杂志上。《文聚》杂志，是西南联大"文聚社"主办的一本杂志。1941 年，由西南联大爱好文学的学生发起成立，早期社员有林元、蔡汉荣、李典、马杏垣、穆旦、杜运燮、汪曾祺等人，除编印《文聚》（1942 年 2 月 10 日创刊，1945 年为"文聚社"同人主编的报纸《独立周报》的副刊），还出版《文聚丛书》。时任西南联大教授的朱自清，不但支持"文聚会"，还把稿子给《文聚》，以实际行动支持"文聚社"。《论逼真与如画》初稿写作于 1934 年，"是应郑西谛兄的约一晚上赶着写成的"，朱自清在选编该书时，"重读那篇小文""觉得有些不同的意见""因此动手重写""又给加了个副题目'关于传统的对于自然和艺术的态度的一个考察'"。除了这三篇外，其他各篇写作起手于 1947 年 8 月 19 日，第一篇叫"论朗诵诗"，共花费了五天时间。该文对抗战以来兴起的朗诵诗，做了详细的分析和论述。朗诵诗具有号召性、战斗性和鼓舞性的特征，节奏感强，老百姓能听得懂，可以激发人的思想。朱自清在该文中指出其内容特征在于表达了群众的心声，其艺术特点在于火爆简练，其作用是宣传的工具和战斗的武器。像朗诵诗这种形式，应该就是属于雅俗共赏型的吧。和《标准与尺度》一书相同，《论雅俗共赏》也是一本新创作的杂文论文集。在 1947 年下半年新学期开学后的一段时间里，朱自清开始密集地创作，10 月 10 日作《论百读百厌》，10 月 15 日作《鲁迅先生的杂感》。关于这篇文章，朱自清在"序"里也有专门的交代，说该文是"给《燕京新闻》作的鲁迅先生逝世十一周年纪念论文，太简单了，本来打算不收入本书的，一位朋友却说鲁迅先生好比大海，大海是不拒绝细流的，他劝我留着"。朱自清和鲁迅认识很早，却没有什么交情，这是人所共知的。鲁迅和那么多人"战斗"过，却一直对朱自清很"客气"，从另一面也说明朱自清的为人和做文，虽然不能说受到了鲁迅的欣赏，至少鲁迅是不反感的。朱自清的这篇文章，并非像他说的"太简单了"，是真实地谈出了一点东西的，特别是他认为鲁迅把诗和文结合成"杂感"，是创造了新的文体，还颇为欣赏地写道："'狭巷短兵相接处，杀人如草不闻声'，这是诗，鲁迅先生的'杂感'也是诗。"朱自清指出，鲁迅对自己像"投枪"和"匕首"的短章，被人称作"杂感"，并没有什么不快，还在《三闲集》的序言里自我调侃："有些人，每当意在奚落我的时候，就往往称我为'杂感家'。"但他还是愿意称自己的这类文章为"杂文"，在《二心集》的序里，就说"这是一九三〇年与三一年两年间的杂文的结集"。朱自清最后的结论是，"杂文"于是乎成了大家都能用，尖利而又方便的武器了。

10月26日作《论雅俗共赏》，该篇从雅俗共赏这一成语着手，分析了自唐宋以来，中国上层社会的士大夫文艺和民间流传的通俗文艺相互影响的关系和趋势，指出抗战以来从通俗化运动到大众化运动的发展过程，使现代文艺走向没有"雅俗"，只有

"共赏"的局面。从上述这些文章来看，朱自清并没有躲进书斋，写那些高头讲章，而是和现实生活相互挂钩和映照，文章为时代所用。特别是费时四天、于11月15日完成的《论书生的酸气》一文中，在剖析了中国传统知识分子"寒酸"的弱点后，一针见血地说："至于近代的知识分子，让时代逼得不能读死书或死读书，因此也就不再执着那些古书。文言渐渐改了白话，吟诵用不上了；代替吟诵的是又分又合的朗诵和唱歌。最重要的是他们看清楚了自己，自己是在人民之中，不能再自命不凡了。他们虽然还有些闲，可是要'常得无事'却也不易。他们渐渐丢了那空架子，脚踏实地向前走去。早些时还不免带着感伤的气氛，自爱自怜，一把眼泪一把鼻涕的；这也算是酸气，虽然念诵的不是古书而是洋书。可是这几年时代逼得更紧了，大家只得抹干了鼻涕眼泪走上前去。这才真是'洗尽书生气味酸'了。"在1947年12月里，朱自清一个月内写作各种文章九篇，其中有四篇收在《论雅俗共赏》里，计《歌谣里的重叠》、《〈语文通论〉〈学文示例〉》（收入《论雅俗共赏》时改题为"中国文的三种型——评郭绍虞编著的《语文通论》与《学文示例》"）、《禅家的语言》、《诗与话》。朱自清这么一路写下来，到1948年2月28日，他写作序言时，《论雅俗共赏》一书已经编好，收入杂论十四篇。朱自清在序中说："所谓现代的立场，按我的了解，可以说就是'雅俗共赏'的立场，也可以说是偏重俗人或常人的立场，也可以说是近于人民的立场。书中各篇论文都在朝这个方向说话。《论雅俗共赏》放在第一篇，并且用作书名，用意也在此。"

该书于 1948 年的 5 月作为"观察丛书之七"，由上海观察社出版发行，正是朱自清胃病加重之时。上海观察社是著名报人、出版家储安平创办的，编辑出版《观察》周刊。朱自清的那篇《论雅俗共赏》就发表在 1947 年 11 月 18 日出版的《观察》第 3 卷第 11 期上，另一篇《论朗诵诗》也发表在《观察》上。该杂志创刊于 1946 年 9 月，最高发行量达到十几万份。

在本书编辑过程中，所据的就是上海观察社的版本。

2018 年 1 月 5 日

# 关于《语文影及其他》

## ——《语文影及其他》新版编后记

　　和《论雅俗共赏》一样,《语文影及其他》也是抱病编成的。

　　在长期的教学和写作中,朱自清深知口语、方言等语言是白话写作中的重要一部分,其意义非常值得研究,"十几二十年前曾经写过一篇《说话》,又写过一篇《沉默》,都可以说是关于意义的。还有两三篇发表在天津《大公报》的《文艺副刊》上……这两三篇东西,有一位先生曾经当面向我说:'好像都不大好了',我自己也觉得吃力不讨好,因此丢就丢了,也懒得托人向报馆或自己去图书馆在旧报里查一下"(朱自清1948年3月《语文影及其他·序》)。

　　西南联大时期的朱自清,经过一段时间的思考和沉淀,对于这类题目重新有了兴趣，于1939年5月31日写了一篇《是勒吗》，后边还加了破折号，谓"语文影之一"。

"语文影"系列文章的写作，开启了他语文研究的一扇窗户。在说到"语文影"写作的缘起时，朱自清在《写作杂谈》里说："我读过瑞恰慈教授的几部书，很合脾胃，增加了对语文意义的趣味。从前曾写过几篇论说的短文，朋友们似乎都不大许可。这大概是经验和知识还不够的缘故。但是自己总不甘心，还想尝试下。于是动手写《语文影》。"朱自清的这段话，和他在《语文影及其他》的《序》里所说差不多，而朋友们的"不大许可"或认为"不大好"，也是他"总不甘心"的缘由。

这篇《是勒吗》写成之后，随即就发表在昆明《中央日报》的副刊《平明》第17期上。但隔了好几个月，直到1939年10月16日，朱自清才花两天时间，写了第二篇《狠好》。隔了这么长时间才有第二篇问世，中间有了点小插曲，原来，《是勒吗》发表之后，"挨了云南人的骂，因为里面说'是勒吗'这句话是强调，有些不客气。那时云南人和外省人间的了解不够，所以我会觉得这句话本质上有些不客气，后来才知道这句话已经不是强调，平常说着并不带着不客气。当时云南人却觉着我不客气，纷纷地骂我；有些位读过我的文章来骂我，有些位似乎并没有读到我的文章，只是响应骂我的文章来骂我，这种骂更骂得厉害些。我却感谢一位署名'西'字的先生的一篇短短的平心静气的讨论，我不知道他是哪里人。他指出了我的错误，说这句话应该写成'是喽嘛'才对，他是对的"（《语文影及其他·序》）。其实这篇《狠好》，后来在收入《语文影及其他》时，也改作现在我们通常所说的《很好》了。1940年2月1日，写作了《如面谈》，花了四天时间。近一年后的1941年1月5日才又写了篇《撩天儿》，这篇文章发表在《中学生战时半月刊》上。"战线"如此之长，可见朱自清是把"语文影"系列文章当作长期计划的。后来陆续还有这方面的语文杂论，如《不知道》等，就没有加上副标题"语文影之几"的字样了。

　　"语文影"系列文章和关于语言文字的杂论，后来被朱自清编入《语文影及其他》一书中，已经是1948年3月了，其时朱自清胃病严重，时好时坏，3月19日至25日，几乎每日呕吐。在给次子朱闰生的信中说："我最近又病了六天，还是胃病，不能吃东西，现在复原了。这回瘦了很多，以后真得小心了。"也是在这个月里，朱自清抱病开始编辑《语文影及其他》并写了序言。除了少数几篇，书里的大部分文章，都是写于西南联大时期，第一篇《是勒吗》距编书时，已长达九年。朱自清在"序"中叙述了这本书的缘起和内容，称原打算写两部书，一部是《语文影》，主要谈"语言文字的意义"，"但是这类文章里不免夹着玩世的气氛，后来渐渐不喜欢这种气氛了，就搁了笔"。另一部是"及其他"，朱自清说，"指的是《人生的一角之辑》，

《人生的一角》也是计划了而没有完成的一部书。我没有发表过这个书名，只跟一两位朋友谈起过。这一类文章应该说是从《论诚意》起头"。朱自清本想"站在'一角'上冷眼看人生"，但因也沾着玩世的味儿，认为"时代越来越沉重，简直压得人喘不过气，哪里还会再有什么闲情逸致呢！我计划的两部书终于都在半路上'打住'了。这儿这本拼凑起来的小书，只算是留下的一段'路影子'罢了"。

在编书过程中，朱自清想起那篇《是勒吗》闹的小纠纷，他参照当时的相关意见，做了修改，"题目里跟本文里的'勒吗'也都改过了"。又说，"《是喽嘛》之后，我又陆续地写了一些。曾经打算写得很多，《语文影》之外，还要出《语文续影》《语文三影》"。这可真是大计划啊！可惜这些计划都没有完成，真是被"越来越沉重"的生活重负"压得人喘不过气"来了。对于书名中的"及其他"，朱自清也做了说明，"本来打算叫作《世情书》，'世情'是'世故人情'的意思。后来恐怕有人误解'世情'为'炎凉'的'世态'，而且'世情书'的名字也似乎太大，自己配不上，就改了'人生的一角'。'一角'就是'一斑'，我说的种种话只算是'管见'；一方面我只是站在'一角'上冷眼看人生，并不曾跑到人生的中心去。这个冷眼，有玩世的味儿。《正义》一篇，写在二十五年前，也沾着这个味儿"。

《论诚意》一篇，写于在成都休假时期，该文论述了"诚意"作为人的品性和态度，在立身处世上的种种联系和区别，认为"人为自己活着，也为别人活着。在不伤害自己身份的条件下顾全别人的情感，都得算是诚恳，有诚意"。鲁迅也早就表达过这个意思，他的话更为尖刻，大意是：如果一个人做善事好事，又能让别人受益，这种事一定要做；如果做损人而利己的事，也可以去做；最不能做的，是损人而不利己的事。朱自清的"诚意"论，语气更为和气，道理更为浅显，能够为普通人所接受。所以叶圣陶将此篇文章当成范文，向中学生讲解分析。

朱自清两本书的计划，实际上"合二为一"也只完成这薄薄的一本，除一篇《序》外，共分两辑，"语文影之辑"和"人生的一角之辑"，前者收《说话》《沉默》《撩天儿》《如面谈》《人话》《论废话》《很好》《是喽嘛》《不知道》《话中有鬼》十篇。后者收《正义》《论自己》《论别人》《论诚意》《论做作》《论青年》《论轰炸》《论东西》八篇。这一辑中的文章，跨度达20余年，最早的一篇《正义》写于1924年，收在和俞平伯自办的杂志《我们的七月》里。最后一篇《论青年》写于1944年。

该书编好后，因朱自清不久即去世，未及出版。1985年10月由中国文联出版公司出版，是为初版本。

2017年11月22日

# 关于《犹贤博弈斋诗钞》

## ——《犹贤博弈斋诗钞》新版编后记

1946 年暑假期间，朱自清按惯例回成都度假。这次旅途用了四天时间，一路上费尽了劳顿和苦辛，6 月 14 日日记云："仓促赶至中华航空公司，又急忙至机场，等西康方面来飞机达三小时，晚宿聚元村二十二号。"15 日日记云："上午访雪山及子恺。将外套交雪山。参加三校叙旧晚宴。"雪山即章锡珊，子恺即丰子恺。16 日日记云："晨乘长途汽车，编号上车。前排为一对讲泸州方言之夫妇，盖世太保也。座旁为一讲本地方言之女子。在永川镇午饭，未到禅木镇天即降雨。等渡船两小时，一辆青年军汽车定要走在我们前面，他们大概看准我们的车要出毛病。果然，离内江不到一公里，司机发现两个车胎坏了，只好停车，雇人力车到镇找旅舍住下。两小时后，汽车方到并卸下行李。劳累不堪，致吃的一碗面全吐光，赶紧休息。大雨彻夜不停。"如此折腾到 17 日晚上才回到家中。到家才知道夫人陈竹隐生病住院。当日日记说"所幸病不甚重"。朱自清刚回到成都，就又开始忙碌了，一方面陪夫人治病，又接连地拜访、接待亲友或出席朋友的聚会，在接下来几天的日记里出现的朋友就有叶石荪、中舒、程千帆、吴宓、赵守愚、刘明扬、南克敬、吴景超、彭雪生、周太玄、萧公权、钱穆、谢文通等十数人。直到 7 月 1 日才坐下来，把 1937 年以来历年写作的旧体诗词，重新整理、抄写，直到 4 日，费时四天完成。当天日记云："写成诗稿，为此甚喜。"好心情是有延续的，7 月 5 日这天，他作了一首《〈客倦〉次公权韵》诗，顺手录进了新编的诗集中。又于 7 日，写成了诗集序言，该序言用骈体写成，交代了自己创作旧诗的缘起和经过，曰："惟是中年忧患，不无危苦之词；偏意幽玄，遂多戏谑之类，未堪相赠，只可自娱，画蚓涂鸦，题签入筒，敢云敝帚之珍，犹贤博弈之玩云尔。"至此，《犹贤博弈斋诗钞》编写完毕。虽然日记中说对所写的序言"不甚满意"，但心情显然比前几日更为愉快，还率领全家去照相馆拍了照片。

但这本集子并不是最终版，编好后，又陆续补充了新作的旧诗，从集子中《〈客倦〉次公权韵》之后的一首《贺金拾珊、张弢英婚礼》至最末一篇《赠程砚秋君及高足王吟秋君》的十数首，就是陆续添进手抄稿本中的。最后一首《赠程砚秋》写于 1948 年 2 月 17 日。

从该诗集编排顺序看，和另一本古典诗词集《敝帚集》一样，是以时间顺序编排的。第一首《漓江绝句》写于 1938 年 2 月 25 日，此时朱自清和长沙临时大学的师生们，正分三路千里迢迢地奔波在去昆明的路上（组建西南联大），那么是哪三路呢？一路是由大部分学生编成，组成湘黔滇旅行团，步行赶往昆明，还计划途中做些调查研究，身体好的教授愿意而且能够步行的也和学生大队一起出发。性格豪迈的闻一多就是随着"旅行团"向大后方挺进的。另一路师生由粤汉铁路乘火车到广州经香港、越南入滇。而朱自清和冯友兰、陈岱孙、汤用彤、钱穆等十余名教授走的是另一条路，乘汽车从南岳动身赶往昆明。朱自清的这一支小队伍，于 1938 年 2 月 17 日，经过一天多的旅行，于中午时分到达桂林。在接下来的几天中，朱自清和冯友兰等人游览了桂林著名的风景名胜，如七星岩、月牙山、珠洞、木龙洞、风洞山等。此后，又一连几天游览了漓江山水。朱自清在 1938 年 2 月 18 日日记中说："见到'平蛮三将碑'及'元祐党人碑'。七星岩之岩洞不如上方山。导游以韵文做说明，称为仰山，亦赶行情之意也。"在 21 日日记中说："十二时半乘船去阳朔。我们得三艘平底船，我乘较大的一艘。般行很慢，景色不错。下午七时在龙门抛锚，是一小村庄。村民正在举行仪式，他们唱着，敲着鼓，从庙里抬出一木制龙头。那歌声，在我听来很悲伤。鼓声伴着歌声敲得很响。拖拽船只上水之纤夫与船上的全体人员在同大自然搏斗时悲哀地呼喊。那喊叫和姿态很刺激我们的感觉。"这是朱自清记得较为详细的一次日记，可见村民的奠祀场景给他留下深刻的印象。晚上住在宾馆，朱自清和冯友兰等人听留声机唱片，还讨论家庭和婚姻诸事。就这样度过了极其丰富的一天。本月 22 日继续在漓江游览，更是痛快尽兴，当天的日记说："竟日在舟中。风景愈行愈美，岸上奇山如屏风。朝过大墟，晚宿羊皮村。"大约是玩得太过尽兴了吧，朱自清这天破了点小财，不小心把眼镜丢了。夜里还做了一个噩梦，在梦中几乎死去。玩了两天后，朱自清一行于 24 日这天，登上了由桂林那边开过来的汽车，教授们又是一路急行，于当日晚上到达柳州。柳州也是美丽的城市，他们还不顾舟车劳顿，趁夜参观柳州的旧城。第二天即 25日，更是早早就来到柳州名胜立鱼峰参观游览，游览结束后，即往南宁进发。

就是连续的长途奔波和顺带的参观游览，触发了朱自清的诗情和灵感，河山虽然美丽，战局却不很乐观，一路思之想之，于 1938 年 2 月 25 日到了南宁后，成诗一首："招携南渡乱烽催，碌碌湘衡小住才。谁分漓江清浅水，征人又照鬓丝来。"最后一句，化用的是陆游《沈园》诗里的"伤心桥下春波绿，曾是惊鸿照影来"之句。诗后意犹未尽，又接连写出了数首，经修订后，稿成《漓江绝句》四首，也就是《犹贤博弈斋诗钞》中的第一首。

需要指出的是，这首《漓江绝句》并不是这本诗钞的第一首。第一首应该是 1937 年 12 月 17 日所作的《南岳方广道中寄内作》，是记本年 12 月 11 日至 13 日在南岳临时大学时登衡山而发的感想。该诗原本没有收入，后来用蓝色字迹补抄的（原书稿字迹为黑色），补抄稿诗题后有"廿八年作"字样，此字样和"1939 年"疑为笔误，也可能是指修改日期。因此诗和日记里所记有一字之差，1937 年 12 月 17 日日记里所记的诗云："勒住群山一径分，乍行幽谷忽干云。刚肠也学青峰样，百折千回只忆君。"而补抄稿的最后一句为"百折千回却忆君"。接下来从《题白石山翁作〈墨志楼刊经图〉》至《发叙永，车中寄铁夫》共 40 首，作于 1940 年下半年至 1941 年 10 月，这一年多的时间是朱自清在成都的例行休假，也是他创作和研究的一个高峰期。大量诗作集中在这段时间里，可以说是《犹贤博弈斋诗钞》的一个现象；还有一个现象就是，所作的诗和叶圣陶、萧公权、浦薛凤三人关联最多。

朱自清和叶圣陶是老朋友了，此时叶圣陶也在四川，朱、叶经常见面，并还合编国语教材《略读指导举隅》和《精读指导举隅》，因此老朋友之间便常有唱和之作，如 1941 年 4 月 22

日，朱自清写了《近怀示圣陶》五古，该诗历数抗战以来个人和家庭所遭受的种种磨难，流露出一种沉郁愤懑的情绪。两天后，叶圣陶到朱宅探访，话题转到诗上来，朱自清以这首诗相赠。谈到开心处，索性携茶酒到附近的望江楼，啜茗长谈，继之小饮，欢会难得，日暮始别。这天的日记，朱自清有这样的话："圣陶确有勇气面对这伟大的时代。但他与我不同，他有钱可以维持家用，而我除债务外一无所有。"又过三天，叶圣陶还沉浸在那天的情绪中，作《采桑子——偕佩弦登望江楼》记其事："廿年几得共清游，尊酒江楼，尊酒江楼，淡日疏烟春似秋。天心人意逾难问，我欲言愁，我欲言愁，怀抱徒伤还是休。"叶圣陶在这天的日记中写道："上星期六与佩弦游望江楼，意有所怅感，今日作成《采桑子》小词，书寄之。"5月8日夜，他再于枕上成诗："天地不能以一瞬，水月与我共久长。变不变观徒隽语，身非身想宁典常。教宗堪慕信难起，夷夏有防义未忘。山河满眼碧空合，遥知此中皆战场。"这首《偶感》，可以说是《采桑子》的演进。5月10日到12日，朱自清费时两三日，又作《赠圣陶》诗一首，并写信给叶圣陶，约在公园茶叙。一时间，诗成了他们精神世界和情感世界相互联络的纽带，也是他们在国难当头、艰苦岁月中砥砺操守和弘扬正气的论坛。朱自清的《赠圣陶》为古风，长三十六句，深情叙述了二十年来和叶圣陶的友谊，同时怒斥了日寇的猖狂。该诗从盛赞叶圣陶"谦而先""狷者行"的德行起句，回忆当年在西湖荡舟、于"一师"纵谈的友情。大约是受了《偶感》的感染，朱自清不再愁苦，而是发出了抗争之意，末尾数语尤为铿锵有力："浮云聚散理不常，珍重寸阴应料量。寻山旧愿便须偿，峨眉绝顶倾壶觞。"叶圣陶得诗后，也作了《次韵答佩弦见赠之作》。1941 年 5 月 17 日，朱自清赴少城公园鹤鸣茶社等候叶圣陶，因空袭警报响起而未能相见。24 日，再次赴少城公园。朱自清在当天的日记中说："在公园遇圣陶，但迟到半小时，他在公园门外的茶室等我，而我在门内。我们评论国内形势。他示我以答赠的诗，写得很好。"1941 年 6 月 21 日，朱自清、叶圣陶又在少城公园会面，除了交换文稿之外，还少不了谈家常，话旧友，当然诗词还是他们的主要话题——朱自清把萧公权、吴徵铸、施蛰存三人的诗词给叶圣陶看，朱、叶少不了对三人的诗做了中肯的点评。这回闲谈更晚，"至五时半而别"。7 月 15 日这天，朱自清赴叶圣陶家的家宴，在座的有贺昌群。叶圣陶在日记里说："昨夜雨，今晨不止，约昌群、佩弦二兄以今日，恐未必能来……十二时，二兄果然来，大喜。即相予饮酒。饭后闲谈，亦无甚重要话，唯觉旧雨相对，情弥亲耳。"这才是真朋友啊，不一定有什么重要的事情，哪怕见上一面，也是快意。但是时间到了 1941 年 8 月 30 日，朱自清在少城公园绿荫茶社约见叶圣陶时，心情却有些异样。叶圣陶说："……佩弦至，交换看文稿诗稿，闲谈近况，颇快活。五时，偕至邱佛子吃小酒。佩弦于下月二十日以后至重庆，在重庆候机至昆明。再一二面，即为别也矣。"话中不免流露出惆怅和不舍之情。一年的休假就要结束了，好像转瞬间，朱自清又要回到西南联大教书了。在朱自清生活的时代中，"著书都为稻粱谋"，对于朱自清来讲，已经是很奢侈的说法了——教书只不过是为了糊口。9月20日这天，叶圣陶到朱自清家里来探行期，知道朱自清"拟水道至泸州，搭西南运输处车辆往昆明"。21日，叶圣陶作成二律《成都送佩兄之昆明》，为朱自清送行，诗之一云："平生俦侣寡，感子性情真。南北萍踪聚，东西锦水滨。追寻逾密约，相对拟芳醇。不谓秋风起，又来别恨新。"之二云："此日一为别，成都顿寂寥。独寻洪度井，怅望宋公桥。待兴凭谁发？茗园复孰招？共期抱贞粹，双鬓漫萧条。"1941年10月4日，朱自清最后一次和叶圣陶在少城公园喝酒，酒后，两人握手，郑重道别，朱自清眼含热泪地说，下次再见，恐怕要到抗战胜利以后了。8日，朱自清搭乘小船前往泸州，正式告别了成都。朱自清在船上念及叶圣陶的送别诗，也作诗二首，曰"别圣陶，次见赠韵"。

萧公权出生于1897年，1920年清华学校毕业，旋留学美国，几年后获得博士学位，曾任清华大学、四川大学等高校教授，朱自清在成都期间，和他来往很密切，《犹贤博弈斋诗钞》

里，朱自清和萧公权唱和的诗作约有 23 首之多。浦江清在《朱自清先生传略》里谈及朱自清这一时期的诗作时，说："暇居一年，与萧公权等多倡酬作旧诗，格律出入昌黎、圣俞、山谷间，时用新意，不失现代意味。"萧公权在《问学谏往录》中，说朱自清是他"学诗过程中最可感谢的益友"。叶圣陶在 1940 年 12 月 24 日日记中云："晨得佩弦书，抄示所作《普益图书馆记》及和萧公权诗三首……佩弦和作，如'荆榛塞眼不知路，风雨打头宁顾身'，'八口累人前事拙，一时脱颖后生多'，'尽有文章能寿世，那叫酒脯患无赀'诸韵，亦可诵。"1941 年 3 月 8 日，朱自清写旧诗《得逊生书作，次公权韵》，第二天的日记云："昨夜赋诗二首和萧君，今天为此不足道的成绩颇为兴奋。将这两首诗写给浦与萧。"这里的"浦"，即浦薛凤，逊生是他的字，浦薛凤曾和朱自清是清华大学和西南联大的同事。朱自清 3 月 16 日日记云："上午到光华大学访守愚及公权，守愚检查肾脏，结果尚不知道。菜甚好。尤其谈话甚有趣。公权告寅恪已就任香港大学教授，雨僧到浙江大学。"又说"晚写诗如下"，便是这首《过公权守愚郊居》。从这些诗作看，朱自清和朋友们的情谊是真挚而深厚的，也兼有借诗作提高自己学问和抒怀自己情感之意。有意思的是，多少年之后，朱自清还把在成都的这些诗作，编了一卷诗集，以示对那段岁月的怀念。在 1947 年 4 月 14 日的日记里，朱自清云："用三小时的时间集成《锦城鸿爪》手册一卷。"

朱自清和浦薛凤的唱和时间更早，1936 年 10 月 20 日，他在日记里说："昨日赋诗一首：秋光未老且偷闲，裙屐招邀去看山。脚见愁峰顿清切，眼明红树忽斑斓。羲和欲乘六龙逝，夸父能追一线殷。此日诗成弄彩笔，异时绝顶更跻攀。"诗名曰："逖生见示香山红叶之作，即步原韵奉和"。查朱自清日记，知道他们这次香山之行是在 1936 年 10 月 17 日下午，"我们游香山，欣赏绚丽的红叶。时间已是午后，我们一直在阴影中行走，日落前尽兴而返。是一次愉快的旅游"。和朱自清同时游览的浦薛凤回来即作诗一首，并请朱自清过目欣赏。朱自清于 19 日诗成。后来，浦薛凤弃文从政，在民国政府担任要职，1940 年底，浦薛凤从重庆赶到上海，与从北平赶到上海的妻儿团聚，之后，又冒着极大的风险，回到沦陷区的常熟老家，拜谒父母。这次只身深入日伪统治区，倍感艰险，作了二首诗，第一首《回里拜双亲五日拜别》，诗云："只身万里冒艰危，欢拜双亲愁别离。名位区微甘唾掷，江山摇撼愿扶持。阖家骨肉平安庆，到处烽烟离乱悲。儿去媳归代侍养，天恩祖德两无疑。"第二首《沪滨与佩玉暨诸儿女聚而复别》，诗云："湘滇独处复飞川，异地相思缱绻怜。沪渎聚欢转喜悦，乾坤混沌待回旋。匡扶邦国愧才绌，待养翁姑感慧贤。卿去虞山吾返蜀，夕阳西落会团圆。"浦薛凤的二诗写得极其哀伤，虽有"欢拜双亲"之喜，"骨肉平安"之庆，但毕竟只有五天的团聚，而且爱人和孩子留在老家，只身返蜀，怎能不悲喜交集呢？浦薛凤回到重庆后，把两首诗抄寄给在成都休假的好友朱自清。朱自清得诗后，深受感动。1941 年 4 月 28 日，朱自清收到浦薛凤来信，并寄来诗稿。这封书信再次引发朱自清的感怀，思绪万千，成长诗一首，回忆了和浦薛凤、王化成二人在清华时的友谊，仅从标题上就可知诗的大概：《逖生来书，眷怀清华园旧迹，有"五年前事浑如一梦"语，因成长句，寄逖生、化成》。此诗虽由浦薛凤引起，由于诗中有回忆在清华时和王化成相聚时的欢娱场景，将此诗也抄一份寄给王化成。"满纸琐屑俨晤对，五年前事增眼明。"浦薛凤的诗，让朱自清感觉朋友就在面前，五年前的往事也历历在目。诗中回忆了和浦薛凤打桥牌、跳舞等经历，赞扬浦薛凤牌技高超，舞技也"周旋进止随鼓鸣"；回忆了王化成拍曲时的"登场粉墨歌喉清"的英姿，夸他家除夕之夜的汤团好吃，"流匙滑口甘如饧"，饭后更是"平话唠叨供解醒"，体会"新岁旧岁相送迎"的除夕美景。只可惜，"五年忧患压梦破，故都梦影森纵横"。回忆是美好的，同时也让诗人更加忧时伤怀。在这天的日记中，朱自清说，"写一长诗给化成与逖生。"对于出现的身体不适，又说："出现复视，怕是老年的信号，但此症状可治。曾在油灯下工作几夜，光线摇曳不定，复视可能由此引起。"依旧例，朱自清把这首长诗，也复抄一份，寄给萧公权看。还在诗前附一小诗，戏称是"随嫁"，并问萧公权"有兴肯吹毛"否？意欲让他和诗。萧公权读了朱自清的诗后，也作诗一首——《佩弦投长篇欲和未能寄此解嘲》。到了1942年6月，朱自清到重庆出席国语推行会常务委员会会议，还和王化成、浦薛风聚会了几次。

《犹贤博弈斋诗钞》里很值得一说的，还有他在1941年8月写给好朋友俞平伯《寄怀平伯北平》三首诗。写这组诗的起因是，周作人此时担任了伪职，朱自清知道俞平伯跟周作人的关系，怕俞平伯也跟着下水，念念之中，写诗并寄赠俞平伯，是带有事先打预防针并劝阻的意思。第一首"明圣湖边两少年"是回溯少年时的意气风发，情景交融，十分动情。这种特殊时候的回忆，表达的并非文人雅士平素酬唱的一般情感，而是暗示一种心存光明、理想，不被恶环境影响和屈服的意念。第三首更为直白了："忽看烽燧漫天开，如鲫群贤南渡来。亲老一身娱定省，庭空三径掩莓苔。经年兀兀仍孤诣，举世茫茫有百哀。引领朔风知劲草，何当执手话沉灰！"这一首诗，更是写出了朱自清能够深切地体会俞平伯苦居北京的现状：虽举世茫茫，仍能"兀兀孤诣"，如劲草般"引领朔风"。俞平伯能在日伪统治下坚持洁身自爱，和这三首诗也是大有关系的。

朱自清一生所作旧诗，大都经他亲自挑选，分别编进了《犹贤博弈斋诗钞》和《敝帚集》中。从两本诗集中所收的旧诗看，朱自清的旧诗创作，大概集中于两个时期：一是他到清华的早期，因教学需要，开始了大量的拟古诗的创作，一直到1930年左右才略有收手。第二个时期，就是在成都休假的一年多时间，和友人间唱和了许多旧诗。

在朱自清生前，《犹贤博弈斋诗钞》没有出版。此次收入"朱自清自编文集"，是以常丽洁校注的、人民出版社2014年6月出版的《朱自清旧体诗词校注》本中的《犹贤博弈斋诗钞》为底本，参照《朱自清文集》编校而成的。

2018 年 4 月 23 日

# 主要参考书目

朱乔森编：《朱自清全集》，江苏教育出版社 1988 年陆续出版。

姜建、吴为公著：《朱自清年谱》，光明日报出版社 2011 年 11 月第一版。

关坤英著：《朱自清评传》，北京燕山出版社 1995 年 10 月第一版。

朱自清、俞平伯、叶圣陶等著：《我们的七月》，亚东图书馆 1924 年 7 月版。

曹聚仁著：《听涛室人物谭》，生活·读书·新知三联书店 2007 年 8 月第一版。

曹聚仁著：《天一阁人物谭》，生活·读书·新知三联书店 2007 年 8 月第一版。

季羡林著：《清华园日记》，外语教学与研究出版社2009年12月第一版。

柳无忌著：《柳无忌散文选——古稀话旧》，中国友谊出版公司1984年9月第一版。

俞平伯、吴晗等著，张守常编：《最完整的人格——朱自清先生哀念集》，北京出版社1988年8月第一版。

浦江清著：《清华园日记　西行日记》，生活·读书·新知三联书店1987年6月第一版。

王保生著：《沈从文评传》，重庆出版社1995年11月第一版。

吴世勇编：《沈从文年谱》，天津人民出版社2006年2月第一版。

张菊香主编：《周作人年谱》，南开大学出版社1985年9月第一版。

朱自清著：《朱自清精品选》，中国书籍出版社2014年6月第一版。

林呐、徐柏容、郑法清主编：《朱自清散文选集》，百花文艺出版社1986年8月第一版。

朱金顺编：《朱自清研究资料》，北京师范大学出版社1981年8月第一版。

商金林编：《叶圣陶年谱》，江苏教育出版社1986年12月第一版。

陈武著:《俞平伯的诗书人生》,中国书籍出版社 2015 年 1 月第一版。

常丽洁校注:《朱自清旧体诗词校注》,人民出版社 2014 年 6 月第一版。

汪曾祺著:《汪曾祺文集》,广西人民出版社 2006 年 11 月第一版。

徐强著:《汪曾祺年谱长编》,稿本。

陈福康著:《郑振铎年谱》,三晋出版社 2008 年 10 月第一版。

黄裳著:《珠还记幸》,生活·读书·新知三联书店 2006 年 4 月第一版。

梅贻琦著:《梅贻琦日记 1941—1946》,清华大学出版社 2001 年第一版。

杨天石主编:《钱玄同日记》,北京大学出版社 2014 年 8 月第一版。

林徽因著:《林徽因的信》,群言出版社 2016 年 5 月第一版。

郁达夫著:《郁达夫日记》,广陵书社 2021 年 3 月第一版。

叶圣陶著:《叶圣陶集》,江苏教育出版社 1994 年 6 月第一版。

萧公权著：《萧公权文集》，中国人民大学出版社 2014 年 6 月第一版。

曹聚仁著：《我与我的世界》，人民文学出版社 1983 年 3 月第一版。

赵家璧著：《编辑生涯忆鲁迅》，人民文学出版社 1981 年 9 月第一版。

赵家璧著：《编辑忆旧》，生活·读书·新知三联书店 1984 年 8 月第一版。

赵家璧著：《回顾与展望》，山西人民出版社 1986 年 7 月第一版。

赵家璧著：《文坛故旧录——编辑忆旧续集》，生活·读书·新知三联书店 1991 年 6 月第一版。

朱乔森编：《朱自清爱情书信手迹》，江苏教育出版社 2001 年 2 月第一版。

徐强编：《长向文坛瞻背影》，广陵书社 2018 年 10 月第一版。

周锦著：《朱自清作品评述》，台北智燕出版社 1978 年 4 月版。

张漱菡著：《胡秋原传》，湖北人民出版社 2007 年 1 月版。

中华书局编辑部编：《学林漫录》（初集），中华书局 1980 年 6 月版。

丰子恺著：《丰子恺散文漫画精品集》，天地出版社 2018 年第一版。